효(孝) 사상과 불교

효(孝)사상과 불교 (큰글씨책)

초판 1쇄 발행 2018년 1월 30일

지은이 도웅 스님
펴낸이 강수걸
편집장 권경옥
펴낸곳 산지니
등록 2005년 2월 7일 제333-3370000251002005000001호
주소 부산시 해운대구 수영강변대로 140 BCC 613호
전화 051-504-7070 | 팩스 051-507-7543
홈페이지 www.sanzinibook.com
전자우편 sanzini@sanzinibook.com
블로그 http://sanzinibook.tistory.com

ISBN 978-89-6545-470-0 93220

＊책값은 뒤표지에 있습니다.
＊이 도서의 국립중앙도서관 출판예정도서목록(CIP)은 서지정보유통지원시스템
홈페이지(http://seoji.nl.go.kr)와 국가자료공동목록시스템(http://www.nl.go.kr/
kolisnet)에서 이용하실 수 있습니다. (CIP 제어번호: CIP2017035392)

큰글씨책

효孝사상과 불교

도웅 스님 지음

산지니

나무는 고요히 있고자 하나 바람이 그치지 않고,
자식은 모시고자 하나 부모가 기다려 주지 않는다.
한번 흘러가면 다시 돌아올 수 없는 것이 세월이요,
한번 가시면 다시 오실 수 없는 것이 부모이니라.

철학이 던지는 가장 근본적인 질문은 두 가지다. 하나는 '나는 누구인가?'이며, 또 하나는 '어떻게 살 것인가?'이다. 전자는 인간의 본질 혹은 본성에 관한 근본적인 물음이며, 이 물음은 '자기에게 내재한 능력[性]을 아는 것[知]' 즉 지성(知性)으로 귀결된다. 후자는 사회적 인간으로서 타자와 관계를 맺는 방식에 관한 근본적인 물음이며, 이 물음은 '공동체[倫]의 질서를 유지하기 위한 규범[理]' 즉 윤리(倫理)로 완결된다. 지성을 간과한 윤리는 맹목적 인간을 낳으며, 윤리를 간과한 지성은 공허한 인간을 낳는다. 따라서 지성과 윤리는 나라는 존재가 지녀야 할 근본적인 덕목이라 할 수 있다.

공동체란 무엇인가? 최소한의 두 존재가 있어야 하며 또한 그들이 서로 관계를 맺을 때 비로소 공동체는 형성되는 것이다. 쉽게 말하면 관계맺음 그 자체가 바로 공동체[倫]인 것이다. 그런데 관계를 맺을 때 반드시 상호 간에 지켜야 할 것 혹은 해서는 안 되는 것이 생기기 마련이다. 만약에 지켜야 할 것 혹은 해서는 안 되는 것을 지키지 않거나 해 버리는 경우, 그 관계는 깨지면서 동시에 그 공동체는 해체되는 것이다. 이렇게 관계맺음에서 지켜야 할 것 혹은 해서는 안 되는 것을 우리는 윤리(倫理)라 부른다.

우리의 삶에서 가장 기본적인 공동체는 가족이다. 아울러 가족에도 다양한 관계맺음이 존재한다. 남편과 아내가 관계를 맺을 때, 남편이 아내에게 지켜야 할 것은 사랑(愛)과 신뢰(信)이며 마찬가지로 아내가 남편에게 지켜야 할 것도 사랑과 신뢰일 것이다. 또한 부모와 자식이 관계를 맺을 때, 부모가 자식에게 지켜야 할 것은 자애(慈愛)이며 자식이 부모에게 지켜야 할 것은 효도(孝道)이다. 그리고 형과 아우가 관계를 맺을 때, 형이 아우에게 지켜야 할 것은 우애(友愛)이며 아우가 형에게 지켜야 할 것은 공경(恭敬)이다.

밖에 나가면 무수히 많은 사람과 관계를 맺는다. 직장에서 상사와 부하직원 간에도 서로 공경해야 하며 친애해야 한다. 학교에서 선생과 제자 사이에서도 선생은 학생들에게 자애로워야 하며 학생은 선생을 공경해야 한다. 국가라는 공동체를 구성하는 두 요소인 대통령과 국민의 관계에서 대통령이 국민에게 지켜야 할 것은 신뢰이며 마찬가지로 국민이 대통령에게 지켜야 할 것도 신뢰이다. 이 신뢰가 무너진다면 국가라는 공동체는 필연적으로 붕괴될 수밖에 없다. 이렇게 각각의 공동체에서 서로 관계를 맺을 때 지켜야 할 것을 제대로 지키고 해서는 안 되는 것을 하지 않을 때 그 공동체는 건강하게 지속할 수 있는 것이다.

그렇다면 윤리 가운데 가장 근본적인 윤리는 무엇인가? 『부모은중경(父母恩重經)』과 『효경(孝經)』에 의하는 한, 바로 효(孝)인 것이다.

『부모은중경』은 "깊고 무거우신 부모님 은혜, 베푸신 사랑 잠시도 끊임이 없네. 일어서나 앉으나 마음을 놓지 않고, 멀거나 가깝거나 항상 함께 하시네. 어머님 연세 백 세가 되어도 팔십이 된 자식을 항상 걱정하시네. 부모님의 이 사랑 언제 끊어질까. 이 목숨 다할 때까지 미칠까"라고 한다. '부모님의 깊고 무거운 은혜' 즉 '아이를 배어서 지키고 보호해 주신 은혜, 아이를 낳으실 때 고통을 받으신 은혜, 자식을 낳고 근심을 버리신 은혜, 쓴 것은 삼키시고

단 것은 뱉어 먹이신 은혜, 마른 데로 아이 누이시고 젖은
자리 누우신 은혜, 젖을 먹여서 길러주신 은혜, 깨끗하지
못한 것을 씻어주신 은혜, 멀리 나가 있는 자식을 늘 걱정하
신 은혜, 자식을 위하는 마음으로 나쁜 업을 행하신 은혜,
끝없는 자식사랑으로 애태우신 은혜'라는 열 가지 부모님
의 은혜[十恩]에 대한 보은(報恩)의 윤리 행위가 바로 효
(孝) 즉 '받들어 모심(侍奉)'인 것이다.

『효경』은 "대저 효란 하늘의 벼리요 땅의 마땅함이며
사람이 살면서 실천하지 않을 수 없는 당위적 행동이다.
효란 대체 하늘과 땅의 벼리요 우주의 질서이니 사람이
본받지 않을 수 없는 것"이라 한다. 하늘은 모든 생명이
시작되는 근원이며, 땅은 모든 생명을 길러 결실을 맺게
하는 모체이다. 뭇 생명이 하늘에서 나올 수 있는 것은
하늘이 뭇 생명들을 받들어 모시는 마음이 있기 때문이며,
뭇 생명들이 땅에서 결실을 맺어 완성될 수 있는 것은
땅이 뭇 생명들을 받들어 모시는 마음이 있기 때문이다.
이 '받들어 모심' 즉 '시봉(侍奉)'이야말로 바로 효의 본성
이다. 따라서 하늘과 땅의 결합에 의해 생겨난 인간은
하늘과 땅의 본성인 '받들어 모심'이라는 '효'를 실천하지
않을 수 없는 것이다.

효는 이렇게 부모를 받들어 모시는 행위이다. 그런데

자칫 받들어 모시는 행위를 부모에게 무조건 순응하고 부모의 명령을 좇기만 하는 것으로 이해할 수도 있을 것이다. 이러한 소극적 효에 대해 공자는 "예로부터 천자에게 천자의 잘못을 간쟁해 주는 신하가 일곱만 있어도, 비록 천자가 무도한 사람일지언정 천하를 잃는 법은 없었다. 아버지에게 그의 잘못을 간쟁해 주는 아들 한 사람만 있어도, 그 몸이 불의에 빠지는 일은 없었다. 그러므로 불의를 당하면 자식은 아비에게 간쟁하지 않을 수 없는 것이며 신하는 임금에게 간쟁하지 않을 수 없는 것이다. 그러므로 모든 인간은 불의한 상황에 당면하면 투쟁하지 않을 수 없는 것이다. 아버지의 명령을 따르기만 한다 해서 어찌 효라 일컬을 수 있겠는가?"라고 말한다. 이것은 부모에 대한 물질적 봉양만이 효라고 여겼던 우리의 생각을 전변케 하는 공자의 말씀이다. 부모는 완전한 존재가 아니다. 그래서 여러 가지 잘못을 행할 수 있다. 이럴 때 자식은 오로지 부모의 불의(不義)와 잘못을 덮고 순응하고 순종하는 것이 참된 효가 아니라 불의에 빠진 부모에게 정의(正義)와 정도(正道)를 가지고 충언하는 것이야말로 진정한 효이며 적극적인 효라는 것을 공자의 말씀 속에서 우리는 읽을 수 있다.

불교에도 작은 효가 있고 큰 효가 있다. 부처님께서

"자식이 어버이를 봉양하되 감로의 맛과 같은 여러 가지 음식으로 그 입에 맞게 하고, 즐거운 음악으로 마음을 즐겁게 하고, 고운 천으로 옷을 만들어 드리고, 양쪽 어깨에 모시고서 사해를 돌아다니면서, 수명을 마칠 때까지 길러 주신 은혜를 갚는다면 가히 효라 하겠느냐?"라고 물으신 효는 작은 효[小孝]이다. 그렇지만 "그것은 완전한 효도가 아니다. 만일 어버이가 완고하여 삼보를 받들지 않거나, … 세상이 보기에는 효도 아닌 것이 효도가 되니, 능히 어버이로 하여금 악을 버리고 선을 하게 하며, 오계(五戒)를 받들어 지니고, 삼보(三寶)에 귀의하게 하여 아침에 받들고 저녁에 마칠지라도 그 은혜는 어버이가 젖 먹여 기른 무량한 은혜보다 무겁다. 만일 삼보의 지극함으로써 그 어버이를 교화할 수 없는 이는 비록 효양할지라도 완전한 효도가 될 수 없다"고 말씀하신 효는 큰 효[大孝]이다. 부모님을 물질적으로 봉양하는 데서 나아가 부모님으로 하여금 생사윤회(生死輪廻)의 수레바퀴를 벗어날 수 있도록 깨달음의 길로 이끌어 교화하는 것이야말로 진정한 효이며 적극적인 효이며 위대한 효(大孝)임을 부처님의 말씀 속에서 우리는 간파할 수 있다.

부모가 자식을 사랑하는 내리사랑은 자연지정(自然之情)이다. 이러한 사랑은 인간을 포함한 모든 동물에게서 공통적으로 보이는 윤리이다. 하지만 자식이 부모를 모시는 치사랑은 본연지성(本然之性)이다. 이러한 사랑은 인간에게만 보이는 특별한 윤리이다. 오늘날 부모의 자식 사랑은 변함없지만 자식의 부모 모심은 효부상(孝婦賞), 효자상(孝子賞)으로 기념해야 할 정도로 드물다. 이 글은 이러한 불효한 세태 속에서 필자 자신을 돌아보기 위한 회심(廻心)의 마음으로 쓴 것이다. 부족한 글이나마 독자 여러분들의 마음에 조금이라도 감응이 된다면 더 바랄 것이 없다.

樹欲靜而風不止　子欲養而親不待
往而不可追者年也　去而不見者親也

2017. 9. 19.
도웅 합장

차례

I

들어가는 말

1.

　현대사회는 과학문명, 기계문명의 급속한 발달에 따라 인간의 삶과 생활수준은 향상되었으나 도덕과 인륜의 타락으로 우리의 삶은 황폐해져서 개인적 사회적인 여러 문제점을 안고 있다. 예로부터 도덕과 예의는 인간과 짐승을 구분하는 잣대로 삼아왔고 또한 인간만이 행할 수 있는 실천규범이라 여겨왔다. 하지만 근간에 이르러 사람으로서는 행할 수 없는 불륜(不倫) 및 패륜(悖倫)이 우리 사회를 병들게 하는 지경에까지 이르렀다.

　농경 위주의 전통사회에서는 가부장적 대가족 제도로서 노인과 부모의 위치가 절대적인 권위와 삶의 지혜로서 자리했지만 도시화, 산업화, 핵가족화된 오늘날 사회에 있어서는 더 이상 노인과 부모의 권위가 설 자리를 잃어버리고 있는 실정이다. 이러한 환경의 변화로 오늘날 사회는 심각한 노인문제와 더불어 가정파괴의 문제가 이어지고 있다.

　부모와 자식 간의 윤리적 관계인 효(孝)는 인간이 가족 공동체를 형성하여 삶을 꾸려가는 가운데 가장 기본적인 윤리적 규범이라고 할 수 있다. 그러기에 효 사상은 인간이 세상에 태어난 근본적인 전제조건으로 구체화되고 체계화되었다. 효의 자전적 의미는 '늙을 노(老)'와 '자식 자(子)'가 합쳐진 글자로, '자식이 노인을 업고 간다'는 뜻이다. 다시 말해 자식이 어버이를 섬기는 것, 부모를 잘 모시는 것 또는 자식이 어버이를 받드는 것이라는 의미이다.[1] 반만년의 무궁한 역사 속에 불교와 유교를 수용하여 전개시켰던 우리나라가 지난 수십 년 동안의 서구의 영향에 따라 사회 전반에 개인주의적인 기풍이 일어나서 인간 스스로의 근원적인 타자의 부정, 인간관계의 파괴, 전통적인 공동체의 해체가 일어나고 있다.

　이와 같은 심각한 사회병리현상은 여러 가지 이유에서 생겨난 것이겠지만 가정을 사회의 모태로 보는 효 정신의 기반이 사라져가는 데 큰 원인이 있다고 말할 수 있다. 이 책에서는 이러한 사회문제를 치유하는 방법 모색의 일환으로서 불교에 나타난 효 사상을 제시하고자 한다.

흔히 불교에서는 효 사상이 약하고 일반적으로 효는 유교윤리의 중심사상으로 인식되고 있지만 불교, 도교, 그리고 제자백가(諸子百家)에 이르기까지 나름대로의 효 사상이 존재하고 있었다. 팔정도(八正道)2)와 육바라밀(六波羅蜜)3)의 기본윤리에서 출발한 인도불교는 부모에 대한 봉양(奉養)이나 보은(報恩)을 기본 내용으로 하는 불교적 효 사상이 이미 인도에서 독자적인 전개를 보여주고 있다. 이러한 불교는 인의예지신(仁義禮智信)의 기본윤리로서 적극적인 효를 강조한 중국 유교사회에 정착되는 여러 과정 중에 불교의 효 사상을 담은『부모은중경(父母恩重經)』4)을 비롯한 여러 찬술 경전5)의 편찬 작업과 번역 작업이 이루어지고 중국사상사에 처음으로 외래사상이 자리하여 대승불교의 화려한 꽃을 피우게 되었다.

인도의 초기 불전을 볼 때 불타 스스로가 효행을 실천했고 여러 불교 효 사상을 담은 경전과 구체적인 윤리실천을 담은 것을 확인하게 된다. 부모와 자식 간의 관계에 대해 불타의 가르침은 서로 상호성을 가지며 부모에 대한 자식의 보은 사상으로 나타난다. 불교의 효 사상은 현세적인 물질적 정신적인 부모봉양으로 끝나는 것이 아니고 윤회 속의 고통과 괴로움을 궁극적으로 해결하고자 하는 과거,

현재, 미래의 삼세적(三世的) 효행이다.

더 나아가 효행 대상이 나의 부모로 국한되는 것이 아니라 일체 중생을 나의 부모와 같이 여기는 동체대비사상으로 실현될 때 불교적 효행은 그 가치의 완성을 이룬다. 따라서 이 책에서는 중국윤리에서 가장 중요한 덕목인 효와 불교적 효의 상이점을 찾아보고 불타의 효 사상에 어떠한 특수성이 있는지를 제시할 것이다.

2.

인도불교의 효 사상에서는 불타 스스로가 행한 돌아가신 어머니를 위한 효행과 초기불전 속의 부모와 자식 간의 관계에 대한 내용을 살펴보는 방법을 택할 것이다. 초기불교의 효 사상은 보은과 인과응보 사상으로서 불타가 설한 내용을 『아함경(阿含經)』을 중심으로 살펴보고 여기에서 드러난 인도의 효 사상이 『관무량수불경(觀無量壽佛經)』, 『대승본생심지관경(大乘本生心地觀經)』 등의 경전에서[6] 어떻게 계승되고 있는가를 살펴볼 것이다. 특히 대승경전 속의 주요단어 '효(孝), 효순(孝順), 봉양(奉養)' 등의 한역본(漢譯本) 단어가 초기불전 속의 팔리어와 어떠한 차이가 있는지를 검토할 것이다.

그리고 유교의 효 사상에서는 공자, 맹자의 효 사상을 검토하고 중국고대사회의 효 사상을 담은 경전 중 가장 대표성을 갖는 『효경(孝經)』을 중심으로 유교의 효 윤리를 살펴볼 것이다.

불교 효 사상의 중국적 전개에서는 인도불교가 중국에 수용되는 여러 과정에서 중국유교사회의 비판 속에 불교 토착과정의 대응방법을 모자(牟子)의 『이혹론(理惑論)』에 나타난 내용 중 효 부분을 중심으로 살펴볼 것이다.

그리고 중점적인 효 사상을 다룬 대표적 경전인 『부모은중경』을 비롯하여 여러 중국 찬술 경전도 자세히 살펴보고자 한다. 이는 비록 중국에서 찬술된 경전이라 할지라도 그 밑바탕에는 초기불전 속의 불타의 가르침을 근거로 편찬되었을 것이며 중국에서 시작되었을지라도 분명 유교의 효 사상과는 차이가 나타날 것이므로 이에 주목하고자 한다.

불교와 유교의 효 사상 비교에서는 위에서 살펴본 불교와 유교의 효 사상을 요약하여 정리하고, 두 사상 간 효의 내용을 실천적·사상적으로 비교 검토하여 보겠다. 그러한 비교를 통해 불교의 효 사상이 유교의 비판 대응으로 정립된 것만이 아니라 초기 불교에서도 이미 순수한 효 사상이 있었음을 밝힐 것이다.

그리고 『삼국유사』를 비롯한 문헌 속에 나타난 우리 선조들의 효 관념도 자세히 살펴볼 것이다.

이러한 연구를 통하여 불교 속에 나타난 보은사상(報恩思想)으로서의 효 사상의 근본을 살펴 오늘날 사회에 있어서 가족윤리는 물론 사회도덕의 재건에 효가 어떠한 의의를 지니는가 하는 효의 가치성을 짚어보고자 한다. 또한 효에 대한 재인식의 필요성과 효 사상이 오늘날에도 여전히 중요한 가치를 가지고 있음을 밝히며 결론을 맺고자 한다. 효는 단순한 구시대의 산물이 아니라 현대사회에서도 중요한 가치를 지닌 시공간을 초월한 보편적인 윤리로서 받들어져야 할 덕목인 것이다.

II

인도불교의 효 사상

1. 불타(佛陀)의 효행

인도불교의 효 사상을 밝히기 위해서는 초기불전인 5부 니까야(Nikāya)7)에 서술되어 있는 '효'에 관한 내용을 검토함으로써 불타에게 발견되는 효 사상의 근원을 찾아내는 작업에서 시작되어야 할 것이다. 그런데 5부 니까야에는 한자 '효 · 효행 · 효도' 등과 직접적으로 대응되는 개념이 나타나지 않는다. 나카무라 하지메(中村元)의 『불교어대사전(佛敎語大辭典)』의 '효' 항목을 설명하는 부분에서 이에 해당하는 인도의 원어를 알 수 없다고 하면서 '효' 대신에 '효순(孝順)'8) 항목에서 니까야에 나타나는 효 사상의 일부분을 제시한 것도 이러한 사정에서 나왔을 것이다. 그는 '효순'의 팔리어 원어로서 'mātapettibharo'를 제시하였는데, 이 말은 'māta(어머니)+petti(아버지)+bhara(보존하는, 양육하는)'가 결합된 것이므로 그 뜻은 부모를 '지탱하다, 후원하다'9)이다. 곧 부모를 잘 따르고 섬기는 것이라는 의미가 되는 것이다.

이 외에도 '효'와 관련되는 팔리어로는 'Mātāpitu upaṭṭhānaṃ'를 들 수 있다. 이 말의 뜻은 '어머니와 아버지 가까이에(upa) 선다(ṭṭha)'는 것이다. 따라서 늘 부모님 가까이에 있으면서 살펴드리고 존중한다는 의미가 담겨 있음[10]을 알 수 있다. 또한 단순히 부모님을 공양한다 (poseti)는 뜻으로 효의 내용이 나타나기도 한다.[11] 따라서 니까야에서 효 사상을 밝혀내는 데에는 한역 아함경을 대조하여 개념을 비교하기 어려운 사정이 먼저 고려되어야 한다. 아래의 경전들을 비교해 보면 이 점이 잘 드러난다.

한역(漢譯) 『장아함(長阿含)』 「유행경(遊行經)」에서는 마가다의 아자타삿투왕이 밧지국을 정벌하기 위해 대신을 보내어 세존에게 자문을 구하자 세존은 아난다에게 밧지 국의 상황을 물어보는 것으로 간접적으로 대답하게 된다. 이때 밧지국이 쇠망하지 않는 7법이 갖가지로 등장한다.[12]

그 7법으로서 '경불(敬佛), 경법(敬法), 경승(敬僧), 경계(敬戒), 경정(敬定), 경순부모(敬順父母), 경불방일(敬不放逸)'이 『아함경(阿含經)』에서 제시되지만, 이 한역 『장아함』에 상응하는 팔리본인 『대반열반경(大般涅槃經)』[13]에서는 이와 일치하는 내용이 나오지는 않고, 연장자를 존경하고 예배한다는 덕목으로 나타난다. 또한 『유행경(遊行經)』에서는 "밧지국 사람들은 부모에게 효도하고 부모를 섬기며, 스승과 어른들을 공경하는가?"[14]라고 기술되지만, 팔리본 『대반열반경』에서는 연장자를 올바로 대하는 것으로 나타날 뿐이다. 그러므로 효 개념의 직접적인 상호비교는 쉬운 문제가 아니기 때문에, 불타 스스로가 효행을 했다는 기록을 먼저 살펴보는 것이 필요하다고 생각된다.

어린 시절 생로병사(生老病死)라는 삶의 근원적인 고통의 문제로부터 시작되어 왕위의 절대적 권위를 헌 짚신 버리듯 출가한 불타였지만, 성도 후에도 부모 형제를 도외시하거나 효 사상을 결코 부정하지 않았다. 오히려 부모에 대한 은혜 갚음[報恩]을 수행자의 기본 도리의 하나로서 중시하였다.

출가란 이른바 가정을 가져 후사를 잇는 가문의 계승의식과 조상들에 대한 제사 모시기[奉祭祀]를 부정하는 것이었다. 출가는 다름 아닌 집이 있는 곳[在家]에서 집 없는 곳[非家]으로 나아간 것이며, 이는 곧 부모 형제를 떠나 혈혈단신이 되는 것을 의미하기 때문에 흔히 효를 도외시한 것처럼 생각하기 쉽다.

그러나 불타 스스로 효행을 실천하였음을 찾아볼 수

있고 인도불교의 은혜갚음으로 부모에 대한 자식의 도리를 설하게 된다. 불타가 깨달음을 얻은 뒤 부모를 위해서 스스로 노력한 내용을 초기불전 속에서 찾아보자. 아래 경문은 『잡아함경』과 『증일아함』에 각각 등장하는 기술인데, 공통적으로 불타가 어머니를 위해 설법한다는 내용이다.

> 어느 때 부처님께서는 삼십삼천의 푸른색의 약하고 부드러운 돌 위에 머물러 계셨는데, 파리야다라와 구비타라 향나무로 가셔서 하안거가 멀지 않은 때에 어머니와 삼십삼천을 위하여 설법하셨다.15)

또 제석천16)이 불타에게 법을 청하면서 다음과 같이 말했다.

> 지금 여래의 어머니께서 삼십삼천에 있으면서 법을 듣기를 원하고 있으며, 이제 여래께서는 염부제의 마을 안에서 사부대중에게 둘러싸인 가운데 국왕과 백성들이 모두 와서 운집하였다. "거룩하신 세존이시여, 삼십삼천에 오르셔서

어머니에게 설법을 하시옵소서." 이때 세존께
서는 침묵으로 수락하셨다.17)

　여기에서 제석천은 불타에게 설법을 청하기에 앞서 불
타의 어머니에게 설법을 해줄 것을 권청하면서 하늘세계
중생도 같이 설법을 해줄 것을 요청한다. 불교의 경전
서술방식은 제자가 먼저 궁금한 내용을 불타에게 질문을
하고 불타는 그 중생의 근기에 맞게 방편과 비유로써 설하
는 형식을 갖게 된다. 역시 이 경도 어머니와 하늘세계
중생들을 위해 불타에게 청법을 하게 된다. 불타는 어머니
뿐만 아니라 삼십삼천의 모든 중생을 위해 설법하여 어머
니를 해탈케 하여 효를 실천하게 된다는 것이다. 따라서
이 두 자료를 통해 불타 스스로가 어머니에게 설법하여
제도함으로써 효를 실천한다는 내용을 확인할 수 있다.
이러한 사실은 다음 자료에서도 발견된다. 곧 우파굽타
존자가 아육왕(阿育王)18)에게 부처님의 행적과 관련되는
성스러운 장소들을 설명하는 장면에서 아래의 내용이 나
타난다.

　　이곳에서 여래(tathāgata)께서는 하늘로 올
라가 어머니를 위하여 설법을 하시려 하니 헤아

릴 수 없는 수많은 천상의 사람들이 인간세계로
내려왔다.[19]

여래께서 천상에 계시면서 어머니에게 설법
하실 때 나 또한 그 속에 있었다. 어머니에게
설법하시는 일을 마쳤을 때, 모든 하늘의 사람들
이 천상으로부터 승가사국으로 내려왔다.[20]

불타의 어머니는 그를 낳은 지 일주일 만에 세상을 떠나
게 된다. 불타는 자신이 성불한 뒤에, 돌아가신 어머니를
위하여 천상세계로 올라가서 3개월간의 설법을 통하여
윤회 속의 고통으로부터 어머니를 깨달음으로 인도함으로
써 효도를 몸소 실천하였다는 내용이 이 자료에서는 좀더
강조되어 나타나고 있다. 따라서 '설법으로 제도한다'는
형태로 효의 실천이 전개되고 있는 것이다. 그러므로 불타
자신의 행적에서 발견되는 효 사상은 자신을 낳아준 분이
기 때문에 인류으로서 당연히 행해야 할 도리에 머무르고
있는 것이 아니라, 모든 중생들을 제도한다는 행위의 하나
로서 효의 실천이 포함되어 있다고 할 수 있다.
　다음은 여래(如來)가 이 세상에 와서 꼭 해야 될 일로서
효행을 설한 내용이다.

여래께서는 또한 말씀하셨다. "대개 여래가 세상에 나오면 반드시 다섯 가지 일을 한다. 무엇이 다섯 가지인가? 1)마땅히 법륜21)을 굴리고, 2)마땅히 부모를 제도하고, 3)믿음이 없는 이에게 믿음의 바탕을 세워주고, 4)아직 보살심을 내지 못한 이에게 마땅히 보살의 마음을 내게 하시며, 5)그 과정에서 부처님께서는 결정코 수기를 준다." 이 다섯 가지 인연은 여래께서 출현하시어 마땅히 그 일을 한다고 한다.22)

불타의 다섯 가지 해야 할 일은, 첫째 법륜을 굴리는 것, 둘째 부모를 제도하는 것, 셋째 믿음을 갖게 하는 것, 넷째 보리심을 내게 하는 것, 다섯째 수기를 주는 것이다. 이것은 모든 여래의 근본 사명이며 여래가 이 세상에 온 근본 목적이라 하겠다. 즉 불타의 사명과 나란히 부모를 제도한다는 것은 분명 재가자와 출가자 혹은 깨달음을 이룬 자라 할지라도 공통적으로 실행해야 할 윤리덕목으로 나타나고 있는 것이다.

깨달음을 얻은 불타의 세계에서는 너와 내가 둘이 아니라 일체 중생이 한 몸으로서 나타나게 된다. 그러한 깨달음의 세계에서는 일체 중생 중의 한 명이 부모이다. 부모는 나로부터 시작된 처음이자 가장 가까운 인연이다. 내 주변 인연 있는 중생부터 먼저 구제를 한다는 불타의 인간적인 모습을 발견할 수 있다. 여기에서 불교의 효 사상은 시작되는 것이다.

2. 보은과 인과응보 사상

불타의 효 사상의 근원은 보은(報恩)과 인과응보(因果應報) 사상이다. 보은이란 은혜를 받고서 그 은혜에 감사하며 은혜를 갚는 것을 말한다. 여기에서 은혜란 물론 '나'를 낳아서 길러준 노력과 정성을 가리키는 말일 것이다.

인과란 원인과 결과를 말한다. 결과를 낳게 하는 것이 원인[因]이고 그 원인에 의해 생기는 것이 결과[果]이다. 시간적인 인과관계로 볼 때 원인은 앞에 있고 결과는 뒤에 있으므로 인과이시(因果異時)라 한다. 그러나 묶은 갈대를 서로 의지해서 세우는 것은 넓은 의미의 인과관계이니 이와 같은 인과관계에서 보면 인과동시(因果同時)이다. 따라서 우리의 행위[業]에 대해서 이시(異時)의 인과를 세울 때 선한 업인(業因)에는 반드시 선한 과보(果報)가 있고 악한 업인(業因)에는 반드시 악한 과보(果報)가 있다. 이것을 선인선과(善因善果) · 악인악과(惡因惡果)라고 하지만 엄밀히 말하면 선인락과(善因樂果) · 악인고과(惡因苦果)라고 해야 될 것으로 본다. 선한 업을 원인으로 선한 업이 생겨 선업(善業)이 계속될 경우 이것이 선인선과(善因善果)이다. 선악의 업인이 있으면 반드시 그것에 상응하는 즐거움과 괴로움이라는 과보가 초래된다. 인과의 이치가 엄연해서 조금도 흩어지지 않는 것을 인과응보(因果應報)라고 한다. 즉 인과응보(因果應報)란 모든 것이 인과의 법칙으로 된다는 원리이다.

『숫타니파타』의 게송 262에서는 천인(天人)이 불타에게 최상의 행복(maṅgalam uttamaṃ)이 무엇이냐고 질문한다. 이에 대한 불타의 답변에서 효에 관한 언급이 나타나고 있다.

> 어머니와 아버지를 섬기고, 아내와 자식을
> 돌보고, 일을 함에 혼란스럽지 않으니, 이것이
> 야말로 더없는 축복입니다.[23]

불타는 부모를 섬기고 처자식을 돌보는 것이 최상의 행복이라고 답변한다. 부모를 섬기고 처자식을 돌보는 일이야말로 가장 평범한 내용이지만 일반인들에게는 가장 중요한 일이라 할 수 있다. 불타는 인간의 행복을 가장 가까운 곳에서, 또 일상생활에서 누구나 실천할 수 있는 평이한 실천을 하며 느낄 것을 설하고 있는 것이다.

『숫타니파타』 게송 404[24]에서도 불법의 이치를 묻는 재가자 담미카(Dhammika)에게 불타는 출가자와 재가자의 윤리에 대해 각각 구분하여 설법하는 장면이 나온다. 이때 등장하는 재가자의 윤리는 8종의 재계이다. 계속해서 불타는 포살(布薩)을 행하여 이 8종의 재계를 준수할 것과 수행자들에게 공양할 것 그리고 부모를 섬길 것, 올바른 직업에 종사할 것 등을 가르치고 있는데, 여기에서 '섬기다'에 해당하는 팔리어는 'Mātāpitu bhareyya'로 부모님을 '부양한다(bharati)'는 뜻이다. 그러므로 부모님을 봉양해야 한다는 효 사상은 이미 초기불전에 나타나고 있는 것이다.

다음은 상응부 경전에 한 바라문이 불타에게 부모 공양에 대해 질문한 내용이다.

> 존자 고타마여, 저는 법에 맞게 음식을 구합니다. 저는 법에 맞게 음식을 구해서 부모를 공양합니다(posemi). 존자 고타마여, 이와 같이 하면 제가 할 일을 하는 것입니까?
> 물론 바라문이여, 그대는 해야 할 일을 하고

있는 것이다. 법에 맞게 음식을 구하고 법에
맞게 음식을 구해서 부모를 공양하면 많은 공덕
(puññam)을 낳는다.[25)]

이 경문에서는 바라문이 부모에게 공양(posemi)[26)]하
는 것을 바라문으로서 당연히 해야 할 일로 규정한다.
특히 부모에게 공양하는 행위가 공덕(puññam)을 낳게
되는 일임을 설하고 있다. 이러한 가르침의 배후에는 인과
응보사상이 전제되어 있다고 볼 수 있다. 앞서 살펴본
대로 인과응보란 불교 업 사상의 기본 원리로 모든 인간의
행위에는 그 행위에 상응하는 결과를 행위자가 필연적으
로 받게 된다는 사상이다. 이는 선인선과와 악인악과의
필연성으로 나타나는데, 인용문에서는 법에 맞게 음식을
구하여 부모를 공양하는 행위[因]와 그 과보로 받게 되는
공덕(puñña)의 상관관계를 천명하고 있다.
여기에서 '법에 맞게 음식을 구하라'함은, 올바르게
구한 음식으로 봉양할 것을 의미한다. 도둑질 등의 올바르
지 않은 방법으로 음식을 구하여 부모에게 공양한다는
것은 바른 효도가 아니기 때문이다. 불타가 제시한 팔정도
의 정명(正命)에는 올바른 생활 수단이나 일을 행할 것을
나타내는데, 바로 이와 같은 방법으로 부모에게 봉양할

것을 나타냈다고 생각된다.

다음은 마가다국에서 불타가 비구들에게 전륜성왕27)
에 대해서 언급한 내용이다.

> 대관식을 한 크샤트리아 왕은 그 사람에게
> 재물을 나누어 주었다. "여보게, 이 사람아. 이
> 재물로 자신의 생계를 꾸려나가라. 부모를 봉양
> (posehi)하라. 처자식을 봉양하라. 일을 하라.
> 사문·바라문들에게 많은 보시28)를 하라. 그러
> 한 보시는 고귀한 결말을 가져다주고 신성한
> 결말을 가져다주며 행복을 익게 하고 천상에
> 태어나게 한다." 그 사람은 "그렇게 하겠습니다.
> 폐하!"라고 대관식을 한 크샤트리아 왕에게 대
> 답하였다.29)

이 경전에서는 불교에 있어 이상적인 왕인 전륜성왕이
부모와 처자에 대한 봉양(posehi)과 일 그리고 수행자에
대해 보시할 것을 권하고 거기에 대한 과보로 고귀한 결말,
신선한 결말, 그리고 행복과 천상세계에 태어남을 말하고
있다. 여기서는 봉양의 대상에 부모와 처자가 포함되어
있는데 여기에도 인과업보(因果業報) 사상이 명확히 드러

나 있다.

그런데 앞에서 나카무라 하지메(中村元)가 '효순(孝順)'의 항목에서 제시한 전적인 상응부 경전 『잡아함경(雜阿含經)』 제11 「제석천(帝釋天)」을 보면, 싸밧티에서 불타가 수행승에게 설한 내용이 다음과 같이 제시된다.

　　비구들이여, 천상의 제왕인 제석천이 예전에 사람이었을 때 일곱 가지 서원30)을 수지하였다. 그것들을 수지하였기 때문에 제석천은 제석천의 지위를 얻었다. 일곱 가지 서원이란 무엇인가? 첫째, 살아 있는 한 아버지와 어머니를 부양하리라. 둘째, 살아 있는 한 가문의 연장자31)를 공경하리라. 셋째, 살아 있는 한 온화하게 말하리라. 넷째, 살아 있는 한 모함하지 않으리라. 다섯째, 살아 있는 한 번뇌와 인색함에서 벗어난 마음과 관대하고 청정한 손으로 주는 것을 좋아하고 탁발하는 자가 접근하기 쉽게 보시하는 것을 즐거워하며 집에서 살리라. 여섯째, 살아 있는 한 진실을 말하리라. 일곱째, 살아 있는 한 화내지 않으며 나에게 화가 나면 곧바로 그것을 제거하리라.32)

나카무라 하지메는 이에 대응하는 한역으로서 『별역잡아함경(別譯雜阿含經)』을 들고 있는데, 이 경전에서도 제석천이 될 수 있었던 덕행의 하나로서 효가 첫 번째 항목으로 제시되고 있다. 이때 팔리어로 'mātapettibharo'가 '효순(孝順)'으로 번역되었다.33) 서원(誓願, vatapadāni)은 원을 일으켜 이루고자 하는 맹서(vatapadā)이다. 대승불교에서는 보살이 최초에 보리심을 일으켜 서원을 세워 일을 기원하는 의미이지만 여기서는 제석천이 사람이었을 때 세운 맹서를 말하고 있다. 여기서는 서원의 첫 번째 항목으로서 부모에게 부양할 것을 다짐한 것에 의해 효가 중요한 윤리 덕목임을 잘 나타내며 인과응보와 윤회사상이 결합된 형태로 나타나 있는 내용인 것이다.

다음은 불타가 비구들에게 부모의 은혜에 대한 보은의 어려움을 설한 내용이다.

이때 세존34)이 모든 비구들에게 말씀하셨다. 두 사람의 선에 대하여 보은할 수 없다. 두 사람은 누구인가? 부모니라. 만약 어떤 비구가 아버지를 오른쪽 어깨에, 어머니를 왼쪽 어깨에 태운 채 천만세가 지나도록 식사와 침구, 그리고 병났을 때 약을 드린다고 하자. 게다가 어깨 위에 대소변을 보게 한다고 해도 은혜를 갚을 수 없느니라. 비구여, 마땅히 알라. 부모의 은혜는 깊어서 안고 기르며 수시로 보호하고 시절을 놓치지 않고 해와 달을 보게 한다. 이러한 일 때문에 은혜를 갚기가 어렵다는 것을 알 수 있다. 그러므로 모든 비구는 마땅히 때를 놓치지 말고 부모를 공양하고 항상 효순해야 한다.35)

위의 내용은 불타가 비구들에게 설한 내용인데 자식에 대한 부모의 선업은 '천만세가 지나도록 그 은혜를 갚을 수 없는 것'으로, '부모의 은혜는 깊어서 안고 기르며 수시로 보호하고 시절을 놓치지 않고 해와 달을 보게' 하는 것이다. 이와 같은 부모 은혜에 대한 보은으로서의 효도는 불교의 업 사상에 바탕한 것이라고 할 수 있다. 소위 자신이 뿌린 대로 거둔다는 자업자득의 인과업보 사상이 바탕하는 것이다. 따라서 '선한 일을 베풀면 선한 과보를 얻고[善因善(樂)果]', '악한 일을 저지르면 괴로움을 받게 된다[惡因惡(苦)果]'는 불교의 인과업보설의 기본적인 토대라고 할 수 있다. 효도는 승속(僧俗)의 구분 없이 중요한 것으로, 비록 출가한 승려[比丘]라 할지라도 앞서 보은에 충실해야 함을 강조한다.

다음은 불타가 왕사성에서 5백 장자에게 설한 내용인데 여기에서 이를 잘 반증해주고 있다.

　　부처님께서 (라자그리하의) 5백 장자들에게 말씀하셨다. "내가 이제 너희들을 위해 세간과 출세간의 은혜 있는 곳을 분별하여 설명하겠다. 세간과 출세간에는 네 가지 은혜가 있다. 첫째는 부모의 은혜이며, 둘째는 중생의 은혜이며, 셋째는 국왕의 은혜이며, 넷째는 삼보의 은혜이니라. 선남자야! 부모의 은혜라고 하는 것은 아버지의 자애한 은혜가 있고, 어머니의 자비한 은혜가 있는데 만일 내가 이 세상에서 일겁(一劫) 동안 머무르면서 말할지라도 (부모의 은혜는) 능히 다하지 못할 것이니라. … 왜냐하면 무명36)이 숙주지(宿住智)37)의 밝음을 덮고 가리어 전생에 일찍 부모가 되었으므로 은혜를 갚아 서로 이롭게 해야 할 바를 깨닫지 못하나니, 이 이롭게 함이 없는 이를 불효라 이름하는 것이다."38)

여기에서 불교의 효는 세간적 가르침만 있는 것이 아니고 출세간에서도 같은 윤리로 제시된다. 비록 출세간이라 할지라도 네 가지 큰 은혜는 부모의 은혜를 먼저 서술하고 삼보의 은혜는 다음으로 나타내어 수행자들에게도 부모의 은혜를 강조하고 있다. 또한 부모의 은혜는 한량없어서 일겁(一劫)39) 동안 설하여도 다하지 못한다 했으니 불타의 효 사상은 무한히 크다고 하겠다.

불타가 설한 4종의 은혜[四恩]에 대한 실천은 세간과 출세간 모두가 행해야 하는 윤리이다. 더불어 이 4종의 은혜를 보은하지 않을 때 불효라고 단정 지었다. 즉 나의 부모와 더불어 중생의 은혜, 국왕의 은혜, 삼보의 은혜를 모두 설하게 된다. 반드시 부모에 한정하지 않고 우리가 세상을 살아가면서 은혜를 입는 모든 인연에게 보은할 것을 강조한 것이다.

중생의 은혜란 사람이 생명을 유지하고 사는 데 있어 부모·국가·사회로부터 막중한 은혜를 받는 것은 물론이지만 우리의 의식주로부터 모든 생활에 이르기까지 모든 중생의 은혜로 이루어지지 않는 것이 없으므로 중생의 은혜는 크기가 한량없다는 것이다. 더구나 이것을 시간적으로 과거·현재·미래에 확대해 생각하고 공간적으로는 세계 인류 내지 미물에 이르기까지 넓혀 생각할 때 중생은

(衆生恩)이 얼마나 큰 것인가를 생각하지 않을 수 없다. 또 불교의 윤회사상으로 볼 때 무한한 과거세로부터의 인연을 생각하면 중생 모두가 나의 부모 아닌 이가 없다고 하므로 일체 중생에게 현세의 부모와 같은 무거운 은혜가 있다고 한다. 즉 삼라만상의 모든 이를 부모의 은혜와 같이 대할 것을 강조하고 있으며 그렇게 실천하지 못하면 진정한 효행이라 할 수 없다는 사고를 보여주고 있다.

불교의 윤회설(輪廻說)에 입각할 때, 지금은 비록 부모를 모시는 자식의 입장이지만 전생의 한때에는 서로의 입장이 바뀌어 자신이 부모이고 부모가 자식의 관계로 있었을지도 모르기 때문에 지금 자신이 행하는 효도는 예전 자신이 부모로부터 받은 은혜와 평등하여 차별이 없는 것이라고 할 수 있다. 즉, 불교의 효는 인과업보사상과 윤회설에 입각한 상호 평등성의 입장에서 행해지는 것을 위『대승본생심지관경(大乘本生心地觀經)』에서 지적하고 있는 것이다.

다음의 내용은 불타가 비구들에게 설한 것이다.

두 사람에게는 아무리 착한 일을 하여도 그
은혜[恩]를 갚을 수[報] 없다. 어떤 것이 두 사람
인가? 이른바 아버지와 어머니이다.
비구들이여, 어떤 사람이 왼쪽 어깨에 아버지

를 엎고 오른쪽 어깨에 어머니를 엎고, 천만년
동안 의복, 음식, 평상, 침구, 의약으로 공양할
때에, 그 부모가 어깨 위에서 대·소변을 보더라
도, 자식은 그 은혜를 다 갚지 못할 것이다.
　비구들이여, 알아야 한다. 부모의 은혜는 지
극히 무거우니라. 우리를 안아 길러주고 때때로
보살펴 시기를 놓치지 않았기 때문에 우리는
저 해와 달을 보게 된 것이다.[40]

　여기에 대응하는 팔리본 증지부 『반다가마(Bhaṇḍagāma)
품(Vagga)』[41] 제4에서는 수많은 공덕을 낳는 네 가지
행위에 대해 설하고 있는데 그 내용은 첫째 어머니에게
올바로 실천하는 자, 둘째 아버지에게 올바로 실천하는
자, 셋째 여래에게 올바로 실천하는 자, 넷째 여래의 제자에
게 올바로 실천하는 자를 나타낸다.[42] 이때 올바로 실천한
다는 말은 팔리어 'sammāpaṭipajjamāno'이다.[43]
　따라서 한역과 달리 부처님과 제자들을 올바로 대하듯
이 부모를 대해야 한다는 의미가 담겨 있다. 한역처럼
어깨에 모시고 평생토록 봉양하더라도 그 은혜를 다 갚지
못한다는 내용이 아닌 것이다. 이와 같은 한역 경전과의
차이는, 한역 경전이 효 사상을 더욱 강조하기 위해 '봉양

(奉養)'이란 단어를 추가한 것이라 생각된다.

한역본은 '보은'으로, 팔리본은 '올바르게 실천함'으로 서술되어 있는데 팔리본 증지부의 효 사상은 불타나 제자들을 올바로 대하는 것과 마찬가지로 부모를 대하는 것이므로 효 사상이 크게 부각되지 않는 데 비해, 한역본에서는 『부모은중경(父母恩重經)』의 내용과 거의 동일한 내용이 등장하고 있으므로 효순을 크게 강조하고 있는 데에서 중요한 차이점이 발견되고 있다.

그런데 한역 장아함 제16 『선생경(善生經)』에서는 다섯 가지로써 부모에게 경순(敬順)할 것을 서술하고 있다.44) 이 내용을 간략히 정리하면 다음과 같다.

첫째, 받들어 모심에 부족한 것이 없도록 한다. 둘째, 할 일이 있으면 부모에게 먼저 알린다. 셋째, 부모님이 하시는 일은 공경하고 따라 거스르지 않는다. 넷째, 부모님이 바르게 훈계하신 것은 감히 어기지 않는다. 다섯째, 부모님이 하신 올바른 가업(Jāti)이 끊어지지 않도록 한다.

여기에서는 구체적인 효행이 나타나는데 한역으로 번역되는 과정에서 중국적 생리에 맞게 번역되었으리라 생각한다. 다음 장에서 다루어질 유교의 『소학(小學)』, 『예기(禮記)』의 「곡례(曲禮)」에 나타난 효행과 유사한 점을 발견할 수 있기 때문이다. 위 팔리본 원전에 나타난 부모에게 다섯 가지로 경순(敬順)한다는 내용은 다음과 같다.

첫째, 나는 그분들을 잘 봉양할 것이다. 둘째, 그분들에게 의무를 행할 것이다. 셋째, 가문의 대를 확고하게 할 것이다. 넷째, 유산을 부모님이 훈육하신 대로 잘 실천할 것이다. 다섯째, 부모가 돌아가시면 그분들을 위해서 보시를 잘할 것이다.45) 이는 고대인도 사회의 법전인 『마누법전』에서 가주기(家住期)의 의무인 부모를 봉양하고 가문의 계승과 부모의 뜻을 잘 따른다는 내용이 바탕이 된 당시의 윤리규범이라 할 수 있다.

이와 같은 초기불전의 효 사상은 대승경전46)에도 계승되어 『관무량수경(觀無量壽經)』의 다음 구절에 잘 드러나 있다.

그 나라[西方極樂]에 태어나고 싶은 사람은 세 가지 복을 닦아야 한다. 첫째 부모에게 효양(孝養)하고, 스승과 윗사람을 받들고, 자애로움으로 살생하지 않으며 열 가지 선업을 닦아야 한다.47)

대승불교 정토신앙의 대표적인 위의 인용문 내용을 보면 극락에 태어나기 위한 조건으로 세 가지 복을 설하고 있는데 그 세 가지는, 첫째 부모에 대한 효양, 둘째 연장자에 대한 공경, 셋째 불살생과 십선업(十善業)48)의 덕목이다. 첫째와 둘째의 덕목은 앞서 살펴본 상응부경전의 내용과 일치하고 있다. 여기에서 나타난 덕목 중 첫 번째 항목을 '효양'이란 단어로써 나타냈고, 그다음으로 불교의 윤리를 나타냈다. 서방정토에 가기 위해서는 세간적 윤리를 먼저 나타내고, 그다음으로 종교적으로 심화된 윤리를 설하게 된다. 즉 효도는 세 가지 복덕 가운데 첫 번째 조건이 되는 것이다. 따라서 부모은혜의 막중함과 이에 대한 보답으로서의 공양이 나타난다.

지금까지 살펴본 경전은 인도에서 저작된 불전으로, 불교의 기본 교리가 충실히 반영된 경전이라고 할 수 있다. 따라서 중국사상의 영향을 받지 않은 본래적인 보은과 인과응보사상이라는 불교의 사상을 내용으로 하고 있다. 그것은 부모에 대한 자식의 최고 보은이란, 인과에 따라 윤회를 반복하는 고해의 생존으로부터 마침내 부모를 해탈하게 하여 궁극적 행복의 세계로 인도하는 것으로 제시한다.

Ⅲ

유교의 효 사상

1. 공자와 맹자의 효

유가의 효 사상을 논하기에 앞서 먼저 '효'자의 사전적 의미를 알아보자. 효라는 글자가 은대(殷代)의 복자(卜字)나 금문(金文) 등에서 지명이나 인명으로 사용된 예로 보아 이미 중국에서는 은대에 효의 개념이 형성되었을 것으로 추정된다. 또 주대(周代)의 금문이나 『시경(詩經)』, 『주서(周書)』 등의 기록에 효에 관한 기사가 대량으로 발견되는 점으로 미루어 이미 서주(西周)시대에 '효'라는 관념이 크게 유행되었을 것으로 보인다.49)

'효'자에 대해 『설문해자(說文解字)』에서는 노(老)의 비(匕)가 생략된 부분에 자(子)가 종속되었으며 자식이 늙은 부모를 받들고 있는 것을 의미한다50)고 하였다. 따라서 '효'라는 글자는 자녀가 부모를 받들어 모시는 것에서 유래하였음을 알 수 있다. '노(老)'자는 毛 + 人 + 匕 = 老인데, '비(匕)'는 '인(人)'을 뒤집은 것으로 늙어서 허리가 굽고 머리도 세어 모양이 변함을 뜻한다.

그 전체적 의미를 종합하면, 늙고 쇠잔하여 머리털이 희게 변한 사람이라는 뜻으로 '일흔 이상의 늙은이'라는 뜻을 나타내는 회의문자이다.[51] 그러나 '효'자가 내포하고 있는 그 근본 의미는 '노인에 대한 섬김', 즉 '부모를 잘 섬기는 것'이다.[52]

한편 금석문의 자료에 의하면 '효'자의 본래 뜻은 연장자를 존경한다는 뜻으로 존경의 범위가 직계친족만으로 한정되지 않았다.[53] 그러다가 『시경(詩經)』, 『서경(書經)』, 『논어(論語)』, 『맹자(孟子)』 등에 이르러 효의 행위대상 범위가 직계친족으로 좁혀지고 공경[敬]과 항상[恒]이 효행의 본질로 변모했던 것이다.

유교의 창시자 공자는 효를 인(仁)을 행하는 근본으로 삼고 있다.[54] 인이 공자 사상의 종지라면 천하를 다스리는 인정(仁政) 즉 덕치(德治)는 효도로써 천하를 순리로 다스렸다는 뜻이다. 결국 효를 천자 자신이 솔선수범함으로써 백성이 이를 본받아 서로 쟁탈 없이 화합 친목하고 상하 간에 서로 상대를 미워하지 않았던 것이다. 이처럼 덕치의 의미로서 효는 『효경(孝經)』의 구절을 보면 명확히 드러난다.

효라는 것은 제 부모를 사랑하는 것이다. 그러므로 백성들에게 서로 사랑하도록 가르치는 데는 이 효만 한 것이 없다. 또 제(悌)라는 것은 어른을 공경하는 것이다. 그러므로 백성들에게 예순(禮順)을 가르치는 데는 제(悌)만 한 것이 없다. 또 풍속을 순화하는 데는 음악[樂]이 제일이다. 그리고 인간사회의 질서를 유지시키는 것이 예(禮)이다. 이 네 가지 즉 효·제·예·락(孝·悌·禮·樂)의 근본은 결국 한 가지이다. 즉 효가 제일 중요한 길[要道]이다.55)

개인과 개인, 단체와 단체, 그리고 개인과 단체 상호간의 관계에 있어 가장 중요한 협동의 도덕적 윤리가 바로 인(仁)이다. 물론 인은 인간의 선한 본성에서 우러나오는 인간애의 총체로서, 그 바탕은 부모·자식·형제 사이의 혈족애이다. 그러므로 가정에서의 혈족애의 실천이 곧 효제(孝弟, 弟는 悌와 같은 의미)이며, 이것이 사회와 국가로 발휘되면 곧 충서(忠恕)가 되는 것이다.

공자는 효제(孝弟)를 중시했지만 그중에서도 효의 덕목을 특히 강조하여 효를 덕행의 근본으로까지 말하였다.56) 이러한 공자의 효도관은 물질적인 봉양보다는 정신적인 봉양을 중시하여 공경이 없는 효는 있을 수 없다는 것으로 여겼다. 이와 같은 공자의 효도에 대한 관점은 맹자에게 와서 더욱 확고하게 재정립되었다.

맹자도 인간관계의 기본은 부모와 자식, 임금과 신하, 남편과 아내, 연장자와 연소자, 친구와 벗들의 다섯 가지에 있다고 하였다. 이 다섯 가지 인륜 즉 오륜(五倫)은 인간으로 하여금 인간답게 살게 하려는 윤리규범이며, 인간이 금수와 다르다고 말하고 있는 것이다. 맹자는 공자의 가정적 소효(小孝)인 경친숭례(敬親崇禮)에서 천하를 봉양하는 대효(大孝) 이론을 정립하고 더욱 발전시켜 나갔다. 오륜(五倫) 사상에 대해서도 맹자는 공자의 인에 입각하여 부자·군신·부부·장유·붕우(父子·君臣·夫婦·長幼·朋友) 간의 쌍무호혜(雙務互惠)의 인간관계를 말하였다. 그중에서도 부자유친(父子有親)은 부자간의 상호관계를 나타낸 것으로 불변적인 인간관계인 것이다.

그러므로 군신·부부·장유·붕우(君臣·夫婦·長幼·朋友)와 같이 어느 때에는 갈라질 수 있는 가변적인 인간관계와는 다른 것이다. 맹자는 인간관계의 시작으로서 부모와 자식의 관계를 『맹자(孟子)』편에서 다음과 같이 말하고 있다.

효자의 지극함은 부모를 높임보다 더 큰 것이
없고 부모를 높임의 지극함은 천하로써 봉양함
보다 더 큰 것이 없다. 고수(瞽瞍)는 천자의 아버
지가 되었으나 높임이 지극하고, 순(舜)은 천하
로써 봉양하였으니 봉양함이 지극한 것이다.57)

위의 내용은 효도가 단순히 자의적으로 해석되거나 상
하에 따르는 윤리가 아닌 하늘로부터 주어지는 천명임을
명시함으로써 유교의 절대적인 덕목이라는 걸 강조한 것
이다.

순임금이 부모 섬기는 도리를 다함에 고수가
기쁨을 이루었으니, 고수가 기쁨을 이룸에 천하
가 교화되었으며, 고수가 기쁨을 이룸에 천하의
부자간이 된 자들이 안정되었으니, 이것을 일러
대효(大孝)라 하는 것이다.58)

따라서 맹자는 효를 개인적인 차원에서 해석하기보다는
천명의 차원에서 해석함으로써 천하를 교화시킬 수 있는
대효(大孝)의 개념까지 확대시켰다.
이와 같이 선진시대의 효는 상호평등의 인간관계를 바

탕으로 작게는 가정에서 부모를 섬기는 자연적인 본성에서 시작하여 사회, 국가, 더 나아가서는 천하를 다스리는 즉 이효치천하(以孝治天下)하는 교화적인 부분까지 확대되었던 것이다.

2. 『효경』에서의 효론

　『효경(孝經)』59)의 기원은 논의가 분분하지만 『효경』의 사상이 공자와 맹자의 효론(孝論)과는 달리 전국시대 이후 발전한 일원적 군권(軍權) 지배의 강화 추세를 지지한 성격이 농후한 것을 고려하면, 전국 말·한대 초 성립설을 따르는 것이 가장 설득력이 있다.

　『논어(論語)』를 중심으로 한 사서오경(四書五經)에서도 효를 설명하고 있지만 『효경』은 유교의 실천도덕으로서 어버이를 대하는 효를 설명하는 가장 중심이 되는 경전이다. 『효경』은 공자의 가르침을 그의 정통을 얻은 증자(曾子)와의 문답체의 글로 『금문효경(今文孝經)』과 『고문효경(古文孝經)』 두 종류가 있다.60) 『효경』에 대해 공안국(孔安國, 전한시대의 사람, 생몰년 미상)은 이렇게 설명했다.

　　효경이란 무엇인가? 효란 사람의 고상한 행실

이요, 경이란 영원불변의 도이다.[61]

이 설명에 대해 처음으로 『효경』을 세상에 드러낸 한대의 학자들은 효 자체를 "하늘의 법도와 땅의 의리와 사람의 행실이 되는 우주에서 가장 위대한 원리"[62]라고 했다. '효(孝)'란 개인의 윤리에 그치지 않고 집안에서 시작하여 사회와 나라와 온 세계의 평화와 질서를 이끄는 윤리이고, '경(經)'이란 영원토록 변치 않는 가장 위대한 것이라 하겠다.

『효경』의 위대함에 대해서 공자가 스스로 아래와 같이 말했다.

> 나의 뜻은 『춘추』에 표현되어 있고 행실은
> 『효경』에 표현되어 있다.[63]

이러한 표현에서 공자의 가르침 중 『효경』의 비중이 얼마나 큰가를 짐작할 수 있다. 효의 근본에 대해 공자께서는 역대 선왕들의 다스림의 기본으로 삼았기에 모든 백성과 화목함을 가졌음[64]을 나타냈다.

옛날 덕이 있는 임금이 나라를 다스리는 데 필요한 덕(德)과 도(道)라 일컫는 정치의 중핵이 있었는데 그러한 도덕에 의해 민족의식을 통일하고 인심을 하나로 모은 것은 '효'였다. 공자가 말한 효도란 덕의 근본이요, 가르침이 여기에서 시작된다[65]고 한 것은 "인륜의 근본이 선 다음에 도가 생긴다"고 한 유자(有子)의 말이 이를 대변하고 있다.

  덕이라는 것은 모든 인간 행동의 근본이며 효도의 종합체이기도 하다. 그러므로 근본에 노력해야 하며 근본에 힘써 근본이 확고해지면 모든 길은 그곳에서 생기며 스스로 이루어지므로 효도를 가리켜 덕의 근본이라 했다. 또 효도를 가르침이 여기에서 시작되는 것이라고 한 것은, 덕성함양의 중심을 효도에 둔 것으로 인간의 전일(專一)한 덕인 인심을 채우기 위해서는 인간 본성의 발로인 부모 자식 간의 사랑에 기본을 두고 효도와 순종을 주입하는 교육이 필요한 것이다. 또 효도란 인간의 덕을 기르는 근본이라고도 한다. 그러므로 어버이를 사랑하는 마음은 모든 이웃을 사랑할 수 있는 원동력이 되며, 이 모든 이웃을 사랑하는 마음은 곧 모든 대자연의 만물까지도 사랑할 수 있는 마음으로 확대시킬 수 있다. 이웃에서 모든 만물까지 포용할 수 있는 것은『중용(中庸)』에서 말하는 '지극한 덕'으로 천하도 포용할 수 있는 길을 얻는다. 공자는 이러한 덕으로 가정과 사회에 있어서 몸을 조심하고 언행을 바르게 하여 항상 정의를 따라 욕되게 하지 않고 부모와 가문을 더럽히지 않음으로써 뜻있는 생애로 후세까지 이름을 남겨 부모의 이름까지도 명예롭게 할 수 있는 것이 효의 마침이라 했다.

> 신체발부(身體髮膚)는 부모에게서 받은지라, 감히 상하지 않게 하는 것이 효의 시작이요, 몸을 세워 도리대로 행하여 이름을 후세에 남겨 부모를 뚜렷하게 하며 영광스럽게 하는 것이 효의 끝이니, 대저 어버이를 섬기는 데서 시작하고 임금을 섬기는 것이 중간이요 몸을 세우는 것이 효의 끝마침이니라.66)

이러한 덕의 자연스러운 발로가 효라 할 것이다. 사람은 누구나 이 세상에 태어났으면 태어날 수 있었던 여건이 있고 이 여건이 바로 부모와의 인연이요, 이웃과 국가의 인연이다. 효도나 지극한 덕이라고 하는 것은 자기를 있게 해 준 모든 존재, 그 은혜에 대해서 돌려주는 행위를 가리키는 것이다.

이는 가정에 있어서 부모를 섬기고 효도하는 것으로부터 사회와 국가, 나아가서는 세계 모든 인류를 위해 기여하는 경지에 확대되는 것이다. 따라서 국가의 부름에 응하기 위해 가정을 버린 사람을 불효자라 하지 않으며 세계 인류를 위해 국가, 민족의 범주를 초월하는 이를 반국가적인 사람이라고 말하지 않는다. 인간으로서 모든 국민으로서 가야 할 의로운 길을 걸음으로써 이름을 후세에 남겨 가문과 부모의 이름을 명예롭게 한다면 대효(大孝)가 되는 것이다.

유교의 효 특히 『효경』에서는 계층별 신분에 따라 다양한 내용을 제시하고 있다. 이는 유교도덕 자체가 신분사회로 이루어졌고 동시에 행위덕목이 각 신분에 합당하는 행위표준을 준거하여 이루어졌기 때문이다. 그래서 『효경』에서는 다섯 신분사회 즉 천자(天子), 제후(諸侯), 경대부(卿大夫), 사(士), 서인(庶人)으로 나누어 효행방법을 제시하고 있다.

첫째, 천자의 효는 자신의 부모를 잘 섬기는 것이 백성에게 미쳐 천하가 본받게 된다는 것[67]이다. 공자는 나라 안에 불효가 많음은 그 나라의 통치자에게 책임이 있음을 지적한다. 효도야말로 덕의 근원이며 덕을 이루어가는 극치로서 이 효로써 나라를 다스리는 자가 천자라고 하였다.

옛날 순임금은 무서운 아버지와 간악한 계모 밑에서 죽을 고비를 넘기면서도 부모를 원망하지 않고 오히려 스스로가 부모의 마음에 드는 자식이 되지 못함을 부끄러워하고 모든 정성을 다해 부모를 모셨다. 순임금의 효가 천자의 효요, 천자가 된 후에도 극진히 부모를 섬기니 백성들이 모두 따르고 태평성대를 누리게 된다.

국가는 가정이 확대된 개념으로 가정이 화목하게 이루어지면 국가 역시 건전하게 발전할 것이다. 그러므로 나라의 지도자는 '효'라고 하는 덕의 근본을 살펴야 한다. 자신의 몸을 닦고 덕을 지니는 것을 중요하게 여기지 아니한 사람이 높은 자리에 있게 되면 자기의 지위를 믿고 자기보다 아랫사람을 얕잡아보게 된다. 이러한 사람은 반드시 그 위치가 위태롭게 된다는 것이다. 그러므로 높은 자리에 가서도 덕을 쌓고 겸손한 마음과 행실로써 아랫사람을 대할 때 그 아름다운 이름이 후세에까지 알려질 것이다. 이러한 경우 나라를 화평하게 하고 사직[68]을 보전하고 그 사직을 자손에게 물려주는 것으로 되어 있었다. 따라서 내려오는 사직을 보존하고 백성들과 화목을 가질 수 있어야 했으니 이것을 일러 제후의 효[69]라고 한다.

경대부들의 효는 무책임한 말을 함부로 해서는 안 되며 평소에 행동을 조심하고 덕행이 아니면 행하지 말라고 했다. 백성들이 믿고 따르며 임금이 믿을 수 있는 신하가 되기 위해서는 인의예지충신(仁義禮智忠信)의 언행으로

움직이고 올바른 도를 따르는 것이 경대부의 효70)라 할
수 있다.

'나'라는 존재는 부모 없이는 이 세상에 태어날 수 없었
고, 나라 없이는 존재할 수 없었으니 이것을 돌려드리는
미덕을 효(孝)와 충(忠)이라 한다.

이러한 논리에서 본다면 효(孝), 충(忠), 순(順)의 도리
는 나를 존재하게 해준 원인적 존재와 사랑에 대하여 감사
하고 그 은혜에 보답하기 위해 돌려드리는 여러 형태의
미덕이라 할 수 있다. 결국 선비의 효라는 것은 부모와
지도자의 관계에서 이루어진다. 사랑과 공경으로써 어버
이를 섬기고 그 효도로써 어른을 섬겨 순응함으로써 가정
의 부모에게 하듯 나라 전체를 위해 크게 이바지함이 선비
의 효71)라고 한다.

우리가 삶을 유지하고 건강을 보존하며 살아갈 수 있는
것은 땅에서 거두어들이는 곡식이 있기 때문이다. 땅은
성실히 사는 사람에게 이로움을 주는 존재이다. 몸을 삼가
고 공경하며 낭비하지 않고 절약하여 모자람이 없도록
부모를 모시는 것이 일반 민중의 효72)라고 공자는 설했다.

또 공자는 천지인(天地人)에 있어서 효를 다음과 같이
구분하였다.

대저 효는 하늘의 경(經)이요 땅의 의(義)요
백성의 행동[行]이니라. 하늘과 땅의 경(經)이
므로 백성이 이를 법칙으로 삼는지라. 하늘의
밝은 것을 법칙으로 땅의 이로움을 인하여 천하
를 순하게 하느니라.[73)]

즉, 효야말로 하늘의 떳떳한 것이며 땅의 의로운 것이며
사람의 행실이라고 표현하며, 하늘과 땅의 떳떳한 것을
백성이 법칙으로 삼으면 하늘의 밝은 것을 본받고 땅의
이로움으로 인하여 천하를 순조롭게 하는 것이라 했다.
그러므로 굳이 엄숙하지 않아도 이루어지고 정치가 엄격
하지 않아도 다스려진다고 하였다. 공자는 하늘과 땅의
기운을 받아 태어난 것 중에서 가장 귀하고 뛰어난 것이
사람인데 사람의 행위 중에서 가장 큰 것이 효라고 하였다.
효에 있어 가장 큰 효는 아버지를 존경하여 하늘같이 높이
는 것[74)]이라 하였다. 아버지와 자식의 관계는 하늘이 맺어
준 관계이므로 천성(天性)으로 존엄한 것이다. 아버지와
어머니가 나를 낳으시어 후계를 삼으니 인륜지대사가 이
보다 더 큰 것이 없고 임금의 존엄과 어버이의 친애한
것으로써 나라를 다스리니 은혜가 더 큰 것이 없다[75)]고
공자는 설하였다.

자신의 어버이를 사랑하지 않으면서 타인을 사랑하는 사람은 덕을 거역한 사람이라 했고 자신의 어버이를 공경하지 않으면서 타인의 어버이를 공경하는 사람을 가리켜 예절을 배반한 사람이라고 했다.

효자의 어버이 섬김은 거처[居]한 즉 그 공경을 이루고, 봉양한 즉 그 즐거움을 이루고, 병든 즉 그 근심을 이루고, 상을 당한 즉 그 슬픔을 이루고, 제사에는 그 엄숙함을 이루느니라. 이 다섯 가지를 갖춘 연후에 능히 그 어버이를 섬김이라.76)

부모를 모시는 방법에 대해서 평상시에는 공경하는 마음을 다하고, 봉양할 때에는 즐거운 마음으로 하며, 어버이가 병이 나셨을 땐 근심을 다하며, 돌아가셨을 때는 슬픔을 다하고, 제사를 모실 때에는 엄숙함을 다할 것을 가르치면서 이 다섯 가지가 갖추어져야 부모를 섬겼다고 말할 수 있다 하였다.

옛날 죄를 지은 죄인에게 형벌을 가하는 방법이 다섯 가지가 있었다. 먹물 뜨는 형벌[墨], 코를 베는 형벌[劓], 발의 인대를 끊는 형벌[剕], 고환을 제거하는 형벌[宮],

목을 베는 형벌[大辟]이었다. 이 오형의 해당하는 죄가 3천 가지나 되는데 그 가운데 불효의 죄가 가장 크다고 했다.77) 모든 죄는 불효에서 발생되며 죄를 짓는 것은 불효의 반영이기 때문이다.

『효경』의 「광양명장(廣揚名章)」에서는 "효도는 자연스러운 발로로 군자는 지극한 효도로써 어버이를 섬기기에 그 효도를 임금에게 옮겨 온전히 충성(忠誠)을 다할 수 있는 것이다. 또한 그 효도를 형제에게 옮겨 변화시키면 돈독한 우애로써 서로 아끼고 사랑하며 따르게 되는 것이다. 그럼으로써 형을 따르는 마음이 이웃의 어른에게 옮겨져 어른을 공경하고 순종하게 된다. 이렇게 효도로써 그 집안을 잘 다스리게 되면 관직에 나아가서는 그 효도를 옮겨 또한 잘 다스려 훌륭한 벼슬아치가 되어 백성의 우러름을 받게 되는 것이다. 백성들의 우러름을 받는 사람은 입에서 입으로 그 훌륭함이 전해지고 전해져 끊임없이 후세에까지 그 이름이 알려져 추앙받게 되는 것"이라 하여 효도를 다하는 자가 세상에 널리 이름을 떨치게 된다는 것이다.78)

가정 내의 부모와 형제 등에 대한 윤리 덕목으로서의 효(孝)=제(弟)=거(居)가 단지 가족 윤리에 머물지 않고 외부적(사회적)으로는 임금과 어른 등에 대한 충(忠)=순

(順)=치(治)의 사회윤리의 토대가 됨을 말하고 있다. 효도로써 가르치면 천하를 조화롭게 평정할 수 있다. 따라서 천하를 다스리기 위한 전제 조건 중의 하나가 효를 가르치는 것이다.[79] 효는 다름 아닌 인간과 인간을 엮어주는 사랑의 끈이 되기 때문이다.

자식으로서 아버지가 옳지 않고 예에 어긋나는 행동을 할 때 아버지에게 고치도록 아뢴다는 구체적이고도 능동적인 의무는 『논어』「이인(里仁)」편의 문맥과는 조금 다르다. 『논어』에서는 만약 자식이 아버지를 능가할 수가 있을 정도로 낫지 못하면 자식은 아버지의 권위가 다할 때까지 복종해야만 한다고 쓰고 있는 데 반하여 『효경』은 효가 단순히 자식으로서 부모에게 무조건적으로 복종하는 것이라는 생각에 반박하고, 대신에 자식들의 첫 번째 의무는 옳은 것을 지지하고 부모님이 잘못된 일을 그만두도록 설득하는 것이라고 하고 있는 점이 아주 인상적이다.[80] 더욱 인상적인 것은 이러한 간쟁(諫爭)이 임금과 신하의 관계에까지 유비적으로 적용될 수 있다는 점이다. 물론 『효경』은 신하가 임금에게 간쟁을 해서 듣지 않을 때는 양심에 따라 임금을 떠나야 한다는 맹자의 과격한 태도로까지는 진전되어 있지 않다. 어떤 유학자도 자식이 그런 상황에서 부모 곁을 떠나야 할 것이라고는 생각하지 않을 것이다. 그렇더라도 군신관계나 부자관계에서 단순히 복종을 강요하는 게 아니라 간쟁이 계속적으로 강조되는 것을 목격할 수는 있다.

　종묘에서 지극한 공경을 이루면 돌아가신 할아버지나 아버지의 신령이 나타나는 것이다. 지극한 효도와 우애는 모든 신령을 감통(感通)하여 온 천하에 빛을 발하게 되어 통하지 않는 것이 없다. 지극한 효성은 귀신도 감동시킨다고 하였으니 하물며 사람을 감동시키는 데 있어 어떤 장애물이 있겠는가? 돌아가신 선조의 묘를 잘 보살피고 제사를 정성껏 모시며 선조께 욕이 돌아가지 않도록 자신의 행동을 조심하고 말을 가려서 하여야 한다. 언제나 효도로써 부모를 섬기고 그 정성이 부모가 돌아가신 후에도 꾸준히 보인다면 신령이 기뻐하여 눈앞에 나타난 것처럼 느끼게 된다고 하였다.81)

　효자는 어버이가 살아계실 때도 극진한 효도를 다하지만 돌아가셨을 때도 극진히 장례를 치른다. 형편에 맞게 정성을 다하고 슬픔을 다해 어버이를 보내드린다. 이는 살아계실 때는 사랑과 공경을 다하고, 돌아가셨을 때는 애통과 서러움을 다하여 모시나니, 이것을 가리켜 인간의 근본을 다했다고 하는 것이며, 또 죽음과 삶의 도리가 갖추어진 것이다. 이것을 가리켜 효자가 부모를 섬기는

일을 다했다고 말할 수 있는 것이다.[82]

　하루하루를 소중하게 생각하고 어버이의 살아계심을 기뻐하며 효도할 수 있는 기회가 주어짐을 감사하게 여기고 나의 공경과 정성을 다해 효도한다. 그러다가 노환으로 어버이가 돌아가시면 또한 예를 다하고 애통함을 다해 여전히 정성을 다한다. 상기(喪期)를 마치고도 항상 부모에게 욕된 일을 하지 않기 위해 항상 삼가고 조심하며 이름이 빛나도록 하고 청렴하게 지내는 것이 인간의 도리인 것이다.

　지금까지 살펴보았던 『효경』은 천자로부터 하급관리까지 적극 보급하려는 정책을 취했으며, 왕망의 대에 이르러 『효경』을 향리의 아동에게까지 보급하려는 정책을 취하기도 했다.

　그리고 후한(後漢)대에 이르러 『효경』을 향리의 어린이 또는 무학자에게 가르치는 관행이 이미 광범위하게 정착되었는데, 육조시대 『효경』이 『논어』와 함께 지식인 가정의 아동교육 교본으로 정착된 것은 바로 이 전통을 계승한 것이다. 이처럼 무학자와 아동에게 『효경』을 우선 학습시킨 것은 그 내용도 평이할 뿐만 아니라 무엇보다 분량이 적어 쉽게 암송할 수 있었기 때문일 것이다.[83]

　한대(漢代) 사회에서 『효경』의 의의를 검토해 보면 다음과 같이 정리할 수 있다.

첫째, 불효를 가장 큰 범죄로 처벌한다. 이전에는 교화를 주로 역설한 데 반해, 엄형에 의한 강제로 집행한 것은 효를 단순한 본성에 기초한 친족윤리가 아니라 불가결한 법률문제로 인식했음을 의미한다.

둘째, 효는 충의 기본으로 국가 다스림의 요체이다. 왕자의 솔선으로 시작한 효제(孝悌)는 '상하의 다스림'을 구현할 뿐 아니라 신명을 통하여 사해가 모두 귀복한다는 일련의 주장은 효를 통한 치국평천하(治國平天下)의 청사진이라 할 것이다.

셋째, 효의 완성은 충을 통해야 한다. 효를 행하려면 양친(養親)할 수 있는 복록(福祿)이 필요하고, 그것을 얻으려면 먼저 군주에게 충성을 다해야 하기 때문에, 입신양명을 통해 부모를 기쁘게 하는 것은 더 큰 효이며, 이것은 사군(事君)을 통해 이루어지는 것이다.

넷째, 효는 부모의 명령[父命]이 아니라 의(義)를 따르는 것이다. 간쟁은 국가적 수준에서나 가정의 수준에서나 필요한 부분인데, "불의한 부명(父命)을 따르는 것을 어떻게 효라고 할 수 있겠는가?"만으로 끝나는 『효경』의 간쟁론은 '의'에 따르는 효의 폭을 더 확장할 수 있다. 즉 '의'를 '법령'으로 대체하는 것으로서 '법에 따르는 것이 곧 효'라는 논리로 이어질 수 있다.

　다섯째, 부자(父子)의 도는 천성(天性)이며 군신(君臣)의 의(義)이다. 바로 앞 구절84)과 연관시켜 본다면, 결국 효친(孝親)에 기초한 부자관계가 경애를 매개로 '엄(嚴)'에 기초한 군신관계로 자연스럽게 이전되었기 때문에 군신관계를 따로 가르칠 필요가 없다는 의미이며, 효자가 왜 충신이 될 수 있는가를 논리적으로 해결한 점에서 대단히 중요한 대목이다.

　여섯째, 효는 모든 덕목의 뿌리가 되며 모든 도덕적 강령이나 준칙의 근간이 되는 것이며 사회적이고 정치적인 안정과 복지의 초석이 됨을 나타내고 있다.

　일곱째, 세상에 나아가서 가족의 이름을 빛내고, 백성을 보살피고 임금에게 충성함으로써 완성되는 자기 수양에서 무엇보다도 먼저 자신의 몸을 보살피고 닦아야 한다고 했다. 또한 효라는 것이 모든 사람들에게 부과되는 의무로서 특히나 정치, 사회적으로 높은 지위에 속한 사람들, 위정자들에게 더욱 과중하게 부여되고 있으며, 백성들을 보살피고 사려 깊게 그들의 뜻을 헤아릴 것을 요구하고 있다. 학자든 관직에 있는 사람이든 먼저 부모에게 효성스런 자식이어야 비로소 윗사람이나 상관에게 충성과 복종을 다할 수가 있고 백성들도 부모님을 봉양하는 데 극진히

하고 효를 실천할 때에라야 비로소 근면하고 검약한 백성
이 되어 임금이나 다른 모든 사회적인 관계에서 그 효를
확장시켜 실천할 수가 있는 것이다.

Ⅳ

불교 효 사상의 중국적 전개

1. 중국사회의 불교비판

'효' 사상이 깊은 중국전통사회에서 불교를 수용하는
데 가장 큰 문제점은 인도와 중국이라는 양대 사회 구조상
의 이질성과 그로 인한 문화의 상이(相異), 특히 윤리적인
측면에서의 차이에 있었다.

불교의 수용 당시(기원전 1년) 중국에서는 예를 중요시
하고 실천윤리로서 효를 으뜸으로 삼는 유교가 정착되어
있었다. 유교는 효를 중심으로 한 인·의·예·지·신
(仁·義·禮·智·信)의 오륜·오상(五倫·五常)을 가르
쳤던 반면에 불교는 깨달음의 길로서 팔정도(八正道)와
육바라밀(六婆羅蜜) 그리고 계·정·혜(戒·定·慧)의 삼
학(三學)을 말하며 세상의 모든 집착으로부터 벗어나면
깨달음에 도달할 수 있다고 하였다. 따라서 유교에 대한
일반인들의 인식은 유가를 세간도(世間道)로 불가를 출세
간도(出世間道)로 이해하는 경향이 많았고, 그것은 인도불

교의 중국 사회 정착에 큰 문제점으로 부각되었다.

불교는 세간의 모든 것을 인정하면서, 궁극적으로 출세간에서 진리를 찾으려는 가르침이다. 다시 말하면 불교는 세간의 부귀영화를 버리고 부모 형제와 인연을 끊고 출가하여 수행을 지향하는 종교이다. 이에 따라 승려들의 출가는 임금의 관점에서는 조세(租稅)와 신하의 상실이고, 부모의 입장에서는 후사를 갖지 않는 불효(不孝)인 셈이다.

따라서 불교가 출가 제도를 원칙으로 하기 때문에, 중국에 정착되는 과정 속에서 이 두 문제는 항상 충돌되었다. 불교가 중국사회로 들어온 것은 기원 전후이지만 불교의 윤리 사상이 전통중국사회에 문제가 된 것은 상당한 시기가 지나서이다.

초기의 중국 불교 상황을 알려주는 자료 중의 하나인 『후한서(後漢書)』 「초영왕전(楚英王傳)」85)의 기술에서는 황로(黃老)와 불교를 동일하게 취급하고 부도(浮屠)를 '제사(祭祀)'지내는 것으로 이해하고 있었다. 곧 중국인들은 불상에 참배하는 것을 제사 의식의 하나로 이해하였던 것이다. 이와 더불어 승려들의 신이(神異)에 대한 이야기가 많았던 것도 당시 중국 사람들은 서역의 불교를 자신들의 황로사상(黃老思想)이나 노장(老莊) 내지는 신선방술(神仙方術)의 틀 내에서 이해하려고 했음을 알 수 있다[格

義佛教]. 그리고 당시의 정치적인 혼란과 사회질서의 변동에 따라 신선방술사상(神仙方術思想)이 강하게 민중사회에 영향을 미치고 있었다. 그러한 시대정서와 더불어 불교도 이러한 측면이 주로 부각되고, 그것이 계기가 되어 중국에 전래의 발판을 굳혔을 것이라 생각해 볼 수 있다.

이렇게 당시 중국에 불교가 차츰 전파되는 과정에서, 불교의 사상과 문화가 중국의 전통사상과 서로 상충하는 측면들이 표면에 노출되기 시작하였다. 그중의 하나가 가족을 버리고 출가하는 것이었다. 이것은 효를 중시하는 당시의 윤리 체계에서는 큰 문제가 아닐 수 없었다. 그리고 불교가 점차 세력을 얻고, 중국인과의 교섭이 깊어감에 따라 중국인 측에서도 불교를 단순히 감각적인 면에서만 받아들이지 않게 되었다. 기존의 관념을 매개로 불교의 핵심으로 한 발자국씩 들어가게 되었던 것이다. 여기에서 비로소 불교의 윤리적인 측면이, 그리고 '부처[佛]'의 개념과 기본 사상이 문제시되었다. 효 윤리에 입각한 불교 비판은 유·불의 가치가 맞설 때면 언제나 유교 측에서 제기되었던 문제이다.

도선(道宣)의 『변혹편(辯惑篇)』에 소개된 이양이 올린 상소에 의하면, "삼천 가지 죄는 불효보다 큰 것이 없으며, 불효는 제사를 끊는 것보다 지나친 것이 없다. 그러므로 제사를 끊는 죄가 커서 그보다 더한 것이 없다"86)고 하였으며, 북주(北周) 무제(武帝)의 소(召)는, "부모의 은혜가 막중한데 사문(沙門, 불교의 출가수행자)은 존경하지 않으며, 도리에 어긋남이 심하여 국법으로 용납할 수 없으며, 또한 환속(還俗)시켜 효를 숭배하도록 다스릴 것이다"87)라고 했다.

당(唐) 부혁(傅奕)은 불교를 제거할 것을 요청하여 말하되, "부처님은 서역에 있으며 말하기를 그 길이 멀다 하며, 한역의 오랑캐 책들은 마음대로 그를 가탁하고는, 불충과 불효를 시키며, 삭발을 하고 임금과 부모를 버리게 하며, 놀면서 밥을 먹으며, 옷을 바꾸어 입고 조세를 내지 않고 도망간다"88)고 하였다.

법림(法琳)의 『변정론(辯正論)』에 인용된 도사(道士) 이중경(李仲卿)의 십이구미론(十異九迷論)의 내용89), 당나라 고조(高彫)의 칙서(勅書)90), 한유(韓愈)의 배불론(排佛論)91) 등에도 배불(排佛)할 것이 명확하게 드러난다. 그러면 이들 자료를 통해서 유교 측에서 불교를 비판하는 내용과 그 근거들을 정리해 보면 다음과 같다.

첫째, 불교는 오랑캐 사상이라는 것이다. 중화와 오랑캐를 나누는 것을 보통 화이론(華夷論)이라 한다. 이것은 간단하게 말하면 중심과 변방의 이론으로서 중국을 중심으로, 나머지를 변방으로 보는 것이다. 그리하여 중심에 모든 가치를 두는 중화중심주의 사고이다. 이런 발상의 연장선에서 불교는 서쪽 오랑캐의 서역사상이니 중국의 사상만 못하다는 것이다. 화이론은 유교와 함께 도교 쪽에서도 불교를 비판할 때 곧잘 이용하는 논리이다.

둘째, 머리를 깎는 것은 불효이다. 『효경』의 첫머리에 나오는 "몸과 머리털과 살은 모두 부모에게 받은 것이니 훼손하지 않는 것이 효의 시작이다[身體髮膚, 受之父母, 不敢毀傷]"라는 말은 널리 알려진 이야기다. 이런 입장에서 승려의 삭발을 불효로 간주한다.

셋째, 자손을 갖지 않는 것은 불효이다. 유가에서는 가족제도를 유지하기 위해 대를 잇는 것을 중요시했고 또한 대를 잇지 못한다는 것은 선조가 없어지는 것과 마찬가지라고 생각했다. 따라서 가족제도를 유지하기 위하여 자손을 대대로 계승하는 것을 중요한 효로 인식하며 그렇지 않는 경우 가장 큰 불효로 간주했기에 결혼하지 않는 승려들이 불효 중의 가장 큰 불효라는 것이다.

넷째, 부모를 버리고 봉양하지 않는 것은 불효이다. 부모를 모시고 함께 살면서 정성껏 봉양을 하지 않고 출가하는 것이 불효로 인식되었던 것이다.

다섯째, 내 부모와 남의 부모를 같이 대하는 것은 불효이다. 불교는 일체중생이 나와 둘이 아니고, 또한 나의 부모와 같다는 절대적 대자비의 사상으로 모두를 내 부모와 똑같이 대하라고 했지만 유교에서는 내 부모를 타인과 똑같이 대하면서 차등을 두지 않으면 오히려 불효라고 하였다.

여섯째, 임금에게 절하지 않는 것은 불효이다.[92] 이는 하늘의 아들이라 생각하는 천자를 세상에서 최고의 존재로 보는 중국적 전통에서 볼 때 승려들이 임금에게 절을 하지 않는 인도전통은 이해하기 어려웠다.

이렇게 유교의 전통적 효 사상이 강한 중국 사회에서 불교는 많은 사상적, 정치적 탄압을 받게 되었다.

2. 유교적 효에 대한 불교적 대응

1) 모자(牟子)의 『이혹론(理惑論)』

이러한 중국 전통사회에 대해 부분적으로 불교 측에서 '방외(方外)의 손님'이라는 입장을 내세우기는 했지만 전체적인 흐름은 효 윤리를 수용하는 쪽이었다. 문헌적인 기록으로 볼 때, 불교를 처음으로 확실하게 신앙했던 사람은 후한(後漢) 명제(明帝, 57-75)의 이복동생인 초왕(楚王) 영(英)이며, 황제로서는 환제(桓帝, 146-167)이다. 『후한서(後漢書)』에 의하면 초왕 영은, "황로(黃老)의 미묘한 말을 외우고 불교의 인사(仁祠)를 숭상하였다. 세 달 동안 몸을 깨끗이 하고 신에게 서원하였다"[93]고 하며, 환제는 "궁중에 황로와 불교의 사당을 세웠다"[94]고 한다.

이러한 정황으로 볼 때, 한대의 불교는 황로와 함께

숭상되었으며, 또한 당시 유행하고 있었던 신선설과 같은 것으로 인식되어 불교가 재앙을 물리치고 복을 가져다주는 영험한 신으로서 숭상되었음을 알 수 있다.[95] 즉, 중국인들에게 있어 불교는 도교의 황로와 같은 것으로 인식되어 별 거부감 없이 자연스럽게 받아들여졌던 것이다. 그렇지만 외래의 사상이었던 것만큼 이에 대한 의혹과 비판적 관점이 존재하였는데, 불교가 이를 어떻게 해결해 나가는지를 효의 관점에서 살펴보고자 한다.

모자의 『이혹론』[96]은 이러한 정황을 살펴볼 수 있는 중요한 문서가 되는데 『홍명집(弘明集)』 권1에 실려 있다. 그럼 『이혹론』에 나타나는 유교와 불교의 갈등과 효에 대한 입장 차이, 그리고 유교의 비판에 대해 이를 불교적 관점에서는 어떻게 대처하고 있는가? 『이혹론』의 내용 가운데 유교와 불교의 최대 갈등은 첫째 사문의 삭발과 후사를 잇는 문제, 둘째 복식과 관련된 문제, 셋째 보시와 관련된 인(仁)과 효의 문제라고 할 수 있다.

> 『효경』에 이르기를 "몸과 머리카락과 피부는 부모에게서 물려받은 것이니 함부로 손상시켜서는 안 된다"고 한다. 증자(曾子)는 죽음에 임하여, "내 손을 들어보라, 내 발을 들어보라"고

했다. 그런데 지금 사문들은 머리를 깎으니, 성
인의 말씀과 어찌 이렇게 다른가? 효자의 도리
에 맞지 않는다.97)

　유교의 핵심 윤리가 되는 효의 입장에서 보았을 때,
무엇보다 사문이 삭발하는 것은 분명 부모로부터 물려받
은 신체를 훼손시키는 불효한 행위로 간주되어 이를 용납
하기 어려웠을 것이다. 이에 대해 『이혹론』에서는 불교적
입장에서 효는 형식에 있는 것이 아니라 그 실질적인 내용
에 있음을 다음과 같이 설명한다.

　　옛날 제나라 사람이 배를 타고 강을 건너는데
　그 아버지가 강물에 빠졌다. 그러자 아들이 팔을
　걷어 올리고 아버지 머리를 잡아 거꾸로 한 뒤
　입에서 물을 토하게 하여 아버지의 목숨을 소생
　시켰다. 무릇 머리를 거꾸로 하는 것은 불효함이
　막대한 것이나 그렇게 함으로써 아버지의 몸을
　온전케 했으니, 만일 팔짱만 끼고 효자의 길만
　닦았다면 아버지의 목숨은 물속에서 끊어졌을
　것이다.

이른바 형식이란 내용을 표현하고 강화하는 외적인 수단이지만, 그렇다고 형식이 내용을 지배하여 형식 자체가 목적이 되어버린다면 그것을 운용하는 인간은 결국 형식의 질곡 속에서 진실을 잃어버리게 될 것이다. 위의 에피소드에서도 알 수 있는 바와 같이 자식이 아버지의 머리를 잡는 것은 예에 어긋나는 행위이지만 아버지의 생명을 구한다는 인(仁)의 관점에서는 오히려 용인되는 행위이다.

문제는 형식과 내용을 어떻게 조화롭게 구성하여 실질적으로 활용하는가에 있는 것이다. 예컨대, 태백(泰伯)이 머리를 짧게 자르고 문신을 하여 스스로 오월(吳越)의 풍속에 따른 것은 형식적인 면에서 볼 때, 신체발부(身體髮膚)의 도의(道義)를 어긴 것이라고 할 수 있지만, 공자는 오히려 이를 "지극한 덕이라고 할 수 있다"고 칭찬하였다. 모자는 이를 예로 들어 "진실로 큰 덕이 있으면 작은 덕에 구애받지 않는다"고 하면서 "상양은 숯을 삼키고 몸에 옷 칠을 하였으며, 섭정은 얼굴 가죽을 벗겨 스스로 형벌을 가하였고, 백희는 불을 밟았으며, 고행은 스스로 자기 용모를 훼손하였지만, 군자로서 용기 있고 의롭다고 여겼다"는 고사를 예로 들어 이를 사문의 삭발에 비교하여 별반 다를 바 없는 행위라고 주장하였다.98)

원래 사문의 삭발은 불교 개창 이래의 전통으로 교만심을 제거하기 위한 것인데,[99] 이는 세속적인 생활과의 격리를 의미한다. 다시 말해 사문의 삭발은 자신의 아만심(我慢心)과 아집(我執)을 부수어 분별심과 탐착을 없애고 세속적인 물질생활로부터 벗어나기 위한 종교적 다짐과 결단을 의미하는 것이라고 볼 수 있다.

　　두 번째 유교의 비판이 되었던 것은 사문의 출가문제였다. 출가는 후사의 단절을 의미하는 것이기 때문이다.

　　　[문] 이른바 후사를 잇는 것보다 더 큰 복은 없고, 후사를 잇지 못하는 것보다 더 큰 불효는 없다. 사문은 처자와 재화를 버리고 혹은 한평생 장가를 들지 않으니 어찌하여 복과 효의 행을 어기는가?

　　　[답] 처자와 재물은 세상의 여사(餘事)요, 몸을 깨끗이 하여 무위(無爲)함은 도의 묘함이다. 허유(許由)는 새들이 사는 나무에서 살았고, 백이(伯夷)와 숙제(叔齊)는 수양산에서 굶어 죽었으나, 순임금과 공자는 그들의 어짊을 칭찬하여 "인(仁)을 구하여 인을 얻은 자들이다"라고 하였다. 그들에게 후사가 없고 재화가 없다고 나무

라는 말을 나는 듣지 못했다. 사문이 세상의
즐거움에 노니는 대신 도덕을 닦고, 처자의 기쁨
대신 착하고 어진 것으로 돌아가는 것은 기이한
일이 아니다.100)

위의 인용문에서도 드러나듯이 모자는 중국 역사상 현
인과 철학자의 고사를 예증으로 들어 사문의 출가가 오히
려 성현의 인과 도에 부합하는 도덕적인 행위임을 강조하
고 있다. 다시 말해 사문의 출가는 현세적 안락에 안주하지
않고 청빈한 무위(無爲)101)의 도를 행하는 것임을 변론하
고 있는 것이다.

사문은 그러한 구도 행위를 통하여 궁극적으로는 부모
형제를 제도하고 나아가 일체중생을 제도하여 괴로움으로
부터 벗어나 열반에 이르도록 한다. 따라서 사문의 출
가102)는 보다 넓은 시각에서 볼 때, 유교의 효 사상과
결코 다른 것이 아니라는 게 모자의 주장이다. 그럼에도
불구하고 전항의 삭발문제와 마찬가지로 이 출가문제도
후에 한유 등에 의해 다시 배불한 이유로 논란이 된 것은
'수신제가치국평천하(修身齊家治國平天下)'103)라는 유교
의 현실주의적 도덕이념과 '상구보리하화중생(上求菩提下
化衆生)'104)이라는 불교의 출세간적 윤리 사이에 문화

적·사상적 갈등이 내재하고 있기 때문이다.

세 번째 문제는 사문의 복식(服飾)을 들고 있다. 유교에서의 복식의 의미는 단지 몸을 보호하는 수단의 의미로서뿐만 아니라 계급과 예법을 나타내는 인격적인 의미를 담고 있다.

> 황제(黃帝)는 의상을 베풀어 복식을 제정하였고, 기자(箕子)는 홍범(洪範)을 밝혀 예모(禮貌)를 오사(五事)의 으뜸으로 삼았으며, 공자는 『효경』을 지어 복장을 삼덕(三德)의 처음으로 삼았다. … 지금 사문은 머리를 자르고 붉은 가사105)를 걸치며, 사람을 보아도 무릎을 꿇었다가 일어서는 예가 없으니, 어찌하여 예모와 복장의 제도를 어기고 홀(笏)을 큰 띠에 꽂는 신사의 복식에 어긋나게 하는가?106)

이러한 유교의 비판에 대해 모자는 노자의 말과 역사적인 예를 근거로 하여 다음과 같이 답한다.

> 노자가 이르되, "지극히 높은 덕은 인위적이 아니므로 덕 같지 않다. 덕 같지 않은 덕이야말로

참다운 덕이다. 아주 낮은 덕은 자기가 베푼 은덕을 잊지 않기 때문에 스스로의 덕이 없다"고 한다. 삼황(三皇) 때에는 짐승의 고기를 먹고 그 가죽으로 옷을 입었으며, 새집에서 살거나 동굴에서 거처하였으므로 질박함을 숭상하였다. 그러나 어찌 장보관(章甫冠)과 같은 갓옷의 복장이 필요했겠는가? 그런즉 그 사람들은 덕이 있고 돈후하며 신실하여 자연에 맡기어 무위(無爲)함을 칭송하였다. 사문의 행위도 이와 비슷한 것이다.[107]

위의 내용에서처럼 복식은 시대와 장소에 맞게 생활하도록 하는 것이지 반드시 정해진 규범이 있는 것은 아니다. 출가는 세속적 안락을 버리고 청정한 도를 추구하는 행위이다. 물론 궁극적으로는 일체의 분별과 예속(隷屬)으로부터 벗어나 해탈을 획득하는 것으로 번쇄한 세속의 형식적 사사로움에 얽매이지 않는다. 따라서 의복과 의관의 형식에 구속되지 않고 수행하는 데 편리하고 적합한 의복이면 상관없는 것이다. 모자는 의복에 대해서도 형식적인 측면보다는 실질적인 측면을 중시하여 변론을 하였던 것이다.

네 번째 유교의 비판은 보시(布施)108)와 관련한 인(仁)과 효(孝)의 문제이다. 모자는 이를 다음과 같이 정리한다.

> 지금 불경에서는 "태자 수대나(須大拏, Sudana)는 아버지의 재물을 가지고 먼 나라 사람들에게 베풀어 주고, 나라의 보배인 코끼리를 원수에 주었으며, 처자조차도 남에게 주었다"고 한다. 부모를 공경하지 않고 남을 공경하는 것은 패례(悖禮)이며, 자기 부모를 친애하지 않고 남을 친애하는 것은 패덕(悖德)이다. 수대나는 효성스럽지 못하고 인하지 못한데도 불가에서는 이를 존중하니 어찌 기이하지 않으리오?109)

부모 형제를 소중하게 여기는 유교의 입장에서 볼 때, 부모와 처자까지도 보시하는 수대나 태자의 행위를 이해 못할 것이다. 위의 인용문에서도 드러나듯이 유교에서 이러한 행위는 패례(悖禮)=패덕(悖德)=불효(不孝)=불인(不仁)에 해당하는 것이다. 이에 대해 모자는 다음과 같은 변론을 들고 있다.

> 수대나(싯따르타) 태자는 세상이 무상하여

재화가 자기의 보물이 아니라는 것을 보았기
때문에 자의로 보시함으로써 대도를 이룬 것이
다. 아버지의 나라는 복을 받았지만 원수의 집안
은 받지 못하였다. 성불함에 이르러 부모 형제가
모두 생사의 바다를 건너 열반에 도달하였으니,
이것이 효가 아니고 인이 아니라면 대체 무엇이
인이고 효이겠는가?110)

불교에서의 보시란 자신의 모든 것, 즉 부모 형제는
물론 자신의 생명까지도 남에게 베풀어 주는 행위이다.
이러한 보시의 실천 속에는 기본적으로 나와 남을 구분하
는 이분적인 사고가 지양되어 있다. 나를 비롯한 이 세계는
각각 자기라고 할 만한 고정불변의 실체를 가지고 있지
않다.

따라서 설령 부모 형제라 할지라도 진정한 자비와 해탈
을 위한 행위라면 보시의 대상이 될 수 있는 것이다. 이는
무아(無我)를 바탕으로 한 무소유(無所有), 대자비(大慈
悲)의 실천행으로서 주어지는 행위이다. 이에 반해 유교는
나를 중심으로 부모=형제=종족이라는 단계적인 윤리도
덕의 체계이다. 그러므로 불교의 무차별적인 사랑과는
당연히 갈등을 빚을 수밖에 없는 것이다.

이 외에도 불교와 유교의 갈등과 입장에 대해 밝힌 이론
이 더 있다. 그중 북주(北周) 도안(道安)의 '유교는 외교(外
教)이고 불교는 내교(內敎)'라는 유, 불의 안팎 이론은
다음과 같다.

　　　있는 것은 비록 한 몸이지만 육체[形]와 정신
　　　[神]의 두 가지 차이가 있으며, 흩어지는 것은
　　　비록 질적인 차별이 있지만 심수(心數, 마음작
　　　용)는 망하지 않는다. 그러므로 형체를 구하는
　　　가르침은 밖이라고 하며, 정신[神]을 제도하는
　　　책은 그것을 일러 전(典)이라고 한다. 이러한
　　　까닭으로 대지도론(大智度論)은 내외의 2권이
　　　있고, 인왕경(仁王經)은 내외의 두 가지 논을
　　　말하고, 방등경(方等經)은 내외의 두 가지 율
　　　(律)이 있으며, 백론(百論)은 내외의 두 가지
　　　도를 말한다. 만약 통틀어 논한다면 내외의 두
　　　가지 도가 있으며, 곧 중국과 오랑캐를 다 포괄한
　　　다. 만약 목숨을 이승에 한정한다면 그것은 유교
　　　의 해석이라고 말할 수 있다.111)

유교는 인간의 내면보다는 행위 규범을 다스리는 것이

기 때문에 내교가 아니라 외교라 할 수 있는 반면 불교는 인간의 외적 행위 규범뿐만 아니라 내적인 마음의 본성까지도 수양하는 것이기 때문에 내·외교를 다 겸한 가르침이라고 할 수 있다.

또 당의 명개(明槪)는 출가해도 충효할 수 있다는 이론을 제기했다.

> 만약 말하기를 충신과 효자 그리고 세상을 도와 백성을 다스리기를 욕구한다면, 『효경』 한 권과 『노자도덕경』 2편만 읽어도 충분하다. 모름지기 8만이나 되는 대장경을 다 읽을 필요는 없다고 한다. 그렇지만 전자는 세간의 충효를 밝혔으며, 출세간의 충효를 밝히지는 못했다.112)

물론 중국의 유교나 도교사상을 대표하는 경전들이 외적인 행위규범이나 공동체의 윤리와 정치체제만을 언급했다고 단정해서는 곤란하다. 특히 유가의 『효경』이나 노자의 『도덕경』과 같은 경전은 외재적 가치뿐만 아니라 충, 효와 같은 내면적 덕성에 대한 깊은 통찰을 담고 있다. 그럼에도 불구하고 충효에 대한 이 두 경전의 담론은 세간적인 충효의 의미만을 밝혔을 뿐 출세간적인 충효의 의미를 밝히지는 못했다고 볼 수 있다.

　어느 정도 혜원(慧遠)의 입장을 계승했지만 당의 법림(法琳)의 「대효론(大孝論)」113)에 와서는 효를 단계적으로 역할을 나누는 측면이 부각되어, 오히려 세속 윤리 속에 출가자의 윤리를 자리매김하기도 했다. 이 문제는 출가 사문(沙門)이 부모에게 예를 올려야 하는가에 대해 여러 논란이 있었는데, 당대에 와서는 부모에게는 예를 올리되 천자에게는 예를 올리지 않아도 된다는 절충안이 나오기도 했지만 정관(貞觀) 7년(633)에는 승려들의 반대로 부모에게 예를 올리는 것조차도 철회되었다.

2) 위경(僞經) 편찬

　유가가 제기한 효 문제에 대해 불교 측 대응 방법의 가장 큰 부분은 중국 찬술 경전을 편찬하여 적극적인 효를 주장하는 형태이다.

　중국에서 불교 효 사상에 대한 연구는 20세기 초 돈황 사본이 발견된 이후 관심이 고조되었다. 돈황 사본 가운데에는 위경인 최고본(最古本)『부모은중경(父母恩重經)』과 산실됐던『불모경(佛母經)』을 비롯한『목련연기(目連緣

起)』,『효순락(孝順樂)』,『신집효경십팔장(新集孝經十八章)』,『효자전(孝子傳)』등 효와 관련된 많은 문헌들이 발견되었다.114) 돈황에서 이렇게 효와 관련된 여러 불전 문헌들이 발견되자 '효'란 단어가 초기불교에는 없었거나 그다지 강조되지 못한 윤리였는데 중국에서 불교를 알리기 위해 만든 방편이었다는 기존의 견해에 대해 재고하게 되었다.115)

물론 문화적 토양과 배경이 다른 만큼 중국의 전통적인 효 사상과는 동일하지 않지만 불교가 중국에 수입되기 이전부터 불교 사상에는 그 나름대로의 효 사상이 존재하고 있었음을 우리는 앞에서 살펴보았다. 이러한 꾸준한 대응은 분명 '불교에도 효가 있다'는 논리가 흐르고 있기 때문이다. 다만 문화적 풍토의 차이로 인해 중국 유교에서 차지하는 효의 위상과 인도 불교에서 위치하는 효의 위상이 서로 다를 뿐, 인도에 효 사상이 없다는 생각은 그렇게 올바르다고 할 수 없을 것이다.

역사적으로 부처님은 오직 석가모니불 한 분이라고 보는 소승적 시각에서 보면, 중국으로 건너간 불교가 시대적 요청에 의해 찬술한 경전은 비불설(非佛說)이기 때문에 위경(僞經)으로 간주되지만, 일체 모든 중생에게는 불성(佛性)이 있다고 보는 대승불교의 관점에서 보면 불설(佛

說)이며 위경이 아닌 것으로 여겨진다. 결국 어느 지역에서 찬술되었는가에 따라 불설(佛說)=진경(眞經), 비불설(非佛說)=위경(僞經)이라는 도식은 이제 배척되어야 한다.

위경이라 짐작되는 경전 중 효에 관한 불교의 가장 대표적인 경전이 『부모은중경(父母恩重經)』이다.116) 수나라나 당나라 초기에 만들어진 것으로 추정되는데, 중국과 한국 그리고 일본에 가장 대중적으로 널리 알려진 경전이다. 이미 앞에서 살펴보았듯이 불교에 관한 한역 경전이 이미 존재하였지만 『부모은중경(父母恩重經)』117)과 같은 위경을 굳이 저술한 것은 당시 중국 윤리에서 중요시되었던 효를 불교 역시 중시하고 있다는 점을 나타내기 위한 교화의 방편적 차원에서 이루어졌을 것이다. 그런데 경의 명칭이 보여주듯 부모은혜의 중요함을 강조하고 있다는 점에서는 인도 불교의 전통을 계승하고 있는 것으로 볼 수 있다.

일반적으로 인도에서 찬술된 불전에서는 불교적 내지 인도적인 윤리관이 중심이 되어 해탈을 첫 번째로 하고 효도를 이차적인 것으로 보고 있다. 그렇지만 중국에서 찬술된 『부모은중경』은 효도를 일차적인 것으로 중시 여기며 중국적인 상황에 맞게끔 전적으로 유교적 혹은 세속적인 효도의 실천을 중점에 두고 있다.

『부모은중경』의 서술방식은 세 편으로 나뉘어 있는데 제1편[序分]에서는 경이 설해지게 되는 배경이 기술되고, 제2편[正宗分]에서는 부모가 잉태하였을 때의 고생, 낳아서 기르신 은혜, 불효, 보은의 어려움, 불효의 지옥, 보은의 선과(善果)를 설명하며, 제3편[流通分]에서는 팔부중(八部衆)118)들의 서원으로 끝나게 된다.

한때 사위국 왕사성 기수급고독원119)에서 불타가 아난을 비롯한 여러 대중을 이끌고 남방으로 가다가 한 무더기의 뼈를 보고 절을 하자 아난이 그 이유를 묻고 불타는 다음과 같이 대답한다.

> 부처님께서 아난에게 말씀하시길 "네가 비록 나의 상족(上足) 제자120)로 출가한 지 오래이지만 아는 것이 아직 넓지 못하다. 이 한 무더기의 고골이 어쩌면 내 전생의 조상이거나 누대의 부모님 뼈일 수도 있기에 내가 지금 절을 하는 것이다"라고 하셨다.121)

한 나라의 왕자로서 한 종교의 교주였던 불타가 한줌의 뼈를 보고 나의 부모일 수도 있기 때문에 절을 한다고 하는 것은 이 『부모은중경』 전체의 내용을 함축하고 있다고 볼 수 있다.

교주의 위치에서 많은 제자들의 존경을 받는 불타라 할지라도 자신 스스로가 부모에 대한 공경과 예경을 몸소 실천하는 대목으로 시작되는 이 경전은 불교의 무시무종(無始無終)의 윤회설(輪迴說)에 입각해서 볼 때 우주 삼라만상의 모든 중생이 나의 부모 형제가 아님이 없다는 가르침을 여실하게 보여준다.

그리고 인도불교의 효 윤리의 근저에는 불교의 기본 교리인 무아(無我)[122] 사상이 놓여 있다. 불교의 무아 사상은 연기(緣起)된 제법의 비실체성을 잘 보여주는 것으로, 모든 존재는 어떠한 원인과 조건이 다하게 되면 사라지는 것이다. 그렇기 때문에 '나[我, 나라는 자아의식]'라는 존재 역시 인연을 떠나서는 나라고 할 만한 것이 없으며, 동시에 '나의 것[我所, 나의 것이라는 소유의식]'이라고 할 만한 것도 없는 것이다. 따라서 효의 주체나 효의 대상 역시 모두 실체가 없는 것이다.

그러므로 무아 사상은 주관적 지평인 '나' 중심주의를 벗어나는 사상적 근거가 된다. '나'가 없다는 것은 '나'가 실체가 아니라는 것이다. 동시에 '나의 것'이 없다는 것은 '나의 것'이 실체가 아니라는 것이다. 그러므로 객관적 지평의 도달이라 할 비실체성의 체득에 이르게 되면 나와 나의 부모는 실체로서 존재하는 것이 아닌 것이다.

이처럼 '나'라는 경계 혹은 울타리를 벗어날 때 나의 부모에 대한 공경은 모든 부모와 일체의 중생들에 대한 공경으로 확장될 수 있다. 불교 효학의 이론적 근거 역시 내가 태어나고 나의 부모가 살고 있는 나의 일가(一家)를 넘어서서 모든 부모와 일체 중생들이 깃들어 있는 만가(萬家)에 대한 공경에 있는 것이다. 그러므로 불교의 효는 현생에만 국한된 것이 아니고 과거와 더불어 삼생(三生)의 부모에게 효행할 것을 강조한다.

무수한 과거 이전부터 현재와 더불어 끝없는 미래세의 부모를 살펴볼 때 이 세상의 모든 사람이 내 부모가 아님이 없다. 일체 모든 중생이 내 부모라는 생각이 일어날 때 우리는 다툼이 없고 너와 내가 없는 동체(同體)가 된다.

『부모은중경』에서는 경문의 대부분이 자식을 기르는 부모의 깊은 애정과 고생 및 그것을 저버리는 불효한 자식의 행장을 자세하게 묘사하는 데에 할애된다. 이에 따라 부모의 은혜를 다음과 같이 10가지로 분류하여 서술하고 있다.

부모님의 열 가지 은혜는, 첫째 자식을 배에서
지켜주신 은혜, 둘째 해산할 때 고통받으시는

은혜, 셋째 자식을 낳고 근심을 잊는 은혜, 넷째
쓴 것을 삼키고 단 것을 뱉어 먹이신 은혜, 다섯
째 아기는 마른 데로 누이고 자신은 젖은 자리로
누우시는 은혜, 여섯째 젖을 먹여 길러주신 은
혜, 일곱째 깨끗하지 않는 것을 씻어주신 은혜,
여덟째 자식이 멀리 출타하면 걱정하시는 은혜,
아홉째 자식을 위하여 궂은일을 하시는 은혜,
열 번째 끝까지 염려하시는 은혜이다.123)

이 10종의 은혜에서도 우리가 알 수 있는 것은 무아의
지혜와 연기의 자비를 부모가 몸소 실천하고 있다는 점이
다. 결국 효도를 위한 올바른 가르침은 먼저 부모의 은혜에
대한 충분한 설명을 해야 한다. 자식이 효를 실천하지
않는 것은 부모의 은혜를 알지 못하기 때문이다. 젊은
세대들이 부모가 자식을 위해 희생하는 것은 당연하다고
생각하면서도 자신이 부모가 된 다음에도 자신을 낳아준
부모에게 효도하지 않는다. 효도하는 것이야말로 사람다
워지는 첫 번째 요건임을 망각하고 있기 때문이다. 불타가
설한 부모의 사랑은 조건 없는 사랑이며, 한 몸 사랑이며,
한 길 사랑이며, 끝까지 가는 사랑이라 할 수 있다.
『부모은중경』의 서술방식이 세속적이고 보편적인 효도

를 권장하고 있는 것은, 궁극적으로는 본경을 만든 의도가 종교적인 구제 내지는 보은을 말하려는 데 있다고 하더라도, 세속적으로는 자식의 부모에 대한 효도의 실천을 추동하기 위함이라고 여겨진다. 부모가 자식을 잉태하고 해산하여 젖을 먹이고 진자리 마른자리 갈아 누이고 언제나 자식만을 걱정하는 부모의 자식 사랑은 '나'와 '나의 것'을 고집하고서는 불가능하며 자비심이 없고서는 행해질 수 없는 것이다.

가령 어떤 사람이 그 왼쪽 어깨에 아버지를 모시고 오른쪽 어깨에 어머니를 모시고서 살갗이 닳아 뼈가 드러나고 뼈가 닳아서 골수가 드러나도록 수미산을 돌아 백천 번을 지나치더라도 오히려 부모의 깊은 은혜는 갚을 수 없는 것이다. 가령 어떤 사람이 흉년으로 굶주리는 겁운(劫運)을 만나서 부모를 위하여 그 자신의 온 몸뚱이를 저미어내고 부수어뜨려 마치 티끌과 같이 하여 백천 겁이 지나더라도 오히려 부모님의 깊은 은혜는 갚을 수 없는 것이다. 가령 어떤 사람이 부모를 위하여 뜨거운 철환(鐵丸)을 삼키어 백천 겁이 지나도록 온몸이 데어 살이 문드

러지더라도 오히려 부모의 깊은 은혜는 갚을
수 없는 것이다.124)

부모의 은혜가 아니면 태어날 수도 성장할 수도 없기에
불타는 이 두 분의 은혜를 갚기 위해 양 어깨에 양친을
모셔 뼈가 닳아 없어져도 그 은혜는 갚을 수 없고, 자신의
몸을 부수어 봉양한다 할지라도, 자신의 눈동자를 칼로
오려내어 바친다 해도, 염통과 간을 오려 봉양해도, 자신의
몸에 칼을 대어 백천 겁 동안 찌른다 해도, 자신의 몸을
등불로 공양 올린다 할지라도, 뜨거운 철환을 데워 살이
문드러진다 할지라도 오히려 부모의 깊은 은혜는 갚을
길이 없다고 했다. 즉 두 분의 은혜는 워낙 깊고 넓어서
인간의 물질적 정신적 봉양만으로는 도저히 갚을 길이
없다는 것이다.

부모를 위해 이 경을 쓸 것이요 부모를 위해
이 경을 읽고 외울 것이며, 부모를 위해 죄를
참회할 것이며, 부모를 위해 삼보께 공양할 것이
며, 부모를 위해 재계(齋戒)125)를 받아 지닐
것이며, 부모를 위해 보시하여 복을 닦아야 한
다. 만일 이와 같이 한다면 효순하는 자식이라

할 것이요, 이와 같은 행을 짓지 않으면 이는
바로 지옥에 떨어지는 사람이 되리라.126)

부모의 한량없는 은혜에 대해 불타는 세간적인 봉양을
넘어 부모를 위하여 경전을 사경하고 수지하여 독송하며,
참회와 불법승인 삼보에 대한 공양과 더불어 계율을 받아
지녀야 된다고 했다. 그리하여 부모를 위하여 보시와 복을
닦아야 된다고 했으니, 즉 인과응보의 불교적 사상에 입각
하여 부모에게 복을 회향하는 출세간적인 효도를 다할
때 궁극적이고 완전한 보은(報恩)을 실현한다고 했다.

부처님이 아난에게 말씀하시기를, "불효한
자식은 몸이 괴멸하여 목숨이 끊어지면 아비무
간지옥(阿鼻無間地獄)에 떨어지게 된다"127)라
고 하셨다.

앞서 살펴본 대로 부모의 지고지순한 은혜가 있었기에
자식이 성장하며 살 수 있는 것이다. 이러한 부모에게
보답하지 않는 것은 은혜에 대한 배반이자 죄라고 불타는
규정하며 거기에 대한 인과응보로 지옥 중의 가장 괴로운
아비무간지옥128)의 과보를 받는다고 하였다. 그것은 가

장 큰 죄이기에 극형의 결과를 부른다고 할 수 있다.

> 이들이 경전을 펴낸 공덕으로 말미암아 모든
> 부처님이 언제나 오셔서 옹호하시기에 그 사람
> 의 부모로 하여금 천상에 태어나 모든 쾌락을
> 누리게 하고 영원히 지옥의 괴로움을 벗어나게
> 하는 것이다.129)

부모에게 효도함에 최상의 효행인 출세간적인 효를 하는 사람은 부처님이 옹호하며 그 부모는 천상의 즐거움을 누리고 지옥의 괴로움을 벗어날 수 있다고 했다. 불타는 무상하고 덧없는 이 세상에서 벗어나 사후 괴로움과 고통이 없는 천상에 태어날 수 있도록 효행할 것을 설하고 있다.

다음은 위경으로 짐작되는 『부모은난보경(父母恩難報經)』에는 불타가 사위성 기원정사에서 비구들에게 부모 은혜의 무한함을 다음과 같이 설한다.

> 부모는 자식에게 큰 이익을 준다. 젖 먹여
> 자라게 하고 언제나 돌보아서 사대(四大)130)가
> 이루어지게 한다. 오른 어깨에 아버지를, 왼쪽

어깨에 어머니를 태우고 원망하는 마음 없이
천년 동안 등에 대소변을 보게 하여도 이 자식이
부모의 은혜를 갚기에는 부족하다.[131]

부모가 자식에게 베푼 10종의 은혜를 갚기 위해 아버지를 오른쪽 어깨에 어머니를 왼쪽 어깨에 태우고 천년 동안 대소변을 보게 해도 그 은혜를 다 갚을 길이 없다는 기술에서 알 수 있는 것은 자식의 물질적인 보은행위만으로는 부모의 은혜를 갚을 길이 요원하다는 것이다. 따라서 우리는 진정으로 부모의 은혜를 보은하는 것은 무엇인가 하는 것을 묻지 않을 수 없다.

다음의 내용은 불교의 효가 궁극적으로 어디를 지향하고 있는가를 잘 보여주는 대목이다.

(부처님께서) "자식이 어버이를 봉양하되 감로의 맛과 같은 여러 가지 음식으로 그 입에 맞게 하고, 즐거운 음악으로 마음을 즐겁게 하고, 고운 천으로 옷을 만들어 드리고, 양쪽 어깨에 모시고서 사해를 돌아다니면서, 수명을 마칠 때까지 길러주신 은혜를 갚는다면 가히 효라 하겠느냐?"라고 물으셨다. 제자들이 다시 대답

하였다. "그러셨습니다. 효도의 큼이 이에 더할
바 없겠나이다." 세존께서 말씀하시었다. "그것
은 효도가 아니니라. 만일 어버이가 완고하여
삼보를 받들지 않거나, … 세상이 보기에는 효도
아닌 것이 효도가 되나니, 능히 어버이로 하여금
악을 버리고 선을 하게 하며, 오계(五戒)를 받들
어 지니고, 삼보에 귀의하게 하여 아침에 받들고
저녁에 마칠지라도 그 은혜는 어버이가 젖 먹여
기른 무량한 은혜보다 무거우니라. 만일 삼보의
지극함으로써 그 어버이를 교화할 수 없는 이는
비록 효양할지라도 불효가 되느니라."132)

위의 인용문은 부모에게 자식이 어떻게 효도할 것인가
를 구체적으로 밝히고 있는 내용이다. 그것을 간단하게
정리하면 첫째 정신적·물질적으로 편안히 모실 것이며,
둘째 만약 삼보(三寶, 佛法僧)를 믿지 않거나 언행에 문제
가 있을 때는 극구 간언(諫言)하여 깨닫게 하고, 셋째 그러
한 교화가 실패할 때는 목숨을 걸고서—예를 들어 식음을
전폐하는 등—사정하여 악을 버리고 선을 행하게 하고,
마침내 오계를 받들어 지니고, 삼보에 귀의하게 하면 그
은혜는 어버이가 젖 먹여 기른 무량한 은혜보다 큰 것으로

서 진정한 효도가 된다는 것이다. 반대로 그렇게 하지 못하면 비록 효양할지라도 결국 불효를 저지르는 것이 된다.

일반적으로 효라는 것은 자식이 부모를 정신적·물질적으로 봉양하는 것이지만 불교는 더 근본적인 차원에서 효를 논하고 있다. 즉 위의 인용문에서도 나타나듯이 불교적인 효는 부모로 하여금 삼보에 귀의하게 하고, 재가자의 기본 덕목인 5계를 지키고 악을 버려 선을 행하게 하는데 있다. 이는 불교적으로 해석된 효 사상으로 삼보를 근본가치로 하고 자업자득, 인과응보 사상에 근거하여 부모 스스로가 악을 멀리하고 선업을 행하게 하는 것이 불교적인 효의 근본임을 나타내는 것이다.

이 외에도 찬술 경전 중 불타 스스로가 효를 행한 경전은 『불승도리천위모설법경(佛昇忉利天爲母說法經)』, 『불설대애도반니환경(佛說大愛道般泥洹經)』, 『불설정반왕반열반경(佛說淨飯王般涅槃經)』 등이 있다. 이 중에서『불승도리천위모설법경』[133]은 서진의 축법호가 한역한 것으로『불승도리천품경(佛昇忉利天品經)』이라고도 불리는데 모두 3권으로 구성되었다. 이 책의 내용은 제목에서 알 수 있듯이, 불타가 깨닫고 도리천의 어머니 마야 부인에게 설법하는 내용이다. 불타는 생후 어머니를 잃고 이모의 손에서 자랐기에 평소 어머니를 그리워했었는데 도를 깨치고 효도할 생각을 내었다. 그래서 도리천으로 올라가 3개월간 어머니에게 설법을 하니 어머니도 깨쳤다는 내용이다. 이 설화는 인도에 널리 퍼져 그림이나 조각의 소재로 많이 쓰인다고 한다.

그리고 『불설대애도반니환경』[134)]에서는 주지하는 바와 같이 불타가 어린 시절 태어난 지 7일 만에 생모인 마야부인이 서거함에 따라 이모였던 마하파사 파제부인이 태자를 양육하였다. 그러므로 불타가 아난에게 "마하비야리제구담미(摩詞卑耶利題俱曇彌)께서는 나에게 은혜를 끼치신 분이시다. 왜냐하면 나의 생모가 돌아가신 후 나를 길러주셨기 때문이다"라고 했다.

『불설정반왕반열반경』[135)]에서는 불타의 부왕인 정반왕이 죽자 불타가 상여를 몸소 메려고 관전에 섰다. 따라서 난타와 아난 등은 백부의 관을, 또한 라후라 등은 조부의 관을 메도록 하여 달라고 간청하였다.

그때 불타는 미래세의 흉폭 무도하여 불효하는 자들에게 모범을 보이고자 몸소 부왕의 관을 메려고 하였지만 주변의 완강한 만류로 상여는 메지 못하고 손에 향로(香爐)를 들고 상여 앞에 서서 장지까지 갔다는 내용으로서, 이는 불타 스스로가 효행을 직접 실천했음을 나타내는 것이다.

　이러한 위경 편찬 외에 유교의 효에 대한 불교의 대응방법의 일환으로 역경(譯經)에 있어서 효를 강조하기 위해 효와 관련된 적극적인 번역 작업이 이루어졌다는 사실을 알 수 있다.

V

불교와 유교의 효 사상 비교

1. 불교의 효행

　지금까지 인도 불교의 경전과 중국 찬술 경전에서 나타
난 효 사상을 살펴보았다. 그 내용은 부모의 은혜에 대한
보은으로서 효가 행해지며 그 과보로서 복덕과 천상세계
를 성취할 수 있다는 것이다.

　불교의 최고 목표는 성불이며 실천윤리는 대승불교의
보살관에 입각하여 전개된다. 보살의 행은 동체대비(同體
大悲)의 자리이타사상(自利利他思想)[136]에 있고 근본은
자비심(慈悲心)이요, 자비심의 원천은 공경심(恭敬心)이
며 그 원천은 인간이 최초로 가지는 인간관계인 부모에게
의 효순심(孝順心)이라고 생각한다.

　불교에서는 연기법(緣起法)[137]에 의해 부모를 만나 인
간으로 태어난다고 본다. 그래서 인간으로 태어나는 것이
쉬운 일이 아니기 때문에 현생에서 부모에게 효순하는
마음[孝順心]을 내어야 한다.

효는 부모의 은혜에 대한 보은(報恩)에서 시작하여 불타의 은혜에 대한 불은(佛恩)에 이르기까지 일관되는 삶의 윤리이다. 출가(出家)는 불은(佛恩)을 알고 성불(成佛)을 하고자 함에 가장 인간다운 삶이며 낳아준 부모에게만 보은하는 것이 아니라 무수한 인연을 포함한 삼라만상에 보답하게 된다. 또 부모에게 있어서도 정신적 위안과 구제를 통하여 영원한 효를 행하게 되므로 재가(在家)의 효와는 형태가 다른 대효(大孝)가 있기 마련이다.

부모가 자식을 낳아서 보호하고자 하는 마음[子護心]이 일심(一心)이며 부모의 마음이 자식에게 전해져 부모와 자식이 동일한 마음을 가질 때 효가 드러나는 것이다. 이 과정은 부모의 은혜를 알고 보은하고자 하는 행위를 거쳐 출가하여 부모를 생사윤회하는 고통의 바다로부터 구제하려는 대효(大孝)의 행위까지 이어진다.

예를 들면 목련존자[138)가 지옥에서 고통을 받는 어머니를 구하기 위해 개최한 법회 즉 우란분(盂蘭盆)이 있다. 출가하지 않은 불교인들도 음력 7월 보름인 이날이 오면 조상의 명복을 빌기 위해 천도법회(遷度法會)를 개최한다.

이와 같이 불교의 효는 이 마음을 중요시하여 행하는 것으로 물질적 봉양보다 정신적 위안을 앞세우는 것, 부모와 자식이 평등한 관계에서 전개된다는 것, 아울러 현생에서의 보은행위로 끝나는 것이 아니라 내세에까지 보은 행위를 지속하는 것이 유교의 효와 다른 점이다. 잠재적인 경향은 유교의 효만큼 실천력을 부여하지 못하기 쉽다. 그 방법과 개념, 대상, 완전한 효의 경지가 다르게 나타날 수 있으나 유교의 효행과 불교의 보은은 사랑의 펼침에서 공통성을 가진다.

불교는 출세간적인 종교로 이해되어 세간적인 효와는 다소 거리감이 느껴질 수 있다. 그러나 불교는 인간에 의해 만들어진 인간을 위한 가르침의 종교이다. 또한 출세간적인 수행을 말하면서 현실적인 가르침을 중시한다. 현실적인 가르침을 중시하는 데 있어 효는 자연스럽게 생겨나는 것이다. 현실 속에서 인간은 홀로 태어나서 홀로 자랄 수 없기에 인과법과 연기법을 적용할 때 부모에게서 받은 지중한 은혜를 갚아야 하는 것은 당연한 논리이다. 불교의 실천윤리는 은혜로 시작하여 은혜로 끝난다고 해도 과언이 아니다. 은혜[恩]사상은 중국사상에서도 강조되는데, 중국불교의 보은과 인도불교의 보은이 다소 차이점은 있겠지만 불교의 보은사상은 서로 상대의 은혜를 알고 그에 대해 보답하는 것이다.

지금의 나는 이전 생전에 지은 나의 업식(業識)139)이 아버지의 정(精)과 어머니의 혈(血)이 만나면서 비로소 존재할 수 있었다. 때문에 현재적 삶이 즐거운 것이든 괴로운 것이든 나의 '살려는 의지(atta kamma)'가 현재의 부모와 인연을 맺어 내가 생겨날 수 있었다.

　인연과의 상호인과성의 원리에 의해서 내가 존재하고 있다는 사실은 내가 존재하는 동안 내내 영향을 주고받을 것이다. 그러므로 나의 업식(業識)이라는 원인이 부모라는 조건을 만난 결과로 오늘의 내가 존재한다는 이 엄연한 사실을 자각할 때 부모에 대해 섬기는 것[孝]과 따르는 것[順]은 매우 자연스런 것이며, 부모의 대한 효순심(孝順心)은 인류 보편적인 마음으로 승화될 수 있는 것이다.140)

　불교의 궁극적 목표는 내 몸이 있음으로부터 생겨난 생로병사(生老病死), 근심, 슬픔, 고뇌, 순수하고 커다란 괴로움의 더미의 굴레에서 벗어나 해탈의 길에 이르는 데에 있다. 불교적 인간의 궁극적 지향 역시 내 몸이 있음으로부터 비롯된 고통의 자각과 내 몸이 생겨나게 된 원인에 대한 진단과 내 몸을 멸한 치유와 내 몸으로부터 비롯된 길의 자취를 닦아서 끊는 처방의 과정을 통해 중도 연기적 삶을 사는 것이다. 그러므로 불교적 인간은 변화하고 괴롭고 '나'라고 할 만한 것이 없음에 대한 존재의 깊은 통찰 위에서 모든 존재들의 고통을 제거하고 기쁨을 건네주는 삶을 사는 이타적 존재(Homo Buddhisticus)이다.

어떠한 보편적 원리를 위해서 기꺼이 '나'라는 울타리를 넘어선 불교적 인간 혹은 보살적 인간으로서의 존재이유도 바로 여기에 있는 것이다.

불교의 효는 그 밑바닥에 이 세상에 태어난 것은 자신의 전생업(前生業)의 인연에 따른 것으로 자신에게 책임을 두고, 부모를 골라 그것을 인연으로 해서 태어났다고 한다. 즉 부모가 마음대로 자식을 낳은 것이 아니라 자신이 골라 전생의 업을 원인[因]으로, 부모를 조건[緣]으로 해서 태어난 것이라 할 수 있다. 이는 불교의 독자적 인생관이며 연기사상(緣起思想)이다. 그러므로 불교의 효는 어디까지나 부모와 자식이 서로 존중하는 평등한 관계에 선 것이었다. 효란 분명 자식이 부모에 대해 가지는 보은의 사상이고 행위이지만, 한편 이 효는 자식에 대한 부모의 자애와 존중을 의미하는 윤리이다. 이런 효 사상은 불교의 독자적인 것이고 인간의 삶에 커다란 영향을 주고 있다. 불교의 효 사상 전개는 앞 절에서 인용한 여러 경전과 더불어 심지어 율장에서도 나타나 『범망경(梵網經)』141)의 계율로까지 이해되고 있다.

『부모은중경(父母恩重經)』과 같은 몇 개의 경을 제외하고 대부분의 불교경전에서는 부모에 대한 구체적인 효를 어떻게 행할 것인가에 중점을 두기보다는 그 대신 부모의

한량없는 자애(子愛)를 설명한다. 이러한 자애의 설명 이
후 부모에 대해서 자식이 마땅히 행해야 할 보은을 강조한
다. 즉 윤회설142)과 연기설에 바탕하는 불교의 효 사상은
내가 존재할 수 있는 직접적인 조건을 제공해 준 지금의
부모를 깨달음에 이르게 하는 것이 최상의 효도라고 말한
다. 그러나 여기서 끝나지 않고 일체 중생이 전생에 내
부모일 수도 있다는 윤회사상에 근거하여 모든 존재를
자비와 선행의 대상으로 간주한다는 점이 바로 불교 특유
의 효 사상이라고 할 것이다.

2. 유교의 효행

　　공자는 중국 고대의 봉건체제가 무너져가는 전국시대를 극복하고자 윤리규범으로써 질서를 재확립하고자 하였다. 윤리로서 기본이 되는 효자(孝慈) 특히 효 의식이 강조되었는데 부모의 자애(慈愛)와 자식의 순종(順從)은 혈연 간에 일어나는 자연발생적 생리적 자연지정(自然之情)이었다.

　　여기서 효의 순종의식을 강조하게 되는 것은 교육적인 차원에서 효를 고양시켜 습성화한다는 것이다. 따라서 공자는 효를 행함에 있어 설령 의로움[義]과 상충될지라도 자식으로서 순종을 다할 때 효가 드러남을 보여주고자 했다. 『논어(論語)』의 자로(子路)편을 보면 효와 의(義)의 관계에 대해 다음과 같이 설하고 있다.

　　섭공(葉公)이 공자께 이야기하여 말하기를

"우리 마을에 몸을 곧게 갖는 사람이 있었는데, 그 아비가 양을 훔치거늘 자식이 이를 증언했습니다" 하였다. 공자께서 말씀하시기를, "우리 마을의 곧은 사람은 그와는 다르다. 아비는 자식을 위하여 숨기며 자식은 아비를 위하여 숨기니 곧은 것이 그 가운데 있는 것이다" 하셨다.[143]

위의 내용은 부정한 아버지를 증언한 아들이 의로운 행동을 한 것으로 볼 수도 있지만 오히려 이보다는 부자가 서로 감추어 주는 것이 더 의에 가까운 것이라는 속뜻을 담고 있다. 즉, 부자의 관계를 천륜의 관계로 보아 인간사회의 의로운 행동은 결코 천륜의 관계를 뛰어넘을 수 없다는 것이다.

말하자면 의(義)와 효가 상충할 때, 천륜으로 맺어진 효가 더 우선시된다는 것이다. 따라서 부모와 자식 간의 관계를 저버리는 가운데 결코 의란 성립될 수 없는 것으로 비록 불의(不義)한 요소가 있을지라도 부모와 자식 간의 인간애적인 정 속에서 오히려 더 큰 의(義)가 도출될 수 있는 것으로 보고 있는 것이다.

유교의 효 사상은 예(禮)에서 시작하여 인(仁)으로 귀결되는데 인의 실천을 충(忠)과 서(恕), 즉 사람 계층 상호

간의 양보 또는 적극적 지원 실행으로 본다. 충서(忠恕)는 자기의 마음을 극진히 하는 마음[盡己之心]이자 자기를 미루어 남에게 나아가는 것[推己及人]이라는 의미에서 보면 사람[人], 사건[事], 사물[物]에 정성[誠]을 다하는 것으로 자기 마음이 타인에 이르러서는 점차적으로 사물[物]에까지 헤아려지는 것이다. 결국 부모를 친하게 여기는 것[親親]→사람을 인으로 대하는 것[仁人]→만물을 사랑하는 것[愛物]으로 되어 친친(親親)이 곧 효(孝)이기 때문에 효가 인(仁)을 실천하는 단서가 됨을 설명한 것이다.

『효경(孝經)』에서 신분에 따라 효를 달리 설명한 것도 자기에게 충실하라는 충서에서 직분에 우선 책임을 다하는 것을 말한다. 그러므로 인의 실천에는 이타적 '수신(修身)'과 대타적 '애인(愛人)'이 함께 내포되어 있는 것이다. 그렇지만 인의 구체적인 실행에서는 단계적인 차별이 바탕한다. 여기서의 단계적 차별이란 계급적인 차별이 아니라 어진 사람을 더 사랑하라든가 또는 자기의 어버이를 비롯한 혈족부터 먼저 사랑해야 된다는 천륜에 근거한 차별을 의미한다.

　　인(仁)이란 사랑이니, 어버이를 사랑하는 것
이 크다. 의(義)는 마땅함이니 어진 사람을 높이

는 것이 큰 것이다. 어버이를 사랑하는 도를
낮추어 가는 차등과 어진 사람을 높이는 평등에
서 예가 생기는 것이다.[144]

예라는 것은 순리에 맞는 행위를 따르는 것으로서 공자
의 관점에서 볼 때, 자신의 부모를 사랑하는 마음을 헤아려
남의 부모를 사랑하고 자신의 자식을 사랑하는 마음으로
남의 자식까지 그 사랑을 확대해 나가는 것이 곧 인(仁)이
다. 그러므로 유교의 윤리는 친소와 원근의 차별이 엄연히
존재하고 또 그러한 차등을 바로 예라고 보는 것이다.
이러한 관점에서 보자면 자신과 제일 가까운 혈족 관계
는 바로 부자의 관계이며 형제의 관계로서 효와 제(悌,
공경할 제)가 예의 최고의 덕목이 된다. 그래서 공자의
제자 유자(有子)는 다음과 같이 말한다.

그 사람됨이 부모에게 효성스럽고 형제간에
우애하면서 윗사람에게 거스르기를 좋아하는
자는 거의 없다. 윗사람에게 거스르기를 좋아하
지 않으면서 난을 일으키기를 좋아하는 자는
있었던 예가 없다. 군자는 근본에 힘쓰거니와
근본이 확립되어야 도(道)도 생긴다. 효와 우애

야말로 인을 실천하는 근본일 것이다.145)

위 내용의 핵심은 만행(萬行)의 근본이 효제(孝悌)이기 때문에 효제야말로 인을 실천하는 근본이라는 것이다. 공자 역시 『중용(中庸)』에서 인의 바탕이 효임을 강조하고 있다.

인(仁)은 무엇보다도 사람으로서 가장 가까운 사람들인 육친(六親; 父, 母, 兄, 弟, 妻, 子)을 사랑하고 위하는 마음, 특히 부모에게 효도하는 마음에서 출발한다. 또한 어버이를 친근히 모시는 것이 가장 큰 인이며146) 그러한 인이 인 중에서도 가장 위대한 것일 수밖에 없다는 것을 유가에서는 끊임없이 강조한다. 아울러 부모와 자식 간의 효(孝) 윤리에서 형제나 친척 간의 제(悌) 윤리로의 확대는 인륜과 정치의 바탕이 된다.

어떤 이가 공자에게 말하였다. "선생님은 왜 정치를 하지 않으십니까?" 공자는 "서경(書經)에 효성스럽도다, 아아 효성스럽도다. 형제가 서로 우애하니"라 하였다. 효와 우애를 정치에까지 확대시킨다면 이것도 역시 정치를 하고 있는 것이지 어찌 따로 정치를 할 것이 있겠는가?147)

공자는 자식의 부모에 대한 효의 윤리와 형제나 친척에 대한 제의 윤리를 가장 강조하며 이것을 확대한 것이 곧 나라를 다스리는 일이라고 한다. 다시 말해, 국가란 결국 다른 것이 아니라 한 가정을 크게 확대한 것이고 그런 국가를 다스리는 일은 곧 가정을 다스리는 일과 다를 것이 없기 때문에 효와 제가 중요하다는 것이다. '가화만사성(家和萬事成)', '수신제가치국평천하(修身齋家治國平天下)'라는 유교의 대명제는 바로 효제(孝悌)에서 출발하는 것으로, 효제가 바로 설 때 사회와 국가, 그리고 나아가 인류가 평화롭고 조화롭게 유지될 수 있다는 것이 유교의 이상주의 사회인 것이다.

공자는 질서를 확립하려는 의도로 전통적인 의례나 제도 습속으로서의 예를 인간의 측면에서 탐구하여 예와 인간의 주체성을 결부시켰다. 즉, 예를 실천하는 인간이라는 형태로 파악하여 인간의 주체성을 확립시키고 그와 같은 인간의 본연의 자세를 인이라고 규정지었다. 효는 인을 예로서 실천하는 근본이 되므로 덕의 근본이 되는 것이다. 효는 자식이 부모에게 가지는 인의 발로로서 질서를 가져오는 예를 통하여 실현된다. 그러므로 효와 인과

예는 서로 불가분의 관계로서 공유되는 것이다. 여기서 인과 예의 본질을 파악함으로써 효의 본질이 표명된다. 즉, 인이 암시하는 사랑의 개념인 충서로서 가까운 부모로부터 성(誠)을 다하는 것과 질서와 실천력을 포함한 예의 파악에서 효는 드러난다.

예는 실천의 규범이라고 하지만 그 무엇보다 그 실천의 정신을 더 중요하게 생각하는 것이다. 공자는 효란 예로써 그 정성을 다해야 한다고 말하고 있다.

맹의자(孟懿子)가 효에 관하여 여쭈었다. 공자께서 대답하시기를 "어기지 말라" 하시었다. 번지(樊遲)가 좌우에서 시중을 들고 있었다. 공자께서 그에게 말씀하시기를, "맹손(孟孫)이 나에게 효를 묻거늘, 내가 대답하여 말하기를 어기지 말라 하였다" 하셨다. 번지가 말하기를 "무엇을 이르심입니까?" 하고 묻자 공자께서 말씀하시기를 "살아계실 때에는 이를 섬기되 예로써 하며, 돌아가시어 이를 장사지낼 때에도 예로써 하며, 제사지낼 때에도 예로써 할 것이다" 하셨다.148)

효에 대한 질문에 공자가 "어기지 마라"라고 한 뜻은 예에 어긋남이 없어야 된다는 것이다. 다시 말해 효라는 것은 예에 따른 행위의 실천으로서, 효를 실천하기 위한 기본 전제 규칙인 것이다.

공자가 말하고 있는 예는 인간생활 전반을 규제하는 법도요 규범이기 때문에, "예를 알지 못하면 설 수가 없다"[149)는 것처럼 효 역시 예가 전제되지 않으면 실행할 수 없는 것이다.

효는 예와 마찬가지로 형식적인 행동양식에 있는 것이 아니라 그 행위를 행하는 마음의 공경성과 진정성에 바탕하는 것으로, 단순히 형식적이고 물질적인 봉양보다는 부모를 생각하는 지극한 마음이 보다 중요한 것이다.

즉 물질적인 효[養口體]보다는 정신적인 효[養志]가 더 중요한 것이다.

> 자유(子游)가 효에 대하여 물었는데, 공자께 서 말씀하시기를 "오늘날의 효라는 것은 곧잘 부모를 먹여 살리는 것만을 이르나니, 개와 말까 지라도 다 먹여 살리는 이가 있거늘 부모를 공경 하지 않으면 개나 말을 기르는 것과 무엇으로써 구별하겠느냐?" 하셨다.150)

위의 내용에서도 잘 드러나듯이 공양보다는 인간의 혈육을 바탕으로 한 기본적인 것으로, 참다운 애정과 공경심이 나와야 한다고 보고 있는 것이 유교의 기본적인 효도관이다.

다음 구절 역시 효의 바탕은 예의 정신을 근본으로 이루어져야 함을 말하고 있다.

> 자하(子夏)가 효에 대하여 질문하니 공자께서 말씀하셨다. "부모의 기색을 살피어 옳게 모시기가 어렵다. 일이 있으면 제자들이 수고를 맡고, 술이나 음식이 있으면 어른께 드리는데, 이것만으로 효라 할 수 있겠느냐?"151)

이와 같이 공자는 부모를 위한 수고로움과 물질적 공양이 쉬운 일은 아니지만 그것만으로 효라고 할 수 없으며 그것에 더해 필요한 것이 있는데 그것은 부모님을 대하는 마음가짐, 즉 공경심이라고 하였다.

여기에서 공자가 천명하고 있는 입장은 맹목적으로 형식적인 예식이나 보수주의에 매달리는 것이 아니라 부모를 마땅히 존경하고 마음속으로부터 진실되게 우러나오는 애정을 가지며 부모로부터 물려받은 것들을 함부로 훼손시키지 말라는 것이다. 즉 부모에 대한 보은의 마음과 함께 분별력을 가질 것을 바라고 있다. "효행(孝行)은 아버지를 찾아 그 뜻을 계승하고 하고자 하는 일을 이룩하는 것"152)이라 하였으니 아버지의 바라는 바를 바로 알고 뜻을 받드는 것이 효라고 할 수 있다. 세상 모든 아버지들이 바라는 바는 지극히 순수하고 신성한 것일 것이다. 나쁜 짓 하는 아버지도 자식만큼은 훌륭한 사람이 되길 원할 것이다. 따라서 아버지가 자식에게 바라는 뜻은 육체적인 아버지만이 아니라 하늘의 뜻이 드러나 있는 것이다. 자기의 근본을 찾아가 아버지께로 돌아가면 자식들이 사이좋게 지내고, 이를 일러 우애라고 한다. 역시 할아버지에게 돌아가면 사촌 간의 우애를 가진다.

효도가 종적인 관계에서 이루어지는 윤리라면 우애는 횡적인 관계에서 행해지는 도덕이다. 종적인 개념을 확장하여 아버지, 할아버지, 증조, 그 위로 올라가 본다면 우리 민족 모두가 결국 형제와 다를 바가 없고 그 형제애가 바로 인류애로 이어진다.

개인적인 인생의 측면에서나, 가정과 사회 및 국가의 그 모든 경우에서 효의 정신과 그 행위는 최상의 것으로 높이 평가되어왔다. 이는 효 그 자체를 위해서라기보다

혈연적 공동체 속의 삶 속에서, 그리고 사회의 질서와
안정성 추구의 과정상에서 제일의 도덕정신으로 절실히
요구되었던 결과적 현상이었던 셈이다. 효의 본질에는
절대적인 인간애의 순수성이 지향되고 있었기 때문이
다.153) 이와 같이 부모 모시기의 효는 인간다움의 기본정
신이며 동시에 의리적 인간행위의 유교적 본질인 것이다.

3. 불교와 유교의 효행의 상이점

1) 경전상의 비교

지금까지 불교와 유교의 효 사상을 알아보았다. 이제부터는 불교와 유교의 효 윤리를 비교론적으로 고찰하고자한다. 이때, 비교 방식은 유교의 효 윤리를 가장 단적으로보여주는 대표적 경전이라 할 수 있는 『효경』154)에 나타난 내용과 이와 대비되는 불교의 효 윤리를 불교 경전에서추출하여 살펴볼 것이다. 물론 이것은 필자의 불교적 입장에 근거한 것이다.

첫째, 『효경』에 나타난 유교의 효는 천지 불변의 법칙이다. 이에 반해 불교의 효는 제 조건에 따라 상응하는 인연의법칙이다. 『효경』에서는 효가 천지의 법칙임을 다음과같이 설한다.

대저 효는 하늘의 법칙[經]이며, 땅의 질서이며, 백성들이 행해야 하는 바이다. 천지의 법칙이기 때문에 백성들은 이것을 따라야 한다.155)

선남자여, 중생의 은혜라는 것은 곧 오랜 이전부터 일체 중생이 오도(五道)에 윤회하여 백천 겁을 지내는 동안 많은 태어남 가운데 서로 부모가 되었나니, 서로 부모가 되었던 까닭에 일체의 남자는 곧 자애(慈愛)로운 아버지요, 일체의 여자는 곧 자비(慈悲)한 어머니이다. 옛적에 태어났을 때마다 큰 은혜가 있었으므로 현재 부모의 은혜와 평등하여 차별이 없는 것이다. 이러한 옛적 은혜도 오히려 갚지 못하였거늘 혹 망령된 업으로 말미암아 모든 것을 어기고, 순응함에 집착하는 까닭에 도리어 그 원수가 되는 것이다.156)

『효경』「제일개종명의장(第一開宗明義章)」에서, "효는 덕의 근본이고, 가르침에 의해서 생기는 것이다"라고 하듯이 모든 가르침은 효로부터 나오는 것이다.

부모를 섬기는 실천적 행위인 효가 『효경』에서는 천지의 도리로 형이상학화된다. 즉 효는 영구불멸의 이법(理法)이 되는 셈이다.

『예기(禮記)』 「제의(祭義)」에서, "나무 한 그루를 베어도 짐승 한 마리를 죽여도 그 알맞은 때를 얻지 못하면 효라 할 수 없다"고 하듯이, 효는 천지의 이법으로까지 되어, 모든 것의 근원이 되는 것이다. 그런데 불교에서는 어떤 존재도 홀로 존재할 수 없다는 연기론 위에서 상호 의존하여 살고, 존중하며 살아가는 것이라고 말한다. 이러한 관점에서 부모는 내가 태어나고 성장할 수 있는 조건을 만들어 주셨으니 나는 부모를 위해 무엇이든지 할 수밖에 없게 된다.

즉 '나'라는 원인[因]이 부모라는 조건[緣]을 만남으로써 비로소 오늘의 '나'라는 결과[果]가 이루어질 수 있었기에 부모가 원하는 대로 자식이 심리적 혹은 물리적으로 받들고 섬기는 것이 자비와 회향(廻向)157)을 근본으로 하는 불교에선 당연한 일이다. 그러나 이는 어디까지나 인연의 조건에 따라 이루어지는 것으로 인연을 떠난 어떤 절대적 법칙에 따라 행하여지는 것은 아니다.

둘째, 유교의 효는 신분 질서에 따른 상하, 존비의 윤리이다. 그러나 불교의 효는 부모와 자식의 관계가 일회적인 것이 아니며, 윤회를 통해 자식이 부모가 되고 부모가 자식이 될 수 있으며, 그러한 다생의 반복을 통해 일체의 남자는 아버지요, 일체의 여자는 어머니가 될 수 있다는 생각을 바탕으로 부모, 자식 간의 상호성과 평등성을 전제로 그 관계를 설정하고 있다.

『효경』은 천자의 효와 더불어 제후, 경대부, 선비, 서인의 효를 설한다. 그런데 효는 단순히 부모를 섬기고 봉양하는 것만이 아니고, 신분에 따라, 그 직분에 따라 이상적으로 몸소 노력 정진하는 것이다.

그리고 자식과 부모의 관계는 절대자와 복종자의 관계, 또는 존비의 상하 윤리적 관계이다. 『의례(儀禮)』「상복전(喪服傳)」에, "아버지는 아들의 천자(天子)이다"라고 한 것은 아버지를 절대적인 전제군주와 동일시한 것으로 볼 수 있다. 아비와 자식의 관계는 천자와 신하의 관계와 동일하여 자식은 아비에 대하여 복종이 강조된다. 이런 관계 속에서 『효경』의 효 윤리도 논의되는데, 이에 비해 불교에서는 자식과 부모는 서로의 관계에 대해서 다음과 같이 기술한다.

(자식은 부모를 위해) 첫째는 살림살이할 생
각을 하고, 둘째는 일찍 일어나 식사를 맡은

사람에게 지시하여 제때에 식사를 하게 하며, 셋째는 부모에게 걱정을 끼쳐 드리지 않으며, 넷째는 언제나 부모의 은혜를 생각할 것이며, 다섯째는 부모가 병이 들면 곧 염려하여 의사를 불러다 치료해 드려야 한다. … (부모는 자식을 위하여) 첫째는 언제나 나쁜 것을 버리고 좋은 것을 하도록 하며, 둘째는 학업을 가르쳐 닦게 하며, 셋째는 경전과 계율을 지니게 하며, 넷째는 일찍 장가를 들일 것이며, 다섯째는 재산을 물려주는 것이다.158)

이 경전에서는 부모와 자식 사이에 지켜야 할 윤리를 강조하고 있다. 즉 부모와 자식 간에도 동등한 인간의 입장에서 서로 섬기고 따라야 하는 쌍무적(雙務的) 윤리가 있음을 강조한 것이다. 이 점은 유교의 상하, 존비의 수직적 윤리와는 구분된다.

셋째, 유교의 효는 다스림의 윤리이며 불교의 윤리는 해탈159)의 윤리이다. 한대의 경우, 통일국가의 완성을 위해서 사회를 재편하고 국가의 유지와 왕권의 안정을 위한 하나의 통치이데올로기가 필요했는데, 이를 뒷받침한 것이 바로 『효경』이라고 할 수 있다.160)

『효경』「효치(孝治)」제9장에 나오는, "덕이 있는 임금이 효로써 천하를 다스리다"라는 말에서 알 수 있듯이 효는 천하를 다스리는 통치자가 갖출 덕목의 하나이다. 즉 『효경』에서는 효를 하나의 통치 윤리로 활용한다고 할 수 있다. 이 점은, 유가의 효는 국가의 존재, 사회의 안녕, 가족의 평화, 문화의 유지에 기초를 이루는 것으로 이해할 수 있다.

이런 맥락에서 불효가 오형(五刑)보다도 더 큰 죄라고 하게 되고, 『당률(唐律)』이래로 형법에 불효의 문제가 조문에 나타나게 되었다고 말할 수 있다. 진(秦)에 의한 전국시대의 종언은 정치적으로는 중앙집권적 통일제국이 출현하는 계기가 되었고, 사상적으로는 법가에 의한 사상 통일을 가져왔다. 또한 이 시대의 윤리사상에도 큰 변혁을 가져왔다. 통일 천하에 의한 중앙집권제의 확립은 황제의 절대적인 권위가 요청되었고 천존민비(天尊民卑) 사상이 확대되기에 이르렀다. 여기에서 나타난 윤리사상이 바로 삼강(三綱) 사상이다. 즉 '세 가지 버팀목' 또는 '세 가지 벼리'로 해석되는 삼강의 내용을 보면 '임금은 신하의 벼리가 되며[君爲臣綱], 아버지는 아들의 벼리가 되고[父爲子綱], 남편은 아내의 벼리가 된다[夫爲婦綱]'는 것이다.

벼리란 그물에 있어서 근본이 되는 굵은 줄을 말한다.

그물의 모든 눈은 이 벼리에 달려 있어서 그물을 칠 때 이 벼리를 당기면 그물이 딸려오게 된다. 군신·부자·부부(君臣·父子·夫婦)의 관계가 마치 그물의 벼리와 그물눈의 관계와 같다는 것이다.161) 군·부·부(君·父·夫)는 신·자·부(臣·子·婦)의 벼리이고 신·자·부(臣·子·婦)는 그물눈이 된다. 따라서 당기면 전체가 딸려오는 그물눈은 벼리에 종속됨을 의미한다. 선진(先秦)시대의 윤리사상이 오륜에 바탕을 두었다면 진한(秦漢)시대에는 삼강에 두었다. 삼강은 오륜 가운데서 특히 군신·부자·부부(君臣·父子·夫婦)의 윤리를 강조한 것이다.

삼강의 특색을 살펴보자. 첫째, 삼강에 있어서는 군신관계가 가장 먼저 부각된다. 둘째로, 삼강은 군신·부자·부부(君臣·父子·夫婦) 이 세 가지 인간관계에만 한정된다. 동시에 삼강은 그 관계의 종속적인 측면을 두드러지게 부각시키고 있다. 즉 삼강은 통치기준에 입각한 윤리라고 할 수 있는 것이다.

삼강은 군·부·부(君·父·夫)가 신·자·부(臣·子·婦)에 군림하는 권위적 기강이 충·효·열(忠·孝·烈)이라는 일방적인 종속윤리로 변형되고 말았다.162) 이는 선진시대의 공자가 의를 바탕으로 하는 효를 주장하고, 맹자의 오륜도 상호 평등적 호혜윤리인 것과 상치된다.

즉, 법가의 법치사상으로 정치를 하고 천하를 통일한 진한 시대에는 유가의 사상이 변질되고 삼강사상도 일방적인 군·부·부(君·父·夫) 벼리 위주의 종속윤리로 되고 말았던 것이다.

그런데 불교에서는 세간에서 출세간으로, 내 부모에 국한된 효행에서 일체 중생으로 나아가는 선행으로 효를 파악하고 있다. 출가는 반드시 집을 떠나는 것만을 의미하는 것이 아니다. '나[我]' 혹은 '집[家]', 그리고 국가란 불교적인 관점에서 볼 때, 세상을 구성하는 하나의 요소(틀)에 지나지 않은 것으로 궁극적으로는 실재하지 않는 무상한 존재이다. 따라서 출가란 세속적·제도적 구속을 초월하여 자신[我]과 자신의 것[我所]으로부터 벗어나는 것이며 효 역시 이러한 정신에 바탕하여 이루어지는 것이다.

출가라고 하는 것은 안으로는 부모의 사랑을 사양하고 밖으로는 관직의 영예를 버리고, 뜻으로는 무상 도를 구하여 생사의 고해(苦海)를 벗어날 수 있기를 바란다. 그러므로 조정의 의복을 버리고 복전의 옷을 입는다. 도를 행하여 사은(四恩)에 보답하고, 덕을 세워서 삼세에 헤매고 있는 일체 중생[三有]에 이바지한다. 이것이 출

가의 대의(大義)이다.163)

　넷째, 유교의 효는 지배층과 아버지 중심의 윤리적 성격이 강하다고 할 수 있다. 그러나 불교의 효는 출가자와 재가자를 불문하고 일체 중생을 대상으로 하는 효 윤리이다.

　『효경』에서 말하는 효의 내용은 대개 사대부 이상의 지배층을 그 대상으로 한 것이다. 물론 『효경』에 제6 「서인(庶人)」이 삽입되어 있지만 일반 백성들의 효 실천과 내용에 대해서는 구체적인 설명이 나타나지 않는다. 예컨대, 다음의 내용과 같이 단편적으로 기술되고 있을 뿐이다.

　　　　하늘의 때에 따르고 땅의 이점을 살려 농사에
　　　부지런하고 물건을 아껴 부모를 봉양한다. 이것
　　　이 서인(庶人)의 효이다.164)

　천자나 대부 등 지배층에게는 구체적인 효의 내용이 제시되고 있지만 서민들에게는 생산에 열심히 종사하는 것이 효라는 기술만이 나타날 뿐이다. 아마도 효는 존엄한 인간만이 행할 수 있는데 그렇지 못한 서민들과 같이 행한다는 것은 이해하기 어려웠던 것 같다.

아버지를 중심으로 전개되는 유교의 『효경』에 비해 불교의 『부모은중경』은 양친 중에서도 어머니를 소재로 나타난다. 그리고 『부모은중경』의 대상은 귀족 사회를 배경으로 한 사대부도 지식인도 아닌 서민 내지는 하층민을 대상으로 삼고 있다.

이처럼 불교의 『부모은중경』에서 등장인물이 소외된 사람을 중심으로 효를 통한 인간의 구원을 설한 것은 불타가 신분제도를 반대하고 인간 불성에 바탕한 모든 존재의 평등성을 강조한 교리와 일치된다고 할 수 있다. 그리하여 인간의 도리를 설명함에 유교의 효만으로는 감싸지 못하는 부분이 있었고, 이 부족한 부분을 중국에서 만들어진 효 관계의 역경(譯經)과 찬술(撰述) 경전이 보충하였다고 할 수 있다.

2) 사상적 비교

이제 불교와 유교의 사상적인 측면을 서로 비교해 보자. 역시 필자의 불교적 관점에서 비교하였음을 밝혀둔다.

첫째, 유교의 효는 충(忠)과 밀접하게 관련되어 있다는 점이 주목되어야 하리라 본다. 삼강오륜의 경우에서 쉽게 확인할 수 있거니와, "효로써 임금을 섬기면 충이 된다"165)와 "군자가 부모를 섬기는 효를 다하니 충이 가히 임금에게 옮겨간다"166)라고 『효경』은 말하고 있다.

　『효경』을 분석하면서 효가 충과 어떻게 연결되고 있는 지를 다음과 같이 기술한다.

> 『효경(孝經)』은 사실 『충경(忠經)』이라고 해
> 도 좋을 정도로 충을 위한 효, 충을 통한 효의
> 완성, 부모의 명[父命]이 아닌 의(義)와 법(法)
> 에 대한 복종, 부자관계의 군신관계화, 사친(事
> 親)의 형식을 유지한 천하 만민의 사군(事君)
> 강제, 법에 의한 불효의 엄벌 등을 지지한 입장이
> 강하여….167)

　유교의 효가 가족윤리의 범위를 넘어서 충으로까지 확 충되고 있음을 알 수 있다. 그렇다면 불교는 어떨까? 불교 에서도 효가 가족윤리의 한계를 뛰어넘어 충과 같은 국가 윤리적 개념과 함께 설해졌던 것일까?

　불교 경전 안에서 부모에 대한 자식의 도리로서 어떻게 해야 하는지를 찾아볼 수는 있지만, 윤리덕목을 다시 충과 결합시켜 놓지는 않았다. 나카무라 하지메(中村元)도 『정 법염처경(正法念處經)』과 같은 경전에서 사은(四恩)을 나타낼 때 모은(母恩), 부은(父恩), 여래대사은(如來大師恩), 설법법사은(說法法師恩)으로 서술되어 국왕의 은혜[恩] 는 제외되었다[168]고 하였다.

둘째, 유교의 효는 바로 중국이 천하를 통치함에 있어서 그 지배 이데올로기의 기능을 하였다. 황제가 지은 『효경』에는, "옛날에 이 효로써 천하를 다스렸다"라는 구절이 보인다. 효로써 천하를 통치하고, 효로써 천하의 질서를 유지하려는 그들의 입장에서 본다면 자못 불교는 장애물로 보였을 수도 있겠다. 왜 그토록 중국과 조선의 유학자들이 배불(排佛)에 열을 올렸던 것인지를 알 수 있게 하는 대목이다.

셋째, 유교의 효는 가족 중심적이 된다. 이러한 특징은 사랑의 개념을 함께 고려해 볼 때 잘 드러난다. 유교에서 말하는 사랑의 개념은 별애(別愛)로서, 이는 맹자(孟子)가 역설한 바이다. 맹자의 별애설(別愛說)은 묵자(墨子)의 겸애설(兼愛說)과 상반되는 것으로 평가받는데, 맹자는 이 겸애설의 타파를 자신의 사명으로 삼을 정도였다고 한다. 맹자의 별애설과 처음부터 타인의 부모님과 우리 부모님을 평등하게 잘 모시자는 묵자의 겸애설을 함께 생각해 보면 맹자의 별애설이 인간 심리의 기본적 성향에 더욱 잘 부합하는 것으로 평가된다.

유교가 동아시아 지배이데올로기가 될 수 있었던 배경에는 인간의 성향을 거스르지 않는 윤리규범을 제시하였음에도 한 이유가 있었을 것이다. 마찬가지 맥락에서 묵가가 종교적 교단으로 평가받는 데에는 이 같은 고원(高遠)한 이상을 추구하고 현실화하려고 했던 태도 역시 한 이유가 되었던 것은 아닐까 싶다.169)

그렇다면 불교의 사랑 개념인 자비는 어느 쪽에 더 가까울까? 불교윤리의 핵심인 자비는 결코 자타(自他)의 선후와 원근을 차별하는 윤리가 될 수 없다. 동체대비(同體大悲)는 자타불이(自他不二)의 연기에 입각해 있기 때문이다. 묵가가 공리주의적·실용주의적 사회상황에서 우러난 겸애를 말하고, 불교의 자비가 모든 존재의 차별성을 넘어서 있는 평등한 불성과 그 연기적 관계에 입각해 있다는 점에서 불교의 동체대비와 묵가의 겸애설이 합치하는 것은 아니다.

그러나 그렇다고 해서 맹자의 별애설의 입장에서 볼 때 불교 역시 묵가와 다르게 보인 것은 아니었다. 배불론자들도 불교 역시 "아비가 없는 것이다"170)라고 비판되었던 묵가와 동질의 것으로 보았을 것이다.

불교 효학의 이론은 무아 연기론에서 확립되고 주관적 지평을 넘어 객관적 지평의 표면적을 넓혀나가는 자비

보살행에서 그 실제가 확충된다. 이러한 지향은 상하와 존비의 구조와는 다른 양상으로 나타나게 된다. 불교 효학은 정치적인 측면에서보다 윤리적인 측면에서 성립된 것이다. 하지만 이러한 윤리적 측면에 기초한 불교 효학이 통치자와 위정자들에 의해 정치적인 측면으로 이용됨으로써 많은 굴절 과정을 겪었다. 특히 불교의 중국 전래 이래 각 시대에서 효는 윤리적인 측면보다는 오히려 정치적인 측면에서 논의되어 왔다.

『맹자』의 어버이를 친하게 대함[親親]의 논리에서 보더라도 그렇고 삼강오륜이나 세속오계에서 보더라도 그렇다. 본래의 뜻이 아니었다고 해도 통치자들과 위정자들은 정치적인 목적을 위해서 효의 담론을 자의적으로 활용해 왔었다. 그 결과 철저한 배불론(排佛論)과 억불론(抑佛論)을 통해 유교 효학의 담론을 이데올로기화하였고 이러한 이데올로기 전쟁을 치른 유교는 그 전리품을 오래도록 유지해 왔다.

넷째, 유교 효학은 현실적, 일효(一孝)라 할 수 있다. 유교에서는 "사람도 잘 섬기지 못하는데 어찌 귀신을 섬기리오? 삶도 알지 못하는데 어찌 죽음을 알리오"171)라고 한 공자의 말에서 알 수 있듯이 지극히 현실위주의 사상이라 하겠다. 불교 효학은 공간적으로는 재가의 일효(一孝)

와 달리 출가의 대효(大孝)를 지향한다. 시간적으로는 현재 일세(一世)의 효만이 아니라 과거·현재·미래 삼세(三世)의 효를 지향한다. 여기에서 한 걸음 다 나아가 인간의 범주를 넘어 지옥(地獄), 아귀(餓鬼), 축생(畜生), 아수라(阿修羅), 인간(人間), 천인(天人)의 여섯 갈래 범주로까지 확장된다. 이렇게 볼 때 효가 미치는 공간과 시간은 지옥에서 천인을 넘어 성문(聲聞), 연각(緣覺), 보살(菩薩)을 거쳐 불타(佛陀)의 영역까지 미치고, 과거와 현재와 미래의 삼세(三世)에 걸쳐 이루어진다고 할 수 있다.

즉 불교적 효는 시간적으로는 일세(一世)에서 삼세(三世)를 지향하며, 공간적으로 '나'에서 '모두'에로 나아가는 것이라 할 수 있다. 불교 효학의 이론적 바탕 역시 현재의 나와 나의 부모라는 관점과 삼세의 연속 위에 서 있는 나와 나의 부모라는 관점의 경계를 넘어설 때 확보된다. 현세를 넘어서서 삼세 부모와 모든 부모를 위한 시선은 자연스럽게 일체 중생을 향한 시선으로 확장된다. 이처럼 일세(一世)에서 삼세(三世)로, 일가(一家)에서 만가(萬家)로 나아갈 수 있을 때 무아윤회사상(無我輪廻思想)이라고 할 수 있을 것이다.

불연속되는 '실체'와 연속되는 '업보(業報)' 두 측면 위에서 해명되는 무아윤회사상은 나의 현세 부모에게 효행을 해야 될 뿐만 아니라 삼세(三世) 부모 및 모든 부모들과 일체 중생들도 전생에는 나의 부모였으므로 효행을 해야 한다는 근거가 된다. 이러한 관점은 출가가 부모를 버리고 봉양을 그만둔 것으로 오해하여 효의 끝이라 여기는 시각을 교정시켜 준다.

출가는 나의 현재의 부모에게로만 향하던 한 효[一孝]의 끝으로 보일 수도 있겠지만 모든 부모를 향한 큰 효[大孝]의 시작일 수도 있기 때문이다. 왜냐하면 소중한 불교의 진리를 부모에게 인도하여 고통과 괴로움이 없는 영원한 진리의 세계로 들 수 있도록 하는 것이 불교적인 최고의 효도가 되기 때문이다.

개념적 측면만이 아니라 그 사상체계 내에서 차지하는 위상에 있어서도 유교와 불교의 경우는 서로 다르다. 『중각고문효경서(重刻古文孝經序)』에서는 유교와 효가 갖는 위상이 "선왕의 도는 효보다 더 큰 것이 없고, 공자의 가르침은 효보다 더 앞서는 것이 없다"172)라는 글로써 제시된다. 물론 이 구절은 『효경』의 서문에 나오는 말임을 감안해서 이해해야 한다. 이 문장에서 효 대신에 인(仁)이나 의(義)를 대입해야 한다고 주장하는 견해도 충분히 있을 수 있기 때문이다. 그러나 분명한 것은 적어도 효는 인이나 의와 같은 유교적 가치들과 서로 대등하게 자리매김할 수 있다는 점이다.

　그러나 불교에서는 그렇지 않다. 초기불교와 대승경전 속의 효에 관한 서술이 갖는 불교 내적인 위상이, 깨달음보다, 무아(無我)보다, 연기(緣起)보다, 공(空)보다 효가 더 크고, 더 앞선다고 말할 수는 없다. 이에 반해 유교의 효는 그 자체가 목적이라 말할 수 있다. 불교의 효는 목적지인 깨달음으로 가는 여러 수행방법 중의 하나이다. 불교의 수행방법에서는 기도, 참선, 염불, 108배, 사경 등 여러 방법들이 등장하는데 재가자들에게는 나를 낳으시고 기르신 부모에 은혜를 생각하며 보은의 구체적 실천이 바로 효인 동시에 수행이 되는 것이다.

Ⅵ

문헌 속에 나타난 효의 관념

1. 『문헌비고(文獻備考)』 등의 문헌에서 본 효의 관념

우리나라에서는 이미 삼국시대 때부터 효가 크게 강조되었다. 『문헌비고』를 보면 신라 경덕왕은 효행이 두드러진 사람에게 조곡 3백 석을 내리고, 집과 전답을 하사하여 사회적으로 크게 표창하였다는 기록이 있다.

또한 『삼국사기(三國史記)』를 보면 신라의 눌지왕은 나라가 어려운 지경에 처했을 때만 백성들에게 자비를 베풀 것이 아니라 평소에도 불쌍한 백성들을 돌보아야겠다고 마음먹고, 해마다 전국 각지의 무의탁 노인들을 불러 남당(南堂) 뜰에서 거대한 양로연을 베풀었다. 그때는 눌지왕도 친히 노인들과 함께 어울려 식사를 하고 잔치가 끝날 무렵 노인들에게 곡물과 비단을 나이에 따라 분량을 달리하여 나누어 주었다.

『문헌비고』에 의하면 고구려의 유리왕은 늙은 홀아비와

과부, 자식 없는 노인, 스스로 생계를 꾸려나갈 수 없는 노인들에게 생활을 해나가는 데 필요한 물자를 하사해 주었다. 또한 고구려의 태조도 늙은 홀아비와 과부, 자식 없는 노인, 경제력이 없는 노인에게 의식을 지급하였다.

백제의 비류왕도 불우한 노인들을 대상으로 하는 구빈 정책을 실시했음을 『문헌비고』가 상세히 전하고 있다. 또한 백제의 마지막 왕이었던 의자왕은 처음에는 '해동(海東)의 증자(曾子)'라고 불릴 정도로 효행이 매우 높았다고 한다.

신라는 통일 이후 유교경전을 가르치는 국학을 설치하였는데 8세기 경덕왕 때에는 이를 태학감으로 개칭하면서 교과내용을 3과로 나누어 구성하였고, 그중 효 사상의 중심 경전인 『효경』을 3과의 공통 필수과목으로 채택함으로써 그 중요성이 크게 인식되었다. 그러나 삼국시대의 가족제도는 중국의 가족제도와 다르고, 전통적인 조상숭배신앙으로부터 발전한 가족윤리가 존재했기 때문에 유교적 효 사상에 대한 지식이 곧 유교적 효 윤리의 실천을 의미하는 것은 아니었다. 오히려 고려시대까지의 가족윤리에 직접적인 영향을 미친 것은 불교였다.

신라 십성(十聖) 중의 한 사람이며, 불교를 흥하게 한 삼성(三聖) 중의 한 사람으로서 신라에 최초로 불교를 전한 아도화상(我道和尙)은 고구려 여인인 어머니에 의하여 일찍이 출가하였다. 16세 때에 중국으로 가서 위나라 사람[魏人]인 그 아버지를 찾아본 다음 거기서 불법을 공부하고 다시 어머니에게로 돌아왔다. 그는 다시 어머니의 말에 따라서 아직 고구려에도 불교가 잘 알려져 있지 않은 당시에 신라로 넘어와 많은 어려움을 겪으면서 신라 불교의 터를 열어 놓았다. 아도는 어머니의 말씀에 순종하여 어려운 구도의 길을 수행했으니 진정한 효자라고 할 수 있다. 그와 같은 효자 아도에 의하여 비로소 신라에 불교가 전해졌으니 결국 신라의 불교는 효로써 시작되었다고 할 수 있다.

그 뒤 진평왕대의 고승 원광(圓光)은 평생을 지킬 가르침을 구하는 두 젊은이[貴山과 項]에게 세속오계(世俗五戒)를 주었다. 사군이충(事君以忠), 사친이효(事親以孝), 교우이신(交友以信), 임전무퇴(臨戰無退), 살생유택(殺生有擇)이 그것인데 여기서 어버이에게 효도할 것을 강조하고 있다. 또한 진평왕과 선덕왕대의 고승 자장(慈藏)은 그가 태어나기 전에 일찍이 그의 부모가 삼보(三寶)에 귀의하여, 아들을 낳게 되면 훌륭한 불자가 되게 하겠다고 서원한 바에 따라 입산하였다. 그리고 그 집을 절[元寧寺]로 삼았다. 이것은 지극한 효성으로 다리 살을 베어서 노모를 봉양하였던 효자 신효(信孝)거사가 그 어머니의 사후에 출가하고 그 집을 절[孝家院]로 삼은 것과 유사하다.

또한 숭복사비에 보면 화엄대덕 결언(決言)이 왕명으로 숭복사 낙성법회에서 경을 강론하여 효를 펴고 돌아가신 부모의 명복을 빌었다는 기록이 있다. 또 그 비문에는,

> 정(政)은 인(仁)으로써 근본 삼고, 예(禮)는 효(孝)로써 첫머리를 삼아야 한다. 인은 제중(濟衆)의 정성[誠]으로 추켜올려야 하고, 효는 존친(尊親)의 모범으로 일으켜 세워야 한다. … 모든 중생을 미로의 지역에서 제도하고 천상에 나도록 하며, 존영(尊靈)을 항상 즐거움의 본고장에 받들어야 하는 것이니, 구친(九親)이 화목함은 실로 삼보를 숭상하는 데 있음을 알아야 한다.

라는 기록도 있다. 이런 예는 모두 열거할 수 없을 정도이다.

삼국시대에 출가한 스님 이외에 집에 거주하면서 효를 실행한 불자는 더욱 많다. 신라 십성(十聖)의 한 사람인 사복(蛇福)은 그 어머니가 돌아가시자 원효법사의 도움을 받아 장지에 이르러 풀뿌리 밑에 전개된 화장(華藏)세계에 어머니의 시신을 업고 들어갔다고 한다. 이것은 홀어머니

에게서 아비 없이 태어났던 그의 효심이 화장장엄(華藏莊嚴) 세계에 어머니를 모시고 간 것으로 볼 수 있다. 그리고 설총(薛聰)은 아버지 원효(元曉)가 거주하던 절 곁에 살면서 가까이 모셨는데, 그 아버지가 입적하자 그 유골의 가루로 조상(塑像)을 만들어 분황사에 모시고 정성을 다하였다. 설총의 정성이 지극하였으므로 아버지의 상이 아들 쪽으로 머리를 돌렸다고 한다.

부모를 위하여 불사를 일으킨 예로는 신문왕의 감은사(感恩寺), 효성왕의 봉덕사(奉德寺), 경덕왕의 봉덕사종, 김지성의 감산사(甘山寺), 김대성의 불국사 및 석굴암이 있다. 또 효성이 사원의 연기가 된 사례로는 효자 손순(孫順)의 홍효사(弘孝寺)와 효녀 지은(知恩)의 양존사(兩尊寺) 및 성덕산의 관음사(觀音寺) 등을 들 수 있다. 홍효사와 양존사는 그들의 집을 절로 만든 것이고, 성덕산 관음사는 맹인 원량(元良)의 딸인 효녀 홍장(洪莊)의 발원에 의한 것이다. 효녀 홍장은 진나라의 황후가 되었다고 하는데, 또한 이 고사는 조선시대에 각색되어 심청전이 되었다고 한다.

2. 『삼국유사(三國遺事)』에 나타난 효의 관념

『삼국유사』「효선(孝善)」편에 실려 있는 다섯 개의 효선 미담[眞定師, 大城, 向德, 遜順, 貧女]은 불교적 인과응보의 사상이 들어 있고, 불타의 가호로 행복하게 되었다는 공통점이 있어 고유의 효 사상에 불교문화가 가미된 새로운 효행이 이루어졌음을 나타낸다. 다섯 가지 효에 관한 미담은 다음과 같다.

1) 진정스님의 효행과 선행이 모두 아름답다
〔眞定師孝善雙美〕

법사 진정은 신라 사람이다. 속인으로 있을 때 군대에 예속되었는데, 집이 가난하여 장가를 들지 못했다. 군대 복역의 여가에는 품을 팔아 곡식을 얻어서 홀어머니를 봉양하였다. 그런데

집안의 재산이라고는 오직 다리 부러진 솥 하나
뿐이었다.

어느 날 스님이 문간에 와서 절을 지을 쇠붙이
를 구하므로 어머니가 솥을 시주해버렸다. 이윽
고 진정이 밖에서 돌아오자 어머니는 그 사실을
말하고 또한 아들의 생각이 어떤가를 살피니,
진정이 기쁜 안색을 띠며 말했다.

"불사에 시주하는 것이 얼마나 좋은 일입니
까. 비록 솥이 없더라도 무슨 걱정이 있겠습니
까?"

이에 와분을 솥으로 삼아 음식을 익혀 어머니
를 봉양했다.

일찍이 군대에 있을 때 사람들이 의상법사가
태백산에서 설법을 하여 사람을 이롭게 한다는
말을 듣고 금시에 사모하는 마음이 생겨 어머니
께 말씀드렸다.

"효도를 마친 뒤에는 의상법사에게 가서 머리
를 깎고 도를 배우겠습니다."

어머니는 말했다.

"불법은 만나기 어려운 것인데 인생은 너무나
빠른 것이다. 효도를 마친 뒤에 출가를 한다면

또한 너무 늦지 않겠느냐? 그러니 어찌 내가 죽기 전에 네가 불도를 아는 것만 하겠느냐. 주저하지 말고 속히 가도록 하라."

진정은 어머니께 말씀드렸다.

"어머님 만년에 오직 제가 옆에 있을 뿐인데 어찌 버리고 출가를 할 수 있겠습니까?"

어머니는 말씀하였다.

"아! 나를 위하여 출가를 못한다면 나를 지옥에 떨어지게 하는 것이 다. 비록 생전에 삼뇌칠정(三牢七鼎, 삼뇌는 소와 양 그리고 돼지를 일컫고, 칠정은 일곱 개의 솥에서 각각 음식을 만들어 신에게 바치는 것으로 진수성찬을 말한다)으로 나를 봉양하더라도 어찌 가히 효도가 되겠느냐. 나는 의식(衣食)을 남의 문간에서 얻더라도 또한 가히 천수를 누릴 것이니, 꼭 내게 효도를 하고자 한다면 출가하지 않겠다는 그런 말 하지 말거라."

진정은 오랫동안 깊이 생각하는데 어머니가 즉시 일어나서 쌀자루를 털어보니 쌀 일곱 되가 있었다. 그날 이 쌀로 밥을 짓고서 어머니는 말했다.

"네가 밥을 지어 먹으면서 가자면 더딜까 두려우니, 마땅히 내 눈앞에서 그 한 되 밥을 먹고 엿 되 밥은 싸가지고 빨리 떠나거라."

진정은 흐느껴 울면서 굳이 사양하며 말했다.

"어머님을 버리고 출가함이 그 또한 자식 된 자로 차마 하기 어려운 일이거늘 하물며 며칠 동안 미음거리까지 모두 싸가지고 떠난다면 천지가 저를 무엇이라고 하겠습니까?"

세 번 사양하였으나 어머니는 세 번 권했다.

진정은 그 뜻을 어기기 어려워서 길을 떠나 밤낮으로 3일 만에 태백산에 이르러 의상에게 의탁하여 머리를 깎고 제자가 되어 이름을 진정이라 했다. 3년 후 어머니의 부고가 오자 진정은 가부좌를 하고 선정에 들어가 7일 만에 일어났다.

설명하는 이는 말하였다. "추모와 슬픔이 지극하여 거의 견딜 수 없었으므로 선정의 물[定水]로써 슬픔을 씻은 것이다." 혹은 "선정으로써 어머니께서 사시는 곳을 관찰하였다"고도 하고, 또 어떤 이는, "이것은 실제의 이치와 같이 해서 명복을 빈 것이다" 하였다.

선정을 하고 나온 뒤에 그 일을 의상에게 고하

니 의상은 문도를 거느리고 소백산 추동에 가서
초가를 짓고 제자의 무리 3천 명을 모아 약 90일
동안 화엄대전을 강론했다. 강론하는데 문인
지통이 그 요지를 뽑아 책 두 권을 만들고 이름을
추동기라 하여 세상에 널리 폈다. 강론을 다
마치고 나니 그 어머니가 꿈에 나타나서 말했다.
"나는 이미 하늘에 환생하였다."173)

『삼국유사』 제9 「효선」편 첫머리에 실려 있는 것이 진정
스님의 고사(故事, 옛이야기)이다. 속인이었을 때의 진정
스님은 군대에 예속되어 장가도 들지 못한 가난한 사람이
었다. 어머니는 불사를 위해 탁발을 온 스님에게 하나밖에
없는 귀한 재산인 다리 부서진 솥을 보시하였다. 이른바
재보시(財布施)를 한 것이다. 이때 이미 진정의 어머니는
진정으로 하여금 속인이 아니라 출가의 길을 걸어가게
하는 초석을 놓았음을 알 수 있다.

또한 의상법사에게 출가할 뜻을 세웠지만 늙은 노모가
걱정되어 주저하자 노모는 "내가 죽은 뒤에 출가하면 늦어
지니 머뭇거리지 말고 속히 가거라" 하고 아들에게 출가를
재촉했다. 아들이 노모를 두고 가기가 영 마음에 걸려
주저하는 것을 보시고 진정의 어머니는 "아! 나 때문에

출가를 못 한다면 그것은 나를 지옥에 떨어지게 하는 것이다. 비록 생전에 삼뇌칠정(三牢七鼎)으로 나를 봉양하더라도 어찌 가히 효도가 되겠느냐. 꼭 내게 효도를 하고자 한다면 주저하지 말고 속히 떠나거라"라고 하였다.

진정한 효도는 물질적인 공양에 있는 것이 아니라 나를 포함한 일체 중생을 제도하는 것이야말로 진정한 효, 위대한 효 즉 대효(大孝)임을 진정의 노모는 일갈(一喝)했던 것이다.

2) 재상 김대성이 전생과 현생의 부모에게 효도하다 [大城孝二世父母]

모량리의 가난한 여인 경조(慶祖)에게는 아이가 있었다. 그 아이는 머리가 크고 정수리가 평평하여 성과 같았으므로 대성(大城)이라 했다. 그는 집이 궁색하여 살아갈 수가 없어 부자 복안(福安)의 집에 가서 품팔이를 하였다. 그 집에서 약간의 밭을 얻어 의식(衣食)의 살림살이로 삼았다.

이때 개사(開土, 도가 높은 스님) 점개(漸開)가 육륜회(六輪會, 참회법회)를 흥륜사에서 베풀고자 하여 복안의 집에 가서 보시할 것을 권하니 복안은 베 50필을 보시했다. 점개는 주문을 읽어 축원했다.

"단월(檀越, 보시를 행한 사람)이 보시하기를 좋아하니 천신이 항상 지켜주실 것이며, 한 가지를 보시하면 1만 배를 얻게 되는 것이니 안락하고 수명 장수하게 될 것입니다."

대성이 듣고 뛰어 들어가 어머니에게 말했다.

"제가 문간에 온 스님이 외는 소리를 들었는데, 한 가지를 보시하면 1만 배를 얻는다고 합니다. 생각건대 저는 숙선(宿善, 전생에 쌓은 선한 행위)이 없어 지금까지 곤궁한 것이니 이제 또 보시하지 않는다면 내세에는 더욱 구차할 것입니다. 제가 고용살이로 얻은 밭을 법회에 보시해서 뒷날의 응보를 도모하면 어떻습니까?"

어머니도 좋다고 하므로 이에 밭을 점개에게 보시했다.

얼마 지나지 아니 하여 대성은 세상을 떠났다. 이날 밤 국상 김문량의 집에 하늘의 외침이 있었다.

"모량리 대성이란 아이가 지금 네 집안에 태어날 것이다."

집 사람들이 모두 놀라 사람을 시켜 모량리를 조사 하게 하니, 과연 대성이 죽었는데, 그날 하늘에서 외치던 때와 같았다. 김문량의 아내는 임신해서 아이를 낳았다. 아기는 왼손을 꼭 쥐고 있다가 7일 만에야 폈는데, 대성 두 글자를 새긴 금간자(金簡子)가 있었으므로 다시 이름을 대성 이라 하고, 그 어머니를 집에 모셔와서 함께 봉양하였다.

대성은 장성하자 사냥하기를 좋아하더니 어느 날 토함산에 올라가 곰 한 마리를 잡고 산 밑 마을에서 잠을 잤다. 꿈에 곰이 변하여 귀신이 되어 시비를 걸어 말했다.

"네 어찌 나를 죽였느냐. 내가 환생하여 너를 잡아먹겠다."

대성이 두려워서 용서해달라고 청하니, 귀신은 "네가 나를 위하여 절을 세워 주겠느냐?"라고 말했다. 대성은 그러마고 약속했는데, 꿈을 깨자 땀이 흘러 자리를 흥건히 적셨다.

그 후로는 들에서 사냥하는 것을 금하고 곰을 잡은 자리에는 곰을 위해서 장수사(長壽寺)를 세웠다. 그로 인해 마음에 감동하는 바 있어 자비의 원이 더욱 더해 갔다. 이에 이승의 양친을 위해 불국사를 세우고 전생의 부모를 위해 석불사를 창건하여 신림과 표훈 두 스님을 청하여 각각 주지로 모셨다. 아름답고 큰 불상을 설치하여 부모의 양육한 공을 갚았으니 한 몸으로 전세와 현세의 부모에게 효도하는 것은 옛적에도 또한 드문 일이었다. 그러니 착한 보시의 영향을 가히 믿지 않겠는가.

장차 석불을 조각하고자 하여 큰 돌 하나를 다듬어 감개(龕蓋, 탑 지붕에 덮는 돌)를 만드는데 갑자기 세 조각으로 갈라졌다. 대성이 분하게 여기다가 어렴풋이 졸았는데, 밤중에 천신이 내려와 다 만들어 놓고 돌아갔으므로 대성은 자리에서 일어나 남쪽 고개로 급히 달려가 향나무를 태워 천신을 공양했다. 그래서 그곳의 이름을 향령(香嶺)이라고 했다. 불국사의 운제(雲梯, 높은 사다리)와 석탑은 돌과 나무에 조각한 기공(技工)이 동도(東都)의 여러 절 가운데서 이보다 나은 것이 없다.174)

「효선」편 둘째 단에 실려 있는 것이 신라의 재상 김대성이

한 몸으로 전생과 현생의 두 부모에게 효도하는 대성효이
세부모(大城孝二世父母)의 고사이다. 전생의 대성은 가난
하여 복안이라는 부자의 집에서 품팔이를 하는 사람이었
다. 그런 어느 날 스님의 말씀을 듣고 대성은 어머니에게,
한 가지를 보시하면 1만 배를 얻는다고 하는데, 자신은
숙선(宿善)이 없어 지금까지 곤궁한 것이니 이제 또 보시
하지 않는다면 내세에는 더욱 구차할 것이라고 하면서
밭을 보시하자고 청하였다. 이에 어머니도 승낙하여 복안
에게 받은 밭을 보시하였다. 얼마 지나지 않아 대성은
사망하고 국상 김문량의 집에 다시 태어난다. 가난한 집의
김대성이 전생의 그였다면 김문량의 집에 태어난 김대성
은 현생의 그였다. 그는 자신의 전 재산이라고 해도 과언이
아닌 밭을 보시한 결과 재상의 아들로 태어났던 것이다.
장성하여 사냥하기를 좋아했던 김대성은 어느 날 곰을
죽였다. 꿈속에서 곰이 나타나 "내가 환생하여 너를 잡아먹
을 것이로되 네가 절을 세워 나의 명복을 빌어준다면 잡아
먹지 않겠다"고 하였다. 그 뒤 김대성은 불자가 지켜야
할 불살생(不殺生)의 오계(五戒)를 정성껏 지켰을 뿐만
아니라 곰을 위해 장수사를, 현생의 부모를 위해 불국사를,
전생의 부모를 위해 석불사(오늘날의 석굴암)를 각각 창
건했던 것이다. 일연은 이 대성의 고사를 전하면서 다음과

같이 게송으로 찬탄하였다.

모량에 봄이 지나 삼구의 밭을 보시하고

[牟梁春後施三畝]

향령에 가을 오니 만금을 거두었다.

[香嶺秋來獲萬金]

어머니는 백 년 사이 빈과 부를 겪었는데

[萱室百年貧富貴]

괴정(대성)은 한 꿈 사이 2세를 오갔구나.

[槐庭一夢去來今]

3) 하급 관리 향득이 다리살을 베어 부모를 공양하다
〔向得舍知割腹供親〕

웅천주에 향득(向得)이라는 사지(舍知, 벼슬 이름)가 있었다. 흉년이 들어 그 어버이가 거의 굶어죽게 되자 향득은 다리를 베어 봉양했다. 그 고을 사람들이 이 사실을 알리어 경덕왕이 벼 5백 석을 주었다.175)

「효선」편 셋째 단은 향득이라는 하급관리의 효행을 기

록한 향득사지할복공친(向得舍知割腹供親)의 고사이다. 흉년이 들어 향득의 아버지가 굶어죽게 되자 향득이 자기의 허벅지 살을 베어 봉양을 했는데 이 소식을 들은 왕이 조 5백 석을 그에게 하사했다는 것이다. 흉년이 들면 가난한 사람들은 초근목피로 연명을 한다. 향득도 마찬가지였을 것이다. 그러나 연세 든 아버지는 제대로 먹지를 못해 피골이 상접한 것을 보고서 향득은 자신의 살을 베어 아버지에게 드렸다는 것은 효도의 극치를 보여주는 것이다.

4) 손순이 자식을 땅에 묻다〔孫順埋兒〕

손순은 모량리 사람이니 아버지는 학산이다. 아버지가 죽자 아내와 함께 남의 집에 품을 팔아 양식을 얻어 늙은 어머니를 봉양했다. 어머니의 이름은 운오(運烏)였다. 손순에게는 어린 아이가 있었는데 항상 어머니의 음식을 빼앗아 먹으니 손순은 민망히 여겨 그 아내에게 말했다.
"아이는 다시 얻을 수 있지만 어머니는 다시 구하기 어렵소. 그런데 아이가 어머님 음식을 빼앗아 먹어서 어머님은 굶주림이 심하시니 이 아이를 땅에 묻어서 어머님의 배를 부르게 해

드려야겠소.”

이에 아이를 업고 취산 북쪽 들에 가서 땅을 파다가 이상한 석종을 얻었다. 부부는 놀라고 괴히 여겨 잠깐 나무 위에 걸어놓고 시험 삼아 두드렸더니 그 소리가 은은해서 들을 만하였다.

아내가 말했다.

“이상한 물건을 얻은 것은 필경 이 아이의 복인 듯싶습니다. 그러니 이 아이를 묻어서는 안 될 것 같습니다.”

남편도 이 말을 옳게 여겨 아이와 석종을 지고 집으로 돌아와서 종을 들보에 매달고 두드렸더니 그 소리가 대궐에까지 들렸다.

흥덕왕이 이 소리를 듣고 좌우를 보고 말했다. “서쪽들에서 이상한 종소리가 나는데 맑고도 멀리 들리는 것이 보통 종소리가 아니니 빨리 가서 조사해 보라.”

왕의 사자가 그 집에 가서 조사해 보고 그 사실을 자세히 아뢰니 왕은 말했다.

“옛날 곽거가 아들을 땅에 묻자 하늘에서 금솥을 내렸더니, 이번에는 손순이 그 아이를 묻자 땅속에서 석종이 솟아 나왔으니 전세의 효도와

후세의 효도를 천지가 함께 보시는 것이로구
나."

이에 집 한 채를 내리고 해마다 벼 50석을
주어 순후한 효성을 숭상했다. 이에 손순은 예전
에 살던 집을 희사하여 절로 삼아 홍효사(弘孝
寺)라 하고 석종을 모셔 두었다.176)

「효선」편 넷째 단에 실려 있는 것은 손순이 어머니를
위해 자식을 땅에 묻는 손순매아(孫順埋兒)의 고사이다.
손순은 홀어머니와 아내 그리고 어린 자식을 부양하는
가난한 가정의 가장이다. 그런데 손순의 아내가 어머니에
게 올린 음식을 철없는 자식이 빼앗아 먹었다. 손순이
고민하다가 아내에게 "아이는 다시 얻을 수 있지만 어머니
는 다시 구하기 어렵소. 그런데 아이가 어머님 음식을
빼앗아 먹어서 어머님은 굶주림이 심하시니 이 아이를
땅에 묻어서 어머님의 배를 부르게 해 드려야겠소" 하고
말하고선 아이를 파묻으려고 땅을 팠는데 그곳에서 석종
이 나왔다.

이러한 소문이 퍼져 흥덕왕의 귀에까지 들어갔고, 왕은
손순의 효행에 대해 큰 상을 내려 순후한 효성을 숭상하였
다. 손순은 이전에 살던 집을 희사하여 절을 삼았는데

그 절 이름이 효를 널리 홍포하는 절이라는 의미의 홍효사이다. 자연의 사랑[自然之情]은 내리 사랑이지 치사랑은 있을 수 없다고 한다. 먹을 것이 생기면 자식새끼 입에 먼저 넣고 남은 것을 부모에게 드리는 것이 보통사람의 마음일 것이다. 그런데 손순은 내리사랑의 자연지정(自然之情)을 넘어서 치사랑의 도덕지성(道德之性)을 실현했던 것이다.

혹자는 손순의 효행에 대해 '진정 부모의 뜻을 살폈는가'라는 질문으로 비판을 한다. 상식적으로 배고픈 손자를 옆에 두고서 어떤 할머니가 홀로 배불리 밥을 먹을 수 있겠는가. 또한 자신의 밥을 손자에게 먹임으로써 만족해하는 할머니가 만일 귀한 손자를 땅에 묻었다고 할 때 얼마나 상심할 것인가.

이러한 이유로 손순의 효는 진정한 효의 태도가 아니라고 비판을 할 수도 있다. 하지만 손순의 행위는 우리가 생각하는 불효의 차원을 분명 넘어섰을 것이다. 자식만 예뻐하고 늙은 부모는 쉽게 생각하는 우리 사회에서 부모를 위하는 일이라면 세상에서 가장 귀한 자식마저 뒤로할 수 있다는 그 숭고한 효의 정신만큼은 오늘날 우리가 깊이 되새겨야 할 가치가 아닌가 한다.

5) 가난한 여인이 어머니를 공양하다〔貧女養母〕

　효종랑이 남산 포석정에서 놀고자 하자 문객들이 모두 급히 달려왔다. 오직 두 사람만이 뒤늦게 오므로 효종랑이 그 까닭을 물으니 그들이 대답했다.

　"분황사 동쪽 마을에 여인이 있는데 나이는 20세 안팎이었습니다. 그는 눈이 먼 어머니를 껴안고 통곡하므로 같은 마을 사람에게 그 까닭을 물으니 말하기를, '이 여자는 집이 가난해서 빌어다가 어머니를 봉양한 지가 이제 여러 해가 되었는데, 마침 흉년이 들어 걸식해다가 살리기도 어렵게 되어 이에 남의 집에 가서 품을 팔아 곡식 30석을 얻어서 주인집에 맡겨 놓고 일을 해왔습니다. 날이 저물면 쌀을 싸가지고 집에 와서 잠을 자고 새벽이면 주인집에 가서 일을 했습니다. 이렇게 한 지 며칠이 되었는데 그 어머니가 말하기를 전일에 강비(몹시 거친 음식)를 먹을 때는 마음이 편하더니, 요새 쌀밥을 먹으니 창자를 찌르는 것 같아 마음이 편안치

못하니 어찌된 일이냐고 했습니다. 그 여인이
사실대로 말했더니 어머니는 통곡하는 것이었
습니다. 이에 여인은 자기가 다만 어머니의 구복
의 봉양만을 하고 부모의 마음을 편안케 해주지
못함을 탄식하여 껴안고 울고 있는 것이요' 하는
것이었습니다. 이것을 구경하느라고 이렇게 늦
었습니다."

효종랑은 이 말을 듣고 측은해하여 곡식 100
석을 보냈다. 효종랑의 부모 또한 옷 한 벌을
보냈으며, 수많은 낭의 무리들도 곡식 1000석
을 거두어 보내 주었다. 이 일이 왕에게 알려지자
그때 진성왕은 곡식 500석과 집 한 채를 내려
주고 또 군사를 보내어 그 집을 호위해서 도둑을
막도록 했다. 또 그 마을을 표창해서 효양리(孝
養里)라 했다. 그 뒤에 그 집을 희사하여 절을
삼고 양존사(兩尊寺)라 했다.177)

「효선」편의 마지막 단은 가난한 처녀가 어머니를 봉양
한다는 빈녀양모(貧女養母)의 고사이다. 가난한 처녀가
흉년이 들어 어머니를 제대로 봉양하지 못하다가 남의
집 품을 팔면서 자기 어머니에게 좋은 음식을 드릴 수가 있었다. 그런데 어머니가 눈치를 채고서 거친 음식을 먹을 때는 마음이 편안하다가 좋은 음식을 먹으니 마음이 편치 않다고 하자 딸은 구복(口腹)의 봉양만을 생각하고 어머니의 마음을 살피지 못했다고 자책하면서 서로 부둥켜안고 울었다고 하였다.

이러한 소문이 나자 효종랑도 감동하여 곡식과 옷을 가난한 여인에게 보냈으며 진성왕도 곡식과 집 한 채를 하사하여 군사를 보내 경비까지 서게 하였다. 나중에 그 집을 희사하여 절을 만드니 그 절 이름이 바로 양존사이다.

부모님의 물질적 봉양은 소극적인 효에 지나지 않으며 정신적 봉양 즉 부모님의 마음을 편안하게 하는 것이야말로 적극적인 효이자 진정한 효임을 빈녀양모의 고사에서 우리는 깨달을 수가 있다.

VII

나가는 말

지금까지 불교에 나타난 효 사상과 유교의 효 사상을 비교하며, 우리나라 고전 문헌에 나타난 효의 관념을 살펴보았다. 인도에서 시작된 불타의 가르침은 중국에서 화려한 대승의 꽃을 피워 우리나라에 전래되었다. 불타 스스로도 깨달음을 얻은 후에 직접 효행을 한 기록이 나타나 있고, 또한 제자들에게도 효 윤리를 보은(報恩)과 인과응보(因果應報)의 형태로써 설하게 된다. 다만 불타의 가르침 중 무상(無常)과 무아(無我)의 출세간적 진리가 효의 가르침보다 상대적으로 많았기에 다소 효의 내용이 미진하거나 강조되지 않은 것처럼 보일 뿐이다. 유교 종주국인 중국 땅에 불교가 토착화되는 과정에서, 여러 사상적·윤리적 비판에 대한 대응으로서 보다 더 적극적으로 효 사상을 담은 경전 번역작업과 더불어 『부모은중경(父母恩重經)』과 같은 찬술 작업이 이루어졌다. 그러나 중국에서 제작된 경전이라 할지라도 초기불교 사상에 이미 나타난 '부모와 연장자에게 공경할 것'과 '은혜갚음[報恩]의 윤리 정신'에 토대하여 찬술되었던 것이다.

불교와 유교의 비교 윤리적 측면에서 살펴볼 때 유교의 가르침이 금생(今生)으로 국한됨에 비해 불교는 과거 현재 미래 삼세(三世)의 가르침으로 나타나며, 국가 통치 이데올로기로서의 충(忠)과 결부된 유교의 윤리에 비해 수행방법의 하나로서 나타난 것이 불교의 효 사상이다.

종교 다원화 사회에서 유교와 불교의 사상적 측면을 결코 상하 우열에 두고서 비교하려는 의도가 아니라 문화적·지리적·정치적으로 서로 다른 인도와 중국의 거대한 문명 속에서 생겨난 불타와 공자의 가르침을 오랜 세월 동안 동양 사회의 소중한 가치로 자리해 온 효 사상으로서 서로 비교해 살펴보았다.

물론 지금까지 살펴보았던 불교와 유교의 효 사상이 아니더라도, 효의 가치는 모든 인간들에게 기본적으로 존재하는 공통적인 가치라 할 수 있다. 다만 부모 은혜에 대한 보답 등 언어 구사나 표현방법은 시대와 장소 그 지역사람들의 가치관에 따라 다르게 나타날 수 있을 뿐이다. 부모와 자식 간의 관계는 자연의 한 흐름이다. 때가 되면 꽃이 피고 지는 것과 마찬가지로 자연스러운 우주 생성과정의 하나요, 인위적 맺음이 아닌 천지자연(天地自然)의 이치이다. 옛 성인들은 이러한 이치에 밝았다. 그래서 부모와 자식 간의 관계를 천륜(天倫), 즉 하늘이 맺어준 관계이므로 끊을 수 없다고 믿었던 것이다. 또한 혈연에 의한 도리를 천륜이라고 지칭하고 그 도리를 지키는 것을 인간의 최고 가치로 삼았다. 은혜를 모르는 자는 사람이 아니라 짐승이라고 한다. 하지만 짐승들도 은혜를 알고 보은한다.

은혜라 하면 부모의 은혜만이 아니라 여러 은혜가 있지만 그 근본은 역시 부모의 은혜이다. 진정 사람다운 사람이 되자면 자기를 낳아주시고 길러주신 부모의 은혜를 바로 알아야 하고, 그 은혜를 보답하려는 정신과 행위가 효이다. 부모가 정성껏 조부모를 모시는 것을 보고 자란 자식들이 그 부모에게 효를 하게 됨은 자연의 이치로서 씨앗을 뿌려 효의 아름다운 꽃이 피고 열매가 형성되는 이치다.

이렇게 소중한 효를 모르는 사람은 없겠지만 실천하지 않는 데 문제가 있다. 부모를 부양하는 데 그치지 말고 의사를 존중하고 지극히 공경하는 마음으로 받들어야 하겠다. 효란 좁게는 부모를 받드는 윤리를 뜻하지만 넓게는

'인간의 도리', '인간의 사랑'을 의미한다.

　그렇기에 부모를 물질적으로 봉양하는 것보다는 정신적으로 안락하게 해드리는 효가 좀 더 고귀하고 진정 부모가 바라는 바라 할 수 있다. 이것이 효의 방법인 양구(養口)의 효와 양지(養志)의 효 가운데 양지의 효에 더 비중을 두어야 하는 이유가 된다. 부모와 자식 관계가 여러 인간관계 속에서 맨 처음의 위치에 있듯이 효의 문제는 여러 덕목들 가운데 가장 먼저 확인되고 있음은 예나 지금이나 다를 바 없다. 그리고 그 효란 '자식으로서 부모를 잘 섬기는 것'을 의미하지만, 이는 부모가 자식을 생육하고 자애롭게 대하는 사실을 전제하고 있는 것이므로 하나의 보응적 성격을 갖는 것이다.

　효는 어버이의 간절한 부름에 대한 자식들의 응답이다. 그 응답이 바로 한 인간의 책임의식의 원천이 된다. 효자 집안에 충신 난다는 말은 효의 책임의식이 사회생활에 연장된다는 점을 부각시킨 것이다. 전통적인 윤리를 회복하기 위한 교육과 효 사상의 고양을 해결책으로 제시하며 불교와 유교의 가르침 속에 나타난 더없이 바르고 높은 효행관을 실천에 옮길 때 생명 존중사상이 고양되고 모든 생명에 대한 지은(知恩)과 보은(報恩)의 이타행이 이루어짐으로써 이 사회의 밝은 미래가 열릴 것이다.

주

1) 許愼, 『說文解字』, 中華書局, 1992, p.173下 ; 효는 부모를 섬
    긴다는 것이다. 노(老)의 생략된 부분[耂]에 자(子)가 따르는
    것으로 자식이 노인을 받드는 것이다.[孝, 善事父母者. 從老省
    從子, 子承老也.]

2) 팔정도(八正道, āryāstāṅga-mārga)는 초기불교의 실천 수행
    으로 8종의 바른 길을 제시한 것이다. 팔정도의 제1의 길은 정
    견(正見, 바른 견해)이다. 이것은 연기의 가르침을 아는 것으로
    바른 철학적 입장이다. 이 정견이 팔정도의 제1이라고 간주되
    는 것은 불교의 본질이 연기설에 있다는 것을 시사하기 위함이
    다. 제2의 길은 정사유(正思惟, 바른 사유)이다. 이것은 정견에
    근거해서 바른 언어적 행위나 신체적 행위를 일으키기 이전의
    바른 사유나 의지를 말한다. 제3의 길은 정어(正語, 바른 말)이
    다. 정어란 정사유 뒤에 생긴 바른 언어적 행위이다. 불교에서는
    업[행위]을 신업[신체적 행위]과 구업[언어적 행위]과 의업
    [심적 행위]의 3종으로 나누지만 이 분류에 의하면 정어는 바른
    구업에 해당된다. 그것은 구체적으로는 망어(妄語, 거짓말), 양
    설(兩舌, 중상)을 하지 않는 것이다. 이 정어가 정견과 정사유에
    서 생기는 것이기 때문에 항상 연기의 가르침에 근거하지 않으
    면 안 된다. 제4의 길은 정업(正業, 바른 행위)이다. 정업이란
    정사유 뒤에 생기는 바른 신체적 행위 즉 바른 신업이다. 이것은
    불살생(不殺生), 불투도(不偸盜), 불사음(不邪婬) 등을 떠나서

생물을 보호하고 보시 등을 행하는 것이다. 제5의 길은 정명(正命, 바른 생활)이다. 정명이란 바른 일상생활을 영위하는 것이다. 수면이나 식사 그리고 운동과 휴식 등에서 중용적 삶을 지속하는 것이다. 제6의 길은 정정진(正精進, 바른 노력)이다. 정정진이란 불교적 실천의 본질을 행하는 것이다. 팔정도에서는 연기를 보는 정견도 중요하지만 실천수행이라는 관점에서 본다면 정견 이상으로 중요한 것은 정정진이다. 연기가 실천의 동기이자 목적이라면 정정진은 그것을 실현하는 구체적인 방법이라고 할 수 있다. 제7의 길은 정념(正念, 바른 기억)이다. 정념이란 바른 주의력 또는 기억의 의미이며 그 내용은 무상과 고 그리고 무아 등이라고 간주된다. 마지막 제8의 길은 정정(正定, 바른 명상)이다. 정정이란 바른 선정, 정신통일이다. 이 정정의 중요성은 이것이 팔정도의 마지막에 위치하는 것에 의해서도 알 수 있다. 인도인들은 일반적으로 극히 주지주의적인 민족이다. 그들은 다른 어떤 민족보다도 바른 지혜를 추구하는 열망이 크다. 그들은 행위나 감정에 최종적인 가치를 두지 않는다. 그들이 추구하는 것은 궁극적인 지혜에 의한 해탈이다. 그래서 정정이 강조되어 팔정도의 마지막에 주어진 것이다. 이상의 팔정도의 내용 해설은 松本史朗, 『불교에의 길』, 동경서적, 1993, pp. 77-80을 참조하였다.

3) 육바라밀(六波羅蜜, ṣaṭ-pāramitā)은 대승불교의 수행자인 보살이 열반에 이르기 위한 수행방법이다. 무지의 세계에서 지혜의 세계 혹은 중생의 세계에서 부처의 세계로 건너가게 하는 방법이라는 의미에서 육도(六度)라고도 한다. 제1은 보시바라밀(布施波羅蜜)이다. 보시란 가진 것을 남에게 준다는 의미이다. 그런데 보살의 보시는 중생들의 보시와는 다르다. 즉 자신이 준다든가[施者], 무엇을 준다든가[施物], 누구에게 준다든가 [受者] 하는 생각 없이 주는 것을 보살의 보시바라밀이라 한다. 제2는 지계바라밀(持戒波羅蜜)이다. 지계바라밀이란 계율을

수지하는 바라밀 수행을 의미한다. 중생들의 계율 수지와 보살의 계율 수지의 차이점은 보살은 계율을 수지하겠다는 생각을 여의고서 계율을 수지하는 것이다. 제3은 인욕바라밀(忍辱波羅蜜)이다. 인욕바라밀이란 인욕 즉 욕됨을 참는 것이 곧 수행인 바라밀이다. 욕됨을 참되 내가 참아야 한다는 생각이나 나에게 욕하는 상대를 의식하는 생각이나 불쾌하고 자존심 상한다는 생각이 없이 참는 것이 바로 보살의 인욕바라밀이다. 제4는 정진바라밀(精進波羅蜜)이다. 정진이란 게으르지 않고 부지런히 노력하는 것이다. 제5는 선정바라밀(禪定波羅蜜)이다. 선정이란 정신을 하나로 모으는 행위로서 정신집중이다. 어떤 대상이나 개념에 집중하여 결국 공의 지혜를 체득하는 수행방법이다. 마지막 제6은 지혜바라밀(智慧波羅蜜)이다. 지혜란 안으로 자기를 아는 것뿐만 아니라 밖으로 타자를 아는 것이다. 보살의 지혜바라밀은 앎을 통해서 무지의 자각으로 확장해 가려는 수행방법이다.

4) 『父母恩重經』 또는 『佛說大報父母恩重經』은 부모의 은혜의 높고 넓음을 가르치고, 이에 보답할 것을 가르치는 대승불교 불경이다. 출가하여 깨달음을 얻으라는 불교의 가르침이 중국을 거쳐 전래되면서 유교적 효를 배척하지 않고, 불교적인 효도를 설한 경전이다. 한국, 중국, 일본에 널리 퍼져 있고, 한국에서는 유교가 성행하던 조선 시대에 널리 읽혔으며, 삽화를 곁들인 언해본 출판도 성행했다. 성립 시기가 확실하지 않고, 유교의 사상을 강조하기 때문에 위경으로 보는 경향이 있지만 이미 기원후 2세기 안세고가 번역한 『불설부모은난보경』에서 그 원형을 찾을 수 있다. 이 경전의 내용은 다음과 같다. 부처님께서 길을 가시다가 한 무더기의 뼈를 보고 절을 하시는 장면으로부터 시작되어, 어머니가 자식을 잉태하는 10개월 동안의 태아의 상태를 생태학적으로 설명하고, 부모의 10대 은혜, 은혜를 저버리는 불효한 행동, 부모님의 은혜 갚기의 어려움, 불효한 자의

과보, 은혜를 갚는 길을 설명하고 있다. 주로 아버지보다는 어머니의 은혜를 강조하고 있다. 유교의 효경은 효도를 강조하지만, 부모은중경은 은혜를 강조한다. 이상은 위키백과의 인용이다.

5) 인도 서역에서 전래된 것이 아닌 중국에서 찬술된 경전, 혹은 불설(佛說)이 아닌 경전을 위경이라 한다.

6) 여기에서 저본으로 택한 것은 『大正新修大藏經』(이후 大正으로 표기)이다.

7) 여기에서 5니까야란 'Dīgha Nikāya'를 비롯해서 'Saṃyutta, Majjhima, Aṅguttara, Khuddaka Nikāya'를 가리키는데 영국의 팔리어성전협회(Pali Text Society)에서 간행한 것을 저본으로 삼는다.

8) 中村元, 『佛教語大辭典』, 東京書籍, pp.391-392.

9) T. W. Rhys Davids & William Stede, *Pali English Dictionary*, p.528.

10) 위의 책, p.528.

11) 위의 책, p.476.

12) 漢譯 『長阿含經』 「遊行經」 大正 Vol. 1, p.11下.

13) 長部 제16 『大般涅槃經』; Yāva jīvaṃ mātapettibharo assaṃ. Yāva jīvaṃ kule jeṭṭhāpacāyī assaṃ. Yāva jīvaṃ saṇhavaco assaṃ. Yāvajīvaṃ apisuṇavāco assaṃ. Yāvajīvaṃ vigatamalamaccherena cetasā agāraṃ ajjhāvaseyyaṃ muttacāgo payatapāṇī vossaggarato yācayogo dānasaṃvibhāgarato. Yāva jīvaṃ saccavādo assaṃ. Yāvajīvam akodhano assaṃ. sace pi me kodho uppajjeyya khippam eva naṃ paṭivineyyan ti. Saṃyutta Nikāya, Vol. 1, p.228.

14) 『長阿含經』 「遊行經」 大正 Vol. 1, p.11中 ; 跋祇國人孝事父母敬順師長.

15) 『雜阿含經』 「帝釋經」 506 大正 Vol. 2, p.134上 ; 一時佛住三十三天聰色虛軟石上. 去波梨耶多羅. 拘毘陀羅香樹. 不遠夏安居.
爲母及三十三天說法.

16) 제석천(帝釈天, 산스크리트어: शक्र 샤크라)은 불교의 수호신
인 천부 중 하나이다. 천주제석(天主帝釈), 천제(天帝), 천황
(天皇)이라고도 한다. 바라문교, 힌두교, 조로아스터교의 무신
이자 히타이트 조문에도 등장하는 뇌신 인드라가 불교화된 것
이다. 아내는 아수라의 딸 사지(범어명 샤치)이다. 범천과 한
쌍의 형상으로 표현되는 경우가 많아 양자를 묶어 '범석(梵釈)'
이라고도 하며, 한반도의 단군 신화에서는 석제환인(釋提桓因)
이라는 표현이 사용된다. 또한 석제는 도리천(忉利天)의 왕이
므로 제석천(帝釋天)이라고도 한다. 수미산의 꼭대기 도리천에
있으면서 사천왕과 32천을 다스리며 불법을 보호하는 하늘세
계의 임금이라고 할 수 있는 존재이다. 위키백과에 의한다.

17) 『增一阿含經』「聽法品」 36 大正 Vol. 2, p.703中 ; 今如來母在
三十三天欲得聞法. 今如來在閻浮里內四部圍繞. 國王人民皆來
雲集. 善哉世尊. 可至三十三天與母說法. 是時世尊黙然受之.

18) 인도 아쇼카왕의 한역이다. 아쇼카(Ashoka Maurya)는 인도
마가다국 제3왕조인 마우리아 제국의 세 번째 임금으로 인도사
상 최초의 통일국가를 이룬 왕이다(재위: 기원전 265년경~기
원전 238년 혹은 기원전 273년경~기원전 232년). 찬드라굽타
마우리야의 손자이며, 인도에서 가장 위대한 황제의 하나이자
황제 중의 황제인 전륜성왕(samrāṭ Chakravartin)으로 인용된
다. 아쇼카는 수많은 군사 정복 뒤에 오늘날의 인도 대부분을
지배하였다. 아쇼카의 제국은 지금의 파키스탄, 아프가니스탄
과 서쪽 페르시아 제국의 일부, 동쪽으로는 인도의 아삼 주 남쪽
으로는 미소레 주까지 세력을 넓혔다. 그러나 전쟁의 비참함을
깊이 느껴 불교를 융성하게 하고 비폭력을 진흥하고 윤리에 의
한 통치를 실현하고자 하였다. 곳곳에 절을 세우고 불교를 정리
하였으며, 실론 · 타이 · 버마에까지 불교를 전파하기 위해 노력

하였다. 총애하는 왕비를 잃고 고독과 번민 속에서 죽었으며, 아라한의 자리에 올랐다. 아쇼카는 한자 문화권에서 아육왕(阿育王)으로 표기되기도 한다. 권좌에 있는 동안 불교 장려책을 강력하게 추진하여 인도 전역에 불교를 퍼트렸다. 동부 해안 칼링가국에 대한 피비린내 나는 정복전에서 승리한 이후 무력 정복을 포기하고 대신 비폭력과 사회 윤리에 기초를 둔 '다르마(dharma : 올바른 삶의 원리, 法)에 의한 정복'이란 정책을 폈다. 아쇼카는 자신의 가르침과 사업을 널리 알리기 위해 구두 포고뿐만 아니라 마애(磨崖)와 돌기둥[石柱]에 그것을 새겨 적절한 곳에 세워두었다. 사르나트에서 발굴된 돌기둥 주두(柱頭)의 사자상은 현재 인도의 국장(國章)이 되었으며, 바위 조칙(詔勅), 석주 조칙이라고 불리는 이들 명문(銘文)은 대부분 아쇼카 치세 동안 일어난 여러 역사적 사건, 그의 사상과 활동이 서술되어 있기 때문에 이를 통해 아쇼카의 삶과 업적을 알 수 있다. 그가 왕위에 오른 지 8년째 되던 해 인도의 남동부인 오디샤 주 해안의 칼링가 지방을 정복했는데, 그 전쟁의 참혹한 참상을 반성하고 불교를 믿게 되었으며, 그 후로는 무력에 의한 정복을 그만두었다. 그리고 모든 인간이 지켜야 할 윤리인 다르마(dharma: 法)에 의한 정치를 이상(理想)으로 삼고 이를 실현하는 데 힘을 쏟았다. 부모 · 어른에 대한 순종, 살생을 삼가는 등의 윤리를 백성들에게 장려하고, 지방관이나 신설된 관리에게 명령하여 백성들이 윤리를 철저히 지키도록 하였다. 또 도로 · 관개(灌漑) 등의 공공사업을 펼치는 등 많은 치적을 남겼다. 당시 인도에는 그에게 대항하는 세력이 없었고, 북서쪽 국경의 그리스 세력도 그들 사이의 내분 때문에 다른 지방을 침략할 힘이 없었다. 이와 같은 정세에서 제반 생활양식이 다른 광대한 영토를 현실적으로 지배하기 위해서는 그가 취한 정책이 매우 현명했던 것으로 볼 수 있으며, 그 뒷면에는 원시불교의 영향이 있었다. 또 아쇼카의 정치이념은 인근 제국이나 민족에게까지 전파되어 그의 사절(使節)이 이집트·마케도니아에 이르렀다. 이와 같은 왕의 정책은 마우리아 제국과 함께 점차 쇠퇴하였으나, 그의 치세(治世) 중에는 불교를 비롯한 갠지스강 유역의 고도의 문화가 다른 지방에 급속히 퍼져 문화의 발달을 촉진시켰다. 위키백과에 의한다.

19) 『雜阿含經』 604 大正 Vol. 2, p.167下 ; 此處如來至天上. 爲母說法. 將無量天衆. 下於人間.

20) 『雜阿含經』 604 大正 Vol. 2, p.169下 ; 如來在天上與母說法時. 我亦在於中. 與母說法竟. 將諸天衆從天上來. 下僧迦奢國.

21) 범어 dharma-cakra의 한역이다. 불타의 가르침을 전륜성왕이 가지고 있는 바퀴보배[輪寶]에 비유한 말. 부처가 설법하시는 것을 전법륜(轉法輪)이라고 한다. 중생의 번뇌를 잘 쳐부수고, 한 사람이나 한 장소에 그치지 않고서 차례차례로 교화하기 때문이다. 또 범륜(梵輪)이라고도 한다.

22) 『增一阿含經』 36 大正 Vol. 2, p.703中 ; 如來亦說. 夫如來出世必當爲五事. 云何爲五. 當轉法輪. 當度父母. 無信之人立於信地. 未發菩薩心令發菩薩意. 於其中間當授佛決. 此五因緣如來出現必當爲之. 인용문의 번역은 『한글대장경』 2, 동국대학교출판부에 의거했다.

23) 『Sutta-nipata』 262, p.47 ; Mātāpitu-upaṭṭhānaṃ puttadārassa saṅgaho anākulā ca kammantā, etaṃ maṅgalam uttaṃ.

24) 『Sutta-nipata』 404, p.70 ; Dhammena mātāpitaro bhareyya payojaye dhammikaṃ so vaṇijjaṃ, etaṃ gihī vattayaṃ appamatto Sayampabhe nāma upeti deve ti.

25) 相應部 제7 상윳타 ; Ahaṃ hi bho Gotama dhammena bhikkam pariyesāmi. dhammena bhikkam pariyesitvā mātāpitaro posemi. kaccāhaṃ bho Gotama evaṃkārī kiccakārī homīti. Taggha tvaṃ brāhmaṇa evaṃkārī

kiccakārī hosi. yo kho brāhmaṇa dhammena bhikkhuṃ
pariyesati. dhammena bhikkaṃ pariyesitvā mātāpitaro
poseti. bahu so puññam pasavatī ti. : (Saṃyutta - Nikāya
Vol. I, pp.181-182) (- poseti 봉양하다. - posemi 나는
봉양한다. - posehi 봉양하시오.) 인용문의 번역은『쌍윳다니
까야』권1, 전재성 역, 한국빠알리성전협회, p.406에 의거하
였다.

26) '공양하다'의 팔리어 동사 3인칭 기본형은 'poseti'인데, 동사
어근 'puṣ'에서 기원한다. 리즈 데이비스의 팔리어사전에 의하
면 이 말은 '기르다(to nourish), 도와주다(support), 돌보다
(look after, take care of), 양육하다(bring up), 먹을 것을
주다(feed), 보존하다(keep)' 등의 의미가 있다. T. W. Rhys
Davids and William Stede, ibid., p.476.

27) 전륜성왕(轉輪聖王)은 인도 신화의 이상적인 왕을 가리킨다.
산스크리트어로는 차크라바르티라자(cakravarti-rāja). 작가
라발랄저(斫迦羅跋剌底), 자가월라(遮迦越羅) 등으로 음역하
기도 한다. 약칭은 전륜왕 내지는 윤왕이라 한다. 한자 그대로
수레바퀴를 돌리면서 세상을 교화시키는 왕이다. 정의와 정법
(正法)으로써 통치하는 자로, 자이나교와 힌두교에서도 존재하
는 개념으로 옛 기록에 존재하지만 특히 불교에서 중요한 의미
를 가지고 있다. 불교에서 전륜성왕은 32상과 7보(寶)를 갖추
어, 무력에 의지하지 않고 바른 법으로 세계를 정복하고 지배한
다고 한다. 바른 법에 어긋나는 자는 전륜성왕의 수레바퀴가
끝까지 쫓아 바른 법으로 이끌게 만들도록 한다고 전해지기도
한다. 전륜성왕도 급이 있어서 철륜, 동륜, 은륜, 금륜 순으로
나뉜다. 철륜왕은 일단 전쟁으로 세계를 정복한 뒤 다스리지만,
동륜왕은 압도적인 무기들로 적의 기를 죽여 지배하고, 은륜왕
은 사신을 보내어 적에게 항복할 의사를 물어본다. 마지막으로
금륜왕은 덕으로 세계를 정복하여 다스린다. 전륜성왕이 지녔다

는 7보, 즉 7가지 보물은 보통 다음과 같다. 첫째, 금륜보(金輪寶; cakkaratana)이며, 이것은 사방을 움직이며 왕에게 대지를 평정하도록 돕는 수레바퀴이다. 둘째, 백상보(白象寶; hatthiratana)이며, 이것은 하늘을 날 수 있는 하얀 코끼리이다. 셋째, 감마보(紺馬寶; assaratana)이며, 이것은 하늘을 날 수 있는 하얀 말이다. 넷째, 신주보(神珠寶; maniratana)이며, 이것은 광채의 범위가 1유순(由旬)에 이른다는 보석으로 그 밝기와 찬란함은 밤을 낮으로 바꿔놓는 수준이며 여의보주라는 설도 있다. 다섯째, 옥녀보(玉女寶; itthiratana)이며, 이것은 미모와 향기를 지니고, 순종적이며 정절을 갖춘 왕비이다. 여섯째, 거사보(居士寶; gahapatiratana)이며 이것은 나라를 지탱할 재력이 있는 시민이다. 일곱째, 주병보(主兵寶; parinayakaratana)이며, 이것은 현명하고 유능하고 연륜을 갖춘 지혜로운 장수이다.

28) 보시는 범어로 dāna이다. 가난한 사람에게 의식주를 베풀고, 거기에 대한 과보로 좋은 복덕을 받는다고 한다.

29) 長部 제26『轉輪聖王獅子吼經』; Atha kho bhikkhave rājā khattiyo muddhāvasitto tassa purisassa dhanam anuppadāsi-'Iminā tvaṃ ambho purisa dhanena attanā ca jīvāhi, mātā-pitaro ca posehi, putta-dārañ ca posehi, kammante ca payojehi, samaṇesu brāhmaṇesu uddhaggikaṃ dakkhiṇaṃ patiṭṭhāpehi sovaggikaṃ sukha-vipākaṃ sagga-saṃvattanikan ti.'(Dīgha – Nikāya. Vol. 3, p.66) 인용문의 번역은『디가니까야』3(각묵스님 역, 초기불전연구원 p.130)에 의거하였다.

30) 서원의 원어는 vatapadāni이다. 소원을 일으켜 이루고자 하는 맹서의 마음이다.

31) 여기서 연장자란 조부모, 백부, 아주머니 등을 말한다.

32) Saṃyutta-Nikāya Vol. I, p.228(大正 Vol. 2, p.290中) ; Yāva jīvaṃ mātapettibharo assaṃ. Yāva jīvaṃ kule jeṭṭhāpacāyī

assaṃ. 인용문은『쌍윳다니까야』, 전재성 역, 한국빠알리성전
협회, p.515에 의거한다.

33) 『別譯雜阿含經』大正 Vol. 2, p.384中 ; … 孝順父母, 恭敬尊長
….

34) 세존은 여래의 10종의 명호 가운데 하나이다. 여래의 10호(十
號, 영어: ten epithets, ten epithets of the Buddha)는 고타
마 붓다 또는 부처의 지위에 오른 모든 깨달은 자를 칭하는,
『장아함경(長阿含經)』『잡아함경(雜阿含經)』『불설십호경(佛
說十號經)』등의 경전과『대지도론(大智度論)』『대승의장(大
乘義章)』등의 불교 논서들에 나오는, 아래 목록의 부처의 10가
지 다른 이름 또는 부처의 10가지 명호를 말하며, 모든 깨달은
자들이 가지는 10가지 뛰어난 공덕(功德)을 보여준다. 여래10
호(如來十號)·10종통호(十種通號)·불타10호(佛陀十號) 또
는 불10호(佛十號)라고도 한다. 아래 목록에서 각 항목의 첫
호칭은『불설십호경』에 나오는 호칭이다.『불설십호경』은 10
세기 말 인도 출신의 승려 천식재(天息災)가 번역한 경전으로,
아난다가 고타마 붓다에게 10호에 대해 묻자 고타마 붓다가
비구들에게 10가지 호칭에 대해 그 유래와 함께 설명하는 짧은
경전이다. 1)여래(如來, 산스크리트어: tathāgata, 영어: thus
gone, thus come), 또는 다타아가타(多陀阿伽陀)·여시래
(如是來). 2)응공(應供, 산스크리트어: arhat, 영어: worthy
one) 또는 아라한(阿羅漢)·아라가(阿羅呵)·살적(殺賊)·
불생(不生)·응수공양(應受供養). 3)정등각(正等覺, 산스크
리트어: samyak- saṃbuddha, 영어: perfectly
self-enlightened) 또는 정변지(正遍知)·삼먁삼불타(三藐三
佛陀)·정각자(正覺者)·정등각자(正等覺者)·무상정등각자
(無上正等覺者). 4)명행족(明行足, 산스크리트어: vidyā-
carana-sajpanna, 영어: perfected in knowledge and
conduct) 또는 비치차라나삼반나(鞞侈遮羅那三般那)·명행

구족(明行具足). 5)선서(善逝, 산스크리트어: sugata, 영어: well gone) 또는 수가타(修伽陀)·호거(好去)·호설(好說). 6)세간해(世間解, 산스크리트어: loka-vid, 영어: knower of the world) 또는 노가비(路迦憊)·지세간(知世間). 7)무상사(無上士, 산스크리트어: anuttara, 영어: unsurpassed) 또는 아뇩다라(阿耨多羅)·무상(無上)·무답(無答). 8)조어장부(調御丈夫, 산스크리트어: purusa-damya-sārathi, 영어: leader of persons to be tamed) 또는 부루사담막바라제(富樓沙曇藐婆羅提)·가화장부조어사(可化丈夫調御師). 9)천인사(天人師, 산스크리트어: śāstā deva-manusyānāṃ, 영어: teacher of the gods and humans) 또는 사다제바마누사남(舍多提婆魔㝹舍喃)·천인교사(天人教師). 10)불세존(佛世尊, 산스크리트어: buddha, bhagavat, 영어: the blessed one or fortunate one) 또는 불(佛, 산스크리트어: buddha)·불타(佛陀, buddha)·아는 자[知者, buddha] 또는 세존(世尊, 산스크리트어: bhagavat)·바가바(婆伽婆, bhagavat)·박가범(薄伽梵, bhagavat). 10호는 경전과 논서에 따라 약간의 차이가 있기 때문에 그 모두가 위 목록과 완전히 일치하는 것은 아니다. 예를 들어, 무상사와 조어장부를 합하여 무상사조어장부(無上士調御丈夫)로 하고 불세존(佛世尊)을 불(佛)과 세존(世尊)으로 분리하여 10호를 만드는 경우가 있다. 용수의 『대지도론』 제2권 등에 따르면, 부처의 호칭은 부처가 지닌 공덕을 가리켜 붙여진 것이기 때문에 부처의 공덕이 무한하므로 부처의 호칭도 무한하며, 그 호칭들 중에서 많은 사람들이 알고 있는 큰 호칭이 바가바(婆伽婆, 산스크리트어: bhagavat)이며 이 외에도 여래(如來) 등의 10호(十號)와 그 외 다른 이름들이 있다. 혜원도 『대승의장』 제20권에서 여래의 덕이 무한하므로 그 호칭도 무한하다고 말하고 있으며, 10호는 부처의 여러 호칭 가운데 경전과 논서에서 한결같이 언급되고 반복하여 언급되는 특정한 호칭들이라고 말하고 있다. 불교에서 10호는 단순히 호칭의 나열에 그치지 않으며 수행에서 사용되는데, 예를 들어 염불(念佛)·염법(念法)·염승(念僧)·염계(念戒)·염시(念施)·염천(念天)의 6념(六念) 즉 6가지 염(念)의 수행법 가운데 염불(念佛)은 여래(如來)·응공(應供)·정등각(正等覺) 등의 10호를 염(念)하는 것이다. 6념은『장아함경』제2권,『잡아함경』제33권,『북본열반경』제18권,『관불삼매경』제6권,『대지도론』제11권과 제22권,『해탈도론』제3권,『대승의장』제20권 등에 나오는 수행법으로 초기불교, 북방과 남방의 부파불교, 대승불교 전체에 걸친 불교 일반의 보편적인 수행법이다. 그리고『장아함경』과는 달리『잡아함경』에서 여래10호는 6념의 염불(念佛) 등과 같은 수행을 설할 때 그 일부로서 주로 설해지고 있다.

35) 『增一阿含經』大正 Vol. 2, p.601上 ; 爾時世尊告諸比丘. 教二人作善不可得報恩. 云何爲二. 所謂父母也. 若復比丘有人以父著左肩上, 以母著右肩上, 至千萬世, 衣被飯食床蓐臥具病瘦醫藥. 卽於肩上放於屎溺, 猶不能得報恩. 比丘, 當知. 父母恩重抱之育之, 隨時將護不失時節得見日月. 以此方便, 知此恩難報. 是故諸比丘, 當供養父母, 常當孝順不失時節.

36) 범어 avidyā를 한역한 것이다. 사물의 있는 그대로를 보지 못하는 불여실지견(不如實智見)을 의미한다. 곧 진리에 어두워서 [迷] 사물에 통달치 못하고 사물과 현상이나 도리를 확실히 이해할 수 없는 정신 상태로, 12연기의 첫 번째인 무명이다.

37) 숙주지란 과거의 일을 아는 지혜이며 과거의 주처(住處)를 아는 지혜이다.

38) 『大乘本生心地觀經』제2권 「報恩品」大正 Vol. 4, pp.297上 -297下 ; 爾時佛告五百長者 … 我今爲汝分別演說世出世間有恩之處 … 世出世恩有其四種. 一父母恩. 二衆生恩. 三國王恩. 四三寶恩. 如是四恩. 一切衆生平等荷負. 善男子. 父母恩者. 父

有慈恩. 母有悲恩. 母悲恩者. 若我住世於一劫中說不能盡 … 何
以故. 無明覆障宿住智明. 不了前生曾爲父母. 所可報恩互爲饒
益. 無饒益者名爲不孝.

39) 범어로 kalpa이며, 어떤 시간의 단위로 셀 수 없는 무한히 긴
시간을 의미한다.

40) 漢譯『增一阿含經』(大衆部 소속) 제20「善知識品」11 大正
Vol. 2, p.601上.

41) Aṅguttana Nikāya Vol. 2, p.4.

42) 增支部 제4집 4.2.

43) sammāpaṭipajjamāno=sammā 올바로+paṭi 길+pajjati 실천
하다.

44) 大正 Vol 1, p.71下 ; 一者供奉能使無乏. 二者凡有所爲先白父
母. 三者父母所爲恭順不逆. 四者父母正令不敢違背. 五者不斷
父母所爲正業.

45) 長部 제31. Dīgha Nikāya Vol. 3, p.189.

46) 『華嚴經』・『法華經』・『般若經』・『無量壽經』・『大集經』 등을
말하며, 성불하는 큰 이상에 이르는 도법을 밝힌 경전의 총칭.

47) 『觀無量壽佛經』大正 Vol. 12, p.341下 ; 欲生彼國者, 當修三
福. 一者孝養父母, 奉事師長, 慈心不殺, 修十善業.

48) 신·구·의의 삼업(三業) 중에서 현저히 뛰어난 10종의 선악
의 행위를 말한다.

49) 『儒敎大辭典』, 儒敎辭典編纂委員會篇, 박영사, 1990, p.1764.

50) 『說文解字』卷八上 25 ; 孝, 善事父母者 從老省 從子子承老也.

51) '孝'와 관련된 문자들을 살펴보면 다음과 같다. ①耆 - 늙은이
기(60, 70 이상의 늙은이) ②耄 - 늙은이 모(80, 90세 된 늙은이)
③耈 - 늙은이 구(얼굴에 검버섯 난 늙은이) ④耋 - 늙은이 질(70,
80세 된 늙은이) ⑤考 - 상고할 고(장수하다).(『漢韓大辭典』, 東
亞出版社, 서울, 1995, p.1438 참조.) 이와 같이 '孝'자와 관련된
문자는 오래 사는 60세 이상의 늙은이를 상징하는 글자들이다.

52) 『說文解字』에서는 '孝'자를 해석하기를, '부모를 잘 섬기는 것' 이라고 풀이하고 글자의 형성은 老 아랫부분을 생략한 글자와 子를 합한 문자로 자식이 노인을 계승한다는 것이다. 許愼, 『說文解字』, 中華書局, 1992, p.173下 참조. 친노(親老)는 자녀가 봉양(奉養)한다는 뜻이고 친병(親病)은 자녀가 곁에서 모신다는 뜻이고 친사(親死)는 자녀가 장사 지낸다는 뜻으로 쓰였다. 이로써 보면 효(孝)의 글자의 의미는 혈연을 중심으로 하는 조상숭배 관념과 밀접한 관계가 있음을 알 수 있다. 『中國孝文化漫談』, 中央民族大學出版社, 1995, p.16.

53) 孔德成, 「孝란 무엇인가?」, 한국정신문화연구원, 1995, pp.90-91 참조.

54) 『論語』「學而」; 孝弟也者 其爲 仁之本與.

55) 『孝經大義』「傳二章」; 孝所以愛其親也 故欲敎民以相親相愛 則莫有善於孝者矣 悌 所以敬其長也 故欲敎民以有禮而順 則莫有善於悌者矣 得其和之謂樂 樂有鼓舞動 蕩之意 故欲移改其風 變易其俗 則莫有善於樂者矣 得其序之謂禮 禮有上下尊卑之分 故欲上安其君 下治其民 則莫有善於禮者矣 此四者 蓋擧其要而言 然孝悌禮樂一本也 此經 本以孝謂要道.

56) 공자와 효에 대해서 김용옥은 다음과 같이 언급한다. "효라는 것은 인륜의 대본이요 유교의 대강이다. 공자가 인을 말하였다고는 하나, 인은 너무 어렵고 구름 잡는 것 같아 이해하기가 어렵다. 논어를 펼치면 바로 두 번째로 유약의 말로서 기록된 효제야자, 기위인지본여(孝悌也者, 其爲仁之本與)라는 로기온이 나오고 있다. 효야말로 인을 실천하는 근본이라는 뜻이다. 인의 구체적인 실천덕목이 효라는 것이다. 일반인들이 인을 가깝게 실생활 속에서 느낄 수 있게 하는 것이 바로 효이다. 위정편에 보면 제5장부터 제8장까지 쪼로록 효에 관한 담론이 나오고 있다. 공자의 효에 대한 생각을 매우 적절하게 알 수 있다. 효에 관한 공자의 생각은 개념화되어 있지 않고, 매우 실제적인

가족관계에서의 미묘한 감정의 교섭을 다루고 있다. 그리고 위정편 제21장에는 누군가 공자에게 왜 정치를 직접 하지 않느냐고 묻는다. 이러한 질문에 대하여 공자는 이와 같이 대답한다. '『서경』에 효성스럽도다. 효성스럽도다. 형제간에 우애가 깊도다. 이를 정치에 베풀도다, 라고 하였으니 이 또한 정치함이 아니겠는가? 어찌 내가 직접 정치를 하는 것만이 정치라 할 수 있겠는가?[子曰: 書云: 孝乎惟孝, 友于兄弟, 施於有政? 是亦爲政, 奚其爲爲政]' 공자는 효가 실천되는 사회가 되면 구태여 자신이 정치를 하지 않아도 된다고 말한다. 정치의 목표가 결국 효라는 인간관계의 사랑이 실현되는 것이기 때문이다." 김용옥, 『효경한글역주』, pp.56-57.

57) 『孟子』「萬章章句上」; 孝子之至 莫大乎尊親 尊親之至 莫大乎以天下養 爲天子父 尊之至也 以天下養 養之至也.

58) 『孟子』「離婁章句上」; 舜盡事親之道而瞽瞍底豫 瞽瞍底豫而天下化 瞽瞍底豫而天下之爲父子者定 此之謂大孝.

59) 『孝經』은 유가의 주요 경전인 십삼경(十三經)의 하나이다. 이 책은 '효도(孝道)'를 주된 내용으로 다루었기 때문에 『효경』이라고 하였으며, 십삼경 중에서 처음부터 책 이름에 '경(經)' 자를 붙인 것으로는 유일한 것이다. 『효경』의 저자에 대해서는 몇 가지 이설(異說)이 있다. 공자(孔子)가 지었다는 설, 공자의 제자인 증자(曾子)가 지었다는 설, 공자의 70여 제자의 유서(遺書)라는 설, 증자의 문인(門人)들이 집록(輯錄)했다는 설 등이 있다. 그러나 어느 것도 확증할 만한 충분한 근거를 갖고 있지 못하다. 『효경』 본문에 공자와 증자의 이야기가 많이 나온다는 점과 학통(學統) 상으로 보아 증자의 문인에 속하는 사람들이 이 책을 썼을 것이라고 보는 견해가 타당할 것으로 보인다. 이처럼 『효경』의 저자가 분명치 않기 때문에 저작연대 또한 불명확하다. 아마도 춘추시대 말기에서 전국시대 사이에 저술된 것으로 보인다. 『효경』은 진(秦) 때 하간(河間) 사람 안지(顔

芝)가 보관해 두었던 것을 한(漢)나라 초기에 협서율(挾書律)이 해제되면서 안지의 아들 안정(顏貞)이 이 책을 세상에 내놓았다. 이것은 한대의 서체인 예서체(隸書體)로 된 것이었으므로 '금문효경(今文孝經)'이라 부른다. 금문효경은 전한(前漢)의 장손씨(長孫氏), 강옹(江翁), 익봉(翼奉), 후창(后蒼), 장우(張禹) 등에 의하여 전해졌다. 그 뒤 후한 말의 학자 정현(鄭玄)이 주석한 『효경』1권이 있는데, 이것을 정주본(鄭注本)이라고 한다. 정주본에 대해서도 이설(異說)이 있지만, 일반적으로 정현이 주석하였다고 한다. 이에 반해서 한 무제(武帝) 때 노(魯)의 공왕(恭王)이 공자의 옛집을 헐면서 벽 속에서 『상서』, 『논어』 등과 함께 『효경』이 나왔는데, 이것은 고문으로 되어 있었으므로 '고문효경(古文孝經)'이라고 한다. 고문효경은 한 무제 때의 사람 공안국(孔安國)이 주석을 썼는데, 이것을 공안국전(孔安國傳) 또는 공씨전(孔氏傳)이라고 한다. 따라서 『효경』에는 정주본인 금문효경과 공씨전인 고문효경의 두 가지 종류가 있게 되었다. 이상의 두 종류의 『효경』이 양(梁)나라 때까지 함께 전해졌었는데, 공안국전은 양나라 말엽에 있었던 난리 때 망실되어 진(陳), 주(周), 제(齊)에는 금문정주(今文鄭注)만이 전해지게 되었다. 그 뒤 수(隋)나라 때에 이르러 비서감(秘書監) 왕소(王邵)가 공씨전을 경사(京師, 수도)에서 얻어 하간 사람 유현(劉炫)에게 보냈고, 유현이 여기에 소(疏)를 써서 사람들에게 가르쳤다고 하는데, 당시의 사람들은 이것이 옛 공씨전이 아니고 유현 자신이 쓴 위서(僞書)라고 의심하였다. 한편, 공씨전은 위(魏)의 왕숙(王肅)이 정주본에 반대하여 쓴 위서라는 설도 있다. 이와 같이 금문정주와 고문공전에 대한 신뢰성 여부가 문제되어, 당(唐)의 현종(玄宗)은 719년(開元7)에 여러 학자들에게 명하여 두 종류의 『효경』에 대한 옳고 그름을 논의하게 하였다. 유지기(劉知幾)는 고문을 위주로 하여 금문정주를 반박하고 유현이 교주(校注)한 고문공전을 주장하는 데 비해, 사마정(司馬貞)은 그와 반대로 고문공전을 유현의 위작이라 하여 반대하고 금문정주를 택하는 입장을 취하였다. 이러한 두 입장이 대립하여 결정이 나지 않자, 현종은 스스로 금문을 위주로 하는 새로운 주를 냈다. 이 신주는 고문효경 가운데 장점을 취하여 금문효경을 보완한 것이다. 그 후 현종은 원행충(元行沖)에게 명하여 소(疏)를 짓게 하고 천하에 반포하였는데, 이것을 어주효경(御注孝經)이라고 한다. 현종은 그 뒤 743년(天寶2) 5월에 『효경』을 다시 주하여 천하에 반포하고, 2년 뒤인 745년 9월에 이것을 돌에 새겨 태학(太學)에 건립하였는데 이것을 '석대효경(石臺孝經)'이라고 한다. 송(宋)나라 진종(眞宗) 때 형병(邢昺) 등이 왕명으로 효경정의(孝經正義)를 편찬하였는데, 이것도 원행충이 소를 쓴 어주효경에 의거하였다. 현재 십삼경주소(十三經注疏)에 수록되어 있는 『효경』이 바로 이것이다. 그 밖에 송대 사마광(司馬光)은 효경지해(孝經指解)를 지었고, 철종(哲宗) 때 범조우(范祖禹)도 효경지해설(孝經指解說)을 지은 바 있다. 또한 주희는 고문효경과 금문효경이 같지 않음을 보고, 효경의 내용을 독자적으로 분류하여 장(章)과 절(節)로 나누어서 효경간오(孝經刊誤)를 지었는데, 이것은 고문을 위주로 하였다. 주희는 효경을 경(經) 1장과 전(傳) 14장으로 나누고, 경 1장은 공자와 증자가 묻고 대답한 것을 증자의 문인이 기록한 것이라 하고, 전은 혹자가 전기(傳記)를 이끌어 경문(經文)을 해석한 것이라 하였다. 여하튼 효경은 금문, 고문의 두 가지 종류가 있는데, 어느 것을 취하느냐 하는 것은 학자의 견해에 따라 차이가 있게 된다. 그러나 일반적으로는 갑골문을 위주로 하여 만든 어주효경이 널리 보급되었다. 『효경』의 대표적인 주석서로는 당대(唐代) 육원랑(陸元朗)의 효경음의(孝經音義), 당 현종(玄宗)의 주(注)와 송대 형병(邢昺)의 소(疏)를 모은 효경정의(孝經正義), 주희(朱熹)의 효경간오(孝經刊誤), 원대(元代) 오징(吳澄)의 효경정본(孝經定本), 동정(董鼎)의 효경대의(孝經大義), 주신(朱申)의 효경구해(孝經句解), 명대(明代) 황도주(黃道周)의 효경집전(孝經集傳), 청대(淸代) 장용(藏庸)의 효경정씨해집(孝經鄭氏解輯), 모기령(毛奇齡)의 효경문(孝經問), 엄가균(嚴可均)의 효경정씨주(孝經鄭氏注), 장서(張叙)의 효경정의(孝經正義), 정안(丁晏)의 효경술주(孝經述注), 주춘(周春)의 효경외전(孝經外傳) 등이 있다. 글의 내용면에서 볼 때, 제2장인「개종명의장(開宗明義章)」은 효의 전체 대요(大要)를 밝히고, 제2장에서부터는 효의 세부적인 사항을 다루었다. 효경에 나타난 효의 의미는 두 가지 측면에서 찾아볼 수 있다. 그 하나는 종족(宗族)의 영속(永續)이라는 생물학적 측면이고, 다른 하나는 가문의 명예라는 가치 혹은 문화적 측면이라 하겠다. 첫째로 효는 종족 보전이라는 생물학적 의미를 지니는 것이며, 또한 인류 문명의 전수라는 의미를 갖는다. "사람의 신체와 머리털과 피부는 모두 부모에게서 받은 것이니, 감히 훼손시키지 않는 것이 효의 시작이다"(「開宗明義章」)라는 구절에서 볼 때, 나의 몸은 부모(조상)로부터 물려받은 것으로, 그것을 다시 후손에게 물려주어 자자손손 대를 이어 조상으로부터 물려받은 문화와 문명을 후대에 잇게 해야 한다. 대를 잇지 못하고 단절하는 것은 조상에 대한 최대의 불효가 되는 것이라 한다. 그러므로「오형장(五刑章)」에서는 죄 중에서 가장 무거운 죄가 불효라고 하였다. 이에 맹자는 불효 중에서 가장 큰 불효는 대를 단절시켜 후손이 없어지게 하는 것이라 하였다.(『孟子』「離婁章句上」) 둘째로 효는 가치적 문화적 의미를 갖는다. "자신의 인격을 올바르게 세우고 도리에 맞는 행동을 하여 후세에 이름을 날려 부모님의 명예를 빛나게 하는 것이 효의 끝이다"(「開宗明義章」)라는 구절에서 볼 때, 사람은 훌륭한 일을 하여 그 이름을 세상에 떨쳐 가문의 명예를 빛나게 하는 것이 보다 더 큰 효행이라 하겠다. 여기에서 후세에 이름을 드날려 부모의 명예를 빛나게 한다는 것은, 속된 의미에서의 명예가 아니다. 즉 삶이란 생물학적인 생명 보전으로 끝나는 것이 아니라, 문화적 가치적 삶을 실현하는 것이 보다 더 중요하다는 것이다. 또한 이 책에서는 부모에 대한 효도를 바탕으로 집안의 질서를 세우는 일이 치국(治國)의 근본이며, 효도야말로 천(天)·지(地)·인(人) 삼재(三才)를 관철하고 모든 신분계층에 동일하게 적용되는 최고덕목·윤리규범이라는 것을 강조하고 있다. 이로써 한국·중국·일본의 중세사회에서 '효'가 통치사상과 윤리관의 중심으로 자리 잡게 되는 데 큰 역할을 하였다. 위의 내용은 위키백과에 의거한다.

60) 『효경』의 경우『금문효경』은 18장으로 되어 있고,『고문효경』은 22장으로 되어 있다. 그러나『금문효경』에 없는 것이『고문효경』에 첨가된 것은 규문장(閨門章) 단 한 장일 뿐이고, 나머지는『금문효경』의 한 장이 세분화된 것이다. 고문의 서인장(庶人章)이 고문에서는 서인장과 효평장(孝平章) 두 장으로 나뉘었고, 금문의 성치장(聖治章)이 고문에서는 성치장, 부모생적장(父母生績章), 효우열장(孝優劣章) 세 장으로 나뉘었다. 그러니까 18장에서 3장이 늘어났고, 거기에 규문장을 합치면 22장이 된다. 그런데 규문장이라고 해봐야 24글자밖에는 되지 않는다. 그러므로『금문효경』과『고문효경』은 내용상 별 차이가 없다. 김용옥,『효경한글역주』, p.276.

61) 『古文孝經序』; 孝經者 何也 孝者 人之高行 經 常也.

62) 金學主,『孝經解題』,「孝經의 뜻과 내용」.

63) 『鉤命訣』; 子曰 吾志在春秋 行在孝經.

64) 『孝經』「開宗明義章」; 子曰 先王有至德要道, 以順天下, 民用和睦, 上下無怨.

65) 『孝經』「開宗明義章」; 子曰 夫孝德之本也, 敎之所由生也.

66) 『孝經』「開宗明義章」; 身體髮膚 受之父母, 不敢毀傷 孝之始也. 立身行道 揚名於後世, 以顯父母 孝之終也. 夫孝 始於事親 中於事君 終於立身.

67) 『孝經』「天子章」; 愛親者 不敢惡於人 敬親者 不敢慢於人 愛敬 盡於事親, 而德教加於百姓, 刑于四海 蓋天子之孝也.

68) 제후가 처음으로 봉함을 받으면 천자가 땅을 주어 자기 나라로 돌아가서 사직(社稷)을 세우게 된다. 사(社)는 땅을 주관하는 것이요, 직(稷)은 곡식을 주관하는 것이니 백성이 여기에 의지해서 편안히 사는 것이다.

69) 『孝經』「諸侯章」; 高而不危 所以長守貴也, 滿而不溢 所以長守富也. 富貴不離其身 然後能保其社稷 而和其民人. 蓋諸侯之孝也.

70) 『孝經』「卿大夫章」; 非法不言 非道不行, 口無擇言 身無擇行. 言滿天下 無口過, 行滿天下 無怨惡. 三者備矣, 然後 能守其宗廟. 蓋卿大夫之孝也.

71) 『孝經』「士章」; 以孝事君則忠 以敬事長則順. 忠順不失 以事其上, 而後能保其綠位 而守其祭祀. 蓋士之孝也.

72) 『孝經』「庶人章」; 用天之道 分地之利 謹身節用 以養父母. 此庶人之孝也. 自天子至於庶人 孝無終始 而患不及者 未之有也.

73) 『孝經』「三才章」; 夫孝 天之經也 地之義也 民之行也. 天地之經 而民是則之. 則天之明 因地之利 以順天下.

74) 『孝經』「聖治章」; 子曰 天地之性 人爲貴 人之行 莫大於孝, 孝莫大於嚴父 嚴父 莫大 於配天 則周公 其人也.

75) 『孝經』「父母生績章」; 父子之道 天性也 君臣之義也. 父母生之 績莫大焉 君親臨之 厚莫重焉. 不愛其親而愛他人者 謂之悖德 不敬其親而敬他人者 謂之悖禮.

76) 『孝經』「紀孝行章」; 子曰 孝子之事親也 居則致其敬 養則致其樂 病則致其憂 喪則致其哀 祭則致其嚴. 五者備矣 然後能事親.

77) 『孝經』「五刑章」; 子曰 五刑之屬三千 而罪莫大於不孝.

78) 『孝經』「廣揚名章」; 子曰 君子之事親 孝忠可移於君 事兄悌 順可移於長 居家理 治可移於官. 是以行城於內 而名立於後世矣.

79) 『孝經』「廣至德章」; 教以孝 所以敬天下之爲人父者也 教以悌

所以敬天下之 爲人兄者 也 教以臣 所以敬天下之爲人君者也.

80) 『孝經』「諫諍章」; 曾子曰: 若夫慈愛恭敬 安親揚名 則聞命矣. 敢問 子從父之令 可謂孝乎 子曰: 是何言與 是何言與 昔者 天子 有爭臣七人 雖無道 不失其天下 諸侯有爭臣五人 雖無道 不失其 國 大夫有爭臣三人 雖無道 不失其家. 士有爭友 則身不離於令名 父有爭子 則身不陷於不義. 當不義 則子不可以不爭於父 臣不可 以不爭於君. 當不義 則爭之. 從父之令 又焉得爲孝乎.

81) 『孝經』「感應章」; 宗廟致敬 鬼神著矣. 孝悌之至 通於紳明 光于 四海 所不通.

82) 『孝經』「喪親章」; 生事愛敬 死事哀戚 生民之本盡矣 死生之義 備 孝子之事親柊矣.

83) 『孝經』을 일반인들에게 대중화시키는 방법은 두 가지인데, 하 나는 대중적인 암송과 반복이며 다른 하나는 이야기를 통한 구 전이다. 후자의 경우는 영향력에 있어서 중요한데, 통치이데올 로기로서의 효 관념은 이야기의 형태로 보다 대중화되기 쉬웠 으며 각 지역에 따라 조금은 다르게 변화했을 것이다.

84) 우선 최고의 덕은 효라는 것을 일단 강조한 후, 부자간에는 슬하 에서 낳은 친(親)이 있지만 부모를 봉양하는 관계는 날로 엄 (嚴)하기 때문에, 성인은 엄을 이용하여 경(敬)을, 친을 이용하 여 애(愛)를, 각각 효와 결합하여 가르치기 때문에 그 교(敎)는 숙(肅)하지 않아도 이루어지고 그 정(政)은 엄하지 않아도 다 스려진다는 내용이 있다.

85) 『後漢書』72권; 초왕 유영은 만년에는 황노(黃老)를 좋아하고, 부도(浮屠)를 배워 익히고, 재계를 했었다는 기록이다. 그리고 또 그가 도참을 좋아하고 방사들과 교유했던 일들을 기록하고 있는데, 우리는 이 기록에서 당시 중국인들이 불교를 중국의 황노 내지는 방사들의 한 갈래쯤으로 간주했음을 알 수 있다.

86) 『辯惑篇』「廣弘明集」; 場上言曰, 禮以敎世法導將來, 迹用旣雖 區流亦別, 故三千之罪, 莫大於不孝, 不孝之大, 無過於絶祠, 然則絶祠之罪, 大莫甚焉. 大正 Vol. 52, p.128上.

87) 『辯惑篇』「廣弘明集」；周祖平齊召僧敍廢立抗拒事, 故凡是經像皆滅之, 父母恩重沙門不敬, 悖逆之甚, 國法不容, 幷退還家, 用崇孝治, 朕意如此, 諸大德爲理如何. 大正 Vol. 52, p.153中.

88) 『舊唐書』 권79「傅奕傳」；七年, 奕上疏請除去釋教曰, 佛在西域, 言天路遠, 漢譯胡書, 恣其假託. 故使不忠不孝, 削髮而捨君親, 遊手遊食, 易服以逃租賦.

89) 『十喩九箴篇』「廣弘明集」 大正 Vol. 52, p.183下.

90) 『集古今佛道論衡』 大正 Vol. 52, p.380上.

91) 『原道』「韓昌黎全集」 제2책, 11권, 新文豊出版公社, 民國66, pp.55-59 ; 『韓昌黎全集』「論佛骨表」 제4책, 39권, 新文豊出版公社, 民國66, pp.32-35.

92) 불교가 중국에 유입된 초기의 불교 자료로서는 승우(僧祐)의 『홍명집(弘明集)』(大正 권52, pp.1-96)을 들 수 있는데, 이 책 서두에는 중국인 자신에 의해 저술된 『모자이혹론(牟子理惑論)』이 있다. 이 책의 내용과 찬술 연대에 대해서는 많은 이견 (異見)이 있지만 현재로서는 삼국(三國)의 오(吳)나라 초기에 성립된 것으로 간주된다. 任繼愈, 『中國佛敎史』 제1권, 中國社會科學出版社, 1981, p.201 참조.

93) 『後漢書』 권42, 『光武十王列傳』 제32 ; 楚王誦黃老之微言, 尙浮屠之仁祠. 潔齋三月, 與神爲誓.

94) 『後漢書』 권30下 『襄楷傳』；宮中立黃老浮屠之祠.

95) 鎌田茂雄, 장휘옥 譯, 『중국불교사 1』, 장승, 1992, p.147, p.152 참조.

96) 찬술시기에 대해서는 후한(後漢) 시대에 되었거나, 어느 한 시대에 전체가 저술되었다기보다는 오랜 기간에 걸쳐 현존하는 모습으로 편찬되었다는 설이 있다. 중국 초기 불교에 대한 의혹을 어떻게 해결해 나갔으며 어떻게 적응했는지에 대한 단서로서 牟子가 지은 내용이다. 불교·유교·도교가 서로 같고 다른

점을 분별하여 불교의 우수한 점을 결론지은 것이다.

97) 『理惑論』『本論』제9조 ; 孝經言, '身體髮膚受之父母, 不敢毀傷'. 曾子臨沒, '啓予手啓予足'. 今沙門削頭, 何其違聖人之語, 不合孝子之道也.

98) 『理惑論』『本論』제9조 참조.

99) 삭발하는 이유에 대해『비니모경(比尼母經)』권3(大正 권24, p.816上)에서는, "교만하여 자신을 내세우는(신뢰하는) 마음을 제거하기 위해서이다[爲除驕慢自恃心故]"라고 설명하고 있으며,『대지도론(大智度論)』권 49(大正 권25, p.412下)에서도, "머리를 깎고 먹물 옷을 입고 발우를 가지고 걸식하는 것은 교만을 부수는 법이다[我. 削頭著染衣持鉢乞食, 此是破驕慢法]"라고 설명한다.

100) 『理惑論』『本論 제10조』; 問曰, 夫福莫踰於繼嗣, 不孝莫過於無後. 沙門葉妻子損財貨, 惑終身不娶, 何其違福孝之行也 … 牟子曰, 妻子財物, 世之餘也, 淸躬無爲, 道之妙也. 許由栖巢木, 夷齊餓首陽, 舜孔稱其賢曰, 求仁得仁者也. 沙門修道德以易遊世之樂, 反淑賢以背妻子之歡, 是不爲奇.

101) 무위(無爲)는 불교와 도교의 두 사유체계에서 중요한 개념이다. 먼저 불교적 사유체계에서 무위는 범어 asaṁskṛta의 번역으로 유위(有爲)에 상대된다. 인연(因緣)에 의해서 작위(作爲)되는 것이 아니고, 생멸변화(生滅變化)를 여읜 상주불멸(常住不滅)의 법(法)을 일컬으며, 자세히는 무위법(無爲法)이라고 한다. 본래는 열반의 다른 이름이지만 뒤에는 열반이라 일컬어지게 된 것이다. 다음으로 도교의 사유체계에서 무위는 인위적으로 혹은 억지로 하지 않는다는 개념이다. 이 무위는 보통 자연과 함께 무위자연(無爲自然)이라 한다. 도교의 소의경전인『노자도덕경(老子道德經)』에 의하면 자연의 도는 항상 '하지 않음(無爲)'이라고 한다. 여기서 '하지 않음(無爲)'은 억지로 인위적으로 하지 않는 것이지 마냥 손 놓고 아무것도 하지 않는 무기

력한 행동을 말하는 것이 아니다. 어떤 사건이나 일 혹은 사람에 대해서 시간을 갖고 기다려 주는 것, 적극적으로 개입하지 않고 그 사건이나 일 그리고 사람에 대해서 관망하는 것, 참고 기다리는 것이 오히려 문제를 해결하는 적극적인 방식임을 노자는 역설한 것이다. 이런 측면에서 불교의 무위와 도교의 무위는 세부적으로 의미를 달리하지만 크게 보면 유사한 개념으로 볼 수 있다.

102) 대승불교에 이르게 되면 출가의 의의를 보다 적극적으로 해석하여 다음과 같이 설하게 된다. "보살의 출가란 삭발하는 것을 출가라 이름하지 않는다. 무슨 까닭일까? 만일 능히 대정진을 발휘하여 일체중생의 번뇌를 없애준다면 이것이야말로 보살의 출가라 이름한다. 먹물 옷을 걸쳐 입는 것을 출가라 이름하지 않는다. 부지런히 중생의 삼독(三毒)에 물든 마음을 끊어 없애주는 것이야말로 출가라 이름한다. … 고요한 곳에 홀로 앉아서 사유하는 것을 출가라 이름하지 않는다. 여색(女色)으로 생사유전하는 것을 지혜의 방편으로 교화하여 해탈케 하는 것이야말로 출가라 이름한다." 『대승장엄문경(大莊嚴法門經)』 大正 Vol. 17, p.830中.

103) 이것은 유교의 사서삼경 중 제1경인 대학의 사상을 집약한 것이다. 대학은 큰 배움이기도 하지만 15세 이상의 성인 학생이 입학하는 최고의 종합대학교이다. 이 대학의 궁극적 이념은 삼강령(三綱領)으로 정리되며 이념의 실현을 위한 세목은 팔조목(八條目)으로 체계화된다. 대학의 삼강령에서 제1강령은 각 개인 속에 내재하는 밝은 덕을 밝히는 명명덕(明明德)이며, 제2강령은 안에서 밝힌 덕을 밖으로 이웃에게까지 미치는 친민(親民)이며, 제3강령은 보편적인 선과 이상적인 공동체를 지향케 하는 지어지선(止於至善)이다. 대학의 팔조목(八條目)에서 제1조목은 사물에 나아가서 사물의 이치를 밝히는 격물(格物)이며, 제2조목은 앎을 지극히 하는 치지(致知)이며, 제3조목은

뜻을 성실하게 하는 성의(誠意)이며, 제4조목은 마음을 바르게 하는 정심(正心)이며, 제5조목은 자기 자신을 닦는 수신(修身)이며, 제6조목은 자기 자신의 수신에서 집안사람을 가지런히 잘 다스리는 제가(齊家)이며, 제7조목은 제가에서 나아가 나라 백성들을 다스리는 치국(治國)이며, 제8조목은 나라와 나라를 평화롭게 하는 평천하(平天下)이다.

104) 보살은 위로는 자기를 위하여 보리(菩提, bodhi)를 구하고[自利], 아래로는 중생을 교화하는[利他] 것을 말한다. 이것을 보살, 즉 보리살타(菩提薩埵)란 말을 분해해서, 보리와 살타[중생]를 어원적으로 해석한 것이다. 또한 상구보리 하화중생이라는 불교의 초세간적 윤리를 '지혜와 자비라는 두 개의 바퀴로 굴러가는 수레를 통해 모든 사람을 무명에서 명의 세계'로 가게 하는 법륜(法輪)의 관점에서 재해석해 보면 상구보리는 지혜의 바퀴에 해당하며, 하화중생은 자비의 바퀴에 상당한다.

105) 가사는 범어(梵語) kaṣāya의 음사어이다. 가사는 수행승이 입는 법의(法衣)의 하나로, 애초에는 사람이 내버린 옷 또는 죽은 사람의 옷을 백팔염주(百八念珠)를 본떠서 백팔장(百八張)을 모아 불규칙하게 꿰맨 것이었다. 청·황·적·백·흑의 다섯 종의 바른 색깔[五正色] 이외의 잡색으로만 물들여 쓰도록 규정하였기 때문에 이렇게 부른다.

106) 『理惑論』『本論』 제11조 ; 門曰, 黃帝垂面衣裳制服飾. 箕子陳洪範貌 爲五事首. 孔子作孝經服爲三德始. … 今沙門削頭髮披亦布, 見人無跪起之禮. 何其違貌服之制, 乖搢紳之服也.

107) 『理惑論』『本論』 제11조 ; 老子云, 上德不德, 是以有德. 下德不失德, 是以無德. 三皇之時, 食肉衣皮, 巢居穴處, 以崇質朴. 豈復須章甫之冠曲裘之服哉. 然其人稱有德而敦厖允信而無爲. 沙門之行有似之矣.

108) 보시는 남에게 베푸는 행위이다. 불교의 수행인 육바라밀(六波羅密) 중 제1바라밀이 바로 보시바라밀(布施波羅蜜)이다. 보시

에는 남에게 재물이나 의복 및 음식을 베푸는 재보시(財布施)와, 어떤 사람이 큰 어려움이나 액란을 당하여 두려움과 공포로 괴로워할 때 그 사람이 정신적인 안정을 되찾도록 두려움과 공포를 해소시켜 평화로움을 회복케 해주는 무외보시(無畏布施)와, 부처님의 말씀을 베풀어 중생으로 하여금 깨달음의 세계로 이끄는 행위인 법보시(法布施)가 있다. 그러나 최상의 보시는 주되 주었다는 상(相)에 머물지 않고 행하는『금강경』의 무주상보시(無住相布施)이다.

109)『理惑論』『本論』제15조；今佛經云. 太子須大挐. 以父之財施與遠人. 國之寶象以賜怨家. 妻子自與他人. 不敬其親. 而敬他人者. 謂之悖禮. 不愛其親. 而愛他人者. 謂之悖德. 須大挐不孝不仁. 而佛家尊之. 豈不異哉.

110)『理惑論』『本論』제15조；須大挐覩世之無常, 財貨非己寶故, 恣意布施以成大道. 父國受其祚, 怨家不得入. 至於成佛, 父母兄弟皆得度世. 是不爲孝, 是不爲仁, 孰爲仁孝哉.

111)『二敎論』；聚雖一體而形神兩異, 散雖質別, 而心數弗亡. 故救形之敎, 敎稱爲外, 濟神之典, 典號爲內. 是以智度有內外兩經. 仁王辯內外二論, 方等內外兩律, 百論言內外二道, 若通論內外二道, 則該彼華夷. 若局命此方, 則可云儒釋.『廣弘明集』, 大正 권52, p.136下.

112)『辯惑篇』「對決傅奕廢佛法僧事幷表」；若言欲求忠臣孝子, 佐世治民, 唯讀孝經一卷老子二篇, 不須廣讀佛經者, 尋此經但明世間忠孝, 未及出世忠孝.『廣弘明集』, 大正 권52, p.175上-中.

113)『辯正論』「十喩九箴篇」；且愛敬之禮異容不出於二理. 賢愚之性雖品, 無越於三階, 故生則孝養無違, 死則葬祭以禮, 此禮制之異也. 小孝用力, 中孝用勞, 大孝不匱, 此性分之殊也.『廣弘明集』, 大正 Vol 52, p.183下.

114) 장춘석,「인도불교의 효 양상」,『불교학 연구』, 2002, p.315 참조.

115) Ch'en kenneth(K. S.), "Filial Piety in Chinese Buddhism", *Harvard journal of asiatic studies* 28, Massachusetts, 1968, pp.81-97 ; 朱恒夫, 『目連戲研究』, 南京大學出版社, 1993, pp.164-177 등이 그랬다.

116) 불교 경전을 위경(僞經)이라고 하는 것에 대해 김용옥의 다음과 같은 비판적 언급은 주목할 만하다. "『부모은중경』을 보통 중국에서 만들어진 위경이라고 일컬어지지만, 위경이라는 표현은 매우 잘못된 관념에서 날조된 용어이다. 불경의 경우 진위를 인도 경전을 기준으로 하여 말할 수 없다. 인도 경전 자체가 다양한 유파에 의해서 시공을 달리하여 제멋대로 만들어진 것이기 때문에 현존하는 팔리어 아가마 경전 정도나 그 권위를 보장받을 수 있을까, 불교에 대해 진위를 논한다는 것은 근본적으로 어불성설이다. 한역 불경을 기준으로 해서 말한다면 '전래경전'과 '토착경전' 정도로 분류하는 것이 훨씬 불교의 진면목을 정확하게 표현해 줄 것이다. 불교는 토착화 과정에서 새롭게 만들어지는 경전을 위경으로 간주하지 않았다. 위경이라는 개념은 오직 삼위일체론을 주장하는 가톨릭 정통파의 편견 속에서나 있을 수 있는 개념일 뿐이다. 『부모은중경』을 보면 그것이 효 사상을 강조하는 중국적 맥락에서 만들어진 것임이 분명하고 고판본에는 유향(劉向)의 효자전(孝子傳)에 나오는 정란(丁蘭), 곽거(郭居)와 같은 인물들이 등장하기도 한다. 그러나 더 중요한 사실은 『불설대보부모은중경』이라는 이름의 경전이 중국에서 통용되지 않았으며 그것은 오직 우리나라에서만 통용되었다는 사실이다." 김용옥, 『효경한글역주』, pp.174-175.

117) 『佛說父母恩重經』은 여러 종의 이본이 있다. 『丁蘭本』, 『古本』, 『增益本』, 『高麗本』, 『大報本』, 『省略本』 등이 있고 그 밖에도 돈황 출토본들도 있다. 이런 이본에 대한 연구는 「新井慧譽」「敦煌本」『父母恩重經』校異(『二松學舍大學論集』, 昭和53)가 과거의 연구 성과를 면밀히 검토하고 새로운 자료를 흡수하여

요령 있게 정리하였다.

118) 팔부중(八部衆)은 불법을 수호하는 여덟 수호신이다. 여덟이기 때문에 팔부신장(八部神將)이라고도 부르며, 천(天)·용(龍)을 으뜸으로 치기 때문에 천룡팔부(天龍八部) 또는 천룡팔부중이라고도 부른다. 다만 실제로 여덟 명은 아니며, 여덟 가지 존재라고 보는 쪽이 더 정확하다. 팔부신장에 관한 기록은『법화경』등의 대승 불교 경전에서 나타난다. 주로 사천왕과 함께 묘사된다. 팔부중은 다음과 같다. 천(天), 용(龍), 야차(夜叉), 건달바(乾闥婆), 아수라(阿修羅), 가루라(迦樓羅), 긴나라(緊那羅), 마후라가(摩睺羅迦)이다.

119) 범어로 Jetavānānāt=hapiṇḍadasyārāma이다. 줄여서 기수원(祇樹園)·기원(祇園)이라고 한다. 중인도 사위성에서 남쪽으로 1마일 지점에 있다. 기원정사가 있는 곳으로 부처님이 설법한 유적지이다. 이곳은 본래 바사익왕의 태자 기타(祇陀)가 소유한 동산이었으나, 급고독장자가 그 땅을 사서 부처님께 바치고 태자는 또 그 숲을 부처님께 바쳤으므로 두 사람의 이름을 따서 이같이 명명한다.

120) 제자 중의 수제자이다. 제자를 스승의 발에 비유하여 상족제자라 했던 것이다. 문하에서 학행이 뛰어난 제자를 말한다.

121)『佛說大報父母恩重經』제2편「正宗分」제1장「報恩因緣」제2절「佛認宿世」; 佛認宿世 佛告阿難 汝雖是吾上足弟子 出家深遠 知事未廣 此一堆枯骨 或是我前世翁祖 累世爺孃 吾今禮拜. 花山 龍珠寺 목판.

122) 범어로 anātman이고 무아라 번역한다. 아(我)는 영원히 변역하지 않고[常], 독립적으로 자재(自在)하며[一], 핵심적인 소유(所有), 곧 주인공으로서[主], 지배적 능력이 있는 주체[宰]로 생각되는 영혼적 또는 본체적 실체를 의미한다. 모든 물체(物體)에는 이런 아(我)가 없고 아(我)가 아니라고 하는 것을 제법무아(諸法無我)라고 하며 무아(無我)를 관(觀)하는 것을

무아관(無我觀)이라 한다. 무아(無我)는 불교의 근본교리로서 삼법인(三法印)의 하나인 무아인(無我印)에 해당한다. 이 제법무아인(諸法無我印)에서의 아(我)의 뜻은 일반적으로 생각하는 아의 뜻과는 구별해야 할 내용을 가지고 있다.

123) 『佛說大報父母恩重經』第2편「正宗分」第2장「歷陳恩愛」第2절「十偈讚頌」; 懷耽守護恩 臨産受苦恩 生子忘憂恩 咽苦吐甘恩 回乾就濕恩 乳哺養育恩 洗濯不淨恩 遠行憶念恩 爲造惡業恩 究竟憐愍恩.

124) 『佛說大報父母恩重經』第2편「正宗分」第3장「廣設業難」第2절「援喩八種」; 假使有人左肩擔父右肩擔母研支至骨骨穿至髓遶須彌山經百千匝猶不能報父母深恩. 假使有人 遭飢饉劫 爲於爺孃 盡碁己身 臠割碎壞 猶如微塵 經百千劫 猶不能報父母深恩. 假使有人 手執利刀 爲於爺孃 剜碁眼睛 獻於如來 經百千劫 猶不能報父母深恩. 假使有人 爲於爺孃 亦以利刀 割其心肝 血流遍地 不辭痛苦 經百千劫 猶不能報父母深恩. 假使有人 爲於爺孃 百千刀輪 於自身中 左右出入 經百千劫 猶不能報父母深恩. 假使有人 爲於爺孃 體掛身燈 供養如來 經百千劫 猶不能報父母深恩. 假使有人 爲於爺孃 打骨出髓 百千鋒戟 一時刺身 經百千劫 猶不能報父母深恩. 假使有人 爲於爺孃 吞熱鐵丸 經百千劫 遍身燋爛 猶不能報父母深恩.

125) 재(齋)는 정오가 지나면 먹지 않는 것이고, 계(戒)는 불살생(不殺生) 등의 7계를 가지는 것, 곧 팔재계(八齋戒)의 준말이다. 또는 식사와 몸가짐, 마음가짐을 조심하고 삼가는 것이 계이다.

126) 『佛說大報父母恩重經』第2편「正宗分」第4장「果報顯應」第1절「啓發懺修」; 佛告弟子 欲得報恩 爲於父母 書寫此經 爲於父母 讀誦此經 爲於父母 懺悔罪愆 爲於父母 供養三寶 爲於父母 受持齋戒 爲於父母 布施修福 若能如是 則名爲孝順之子 不作此行 是地獄人.

127) 『佛說大報父母恩重經』第2편「正宗分」第4장「果報顯應」第2

절「阿鼻墮苦」; 佛告阿難 不孝之人 身壞命終 墮阿鼻無間地獄.
128) 불교에서는 지옥(地獄)의 종류로서 팔열팔한지옥(八熱八寒地
獄)이 있다고 여긴다. 하지만 팔열팔한지옥은 최종단계의 지옥
이며 심판을 받는 도중에도 각 관문마다 지옥이 구비되어 있다.
팔열지옥 중 첫째 등활지옥(等活地獄)은 남섬부주 아래 1천 유
순이 되는 깊이에 있다는 지옥이다. 산목숨을 죽이는 죄인이
이 지옥에 떨어지는데, 살생한 횟수를 상, 중, 하로 나뉘어 그에
따른 괴로움을 받게 된다. 똥오줌에 빠진 자는 냄새 때문에 괴로
워하며, 그 속에 우글거리는 벌레가 온몸을 파먹는다. 또한 이
지옥에 나는 중생은 서로 할퀴고 찢으며 옥졸들도 쇠몽둥이를
가지고 죄인을 때려 부수고 칼로 살을 찢는 형벌을 내린다고
한다. 또한 칼날로 이루어진 무성한 숲을 지나면서 온몸의 살점
이 파헤쳐지고 베어지게 된다. 죄인이 죽게 되면 금방 서늘한
바람이 불어와 다시 살아나게 되어 같은 형벌을 거듭 받게 되며,
또는 옥졸들이 쇠갈퀴로 땅을 두드리거나 공중에서 살아나라
외치게 되면 죽었던 죄인이 다시 살아나게 되어 형벌을 거듭
받게 된다고 한다. 팔열지옥 중 둘째 흑승지옥(黑繩地獄)은 사
람을 죽이고 도둑질하고 사악한 의견을 설법하거나 자살하는
사람을 돌보지 않은 이가 떨어지는 지옥이라고 하며, 죄인이
이 지옥에 들면 타오르는 불꽃 속에서 온몸을 뜨거운 검은 쇠줄
로 얽어매고 뜨겁게 달구어진 도끼, 톱, 칼 등으로 몸을 베고
끊어내는 형벌을 받게 되고 험한 언덕에서 날카로운 칼날이 풀
처럼 무성히 솟아 있는 뜨거운 땅으로 떨어져 온몸이 갈기갈기
찢어진다고 한다. 이 지옥 중생들은 수명이 1천 세이며, 그 1주
야는 '도리천'의 1천 세나 되고, 도리천의 1주야는 인간의 100
년이 된다고 한다. 팔열지옥 중 셋째 중합지옥(衆合地獄)은 살
인, 도둑질, 사악한 음행을 한 죄인이 떨어지는 지옥으로 죄인을
모아 두 대철위산(大鐵圍山) 사이에 끼워 넣어서는 두 산이 합
쳐지도록 하여 눌리어 죽게 하며, 또 큰 쇠구유 속에 넣어 눌러

짜는 고통을 받는 지옥이라 한다. 또한 철구에는 구리가 녹은 물이 벌겋게 흐르는 강이 있는데 이곳을 한량없이 떠돌아 다녀야 한다고 한다. 팔열지옥 중 넷째 규환지옥(叫喚地獄)은 누갈(樓曷)이라 음역하고 '제곡(啼哭), 호규(號叫)'라 번역한다. 살생, 도둑질, 음행, 술 먹는 죄를 범한 이가 들어가는 지옥이라 하며, 이 지옥에 떨어지는 죄인은 물이 끓는 가마 속에 들어가기도 하고, 옥졸이 철퇴로 입을 찢은 다음, 펄펄 끓어 불타는 구리물[銅汁]을 마시게 하고 불에 뻘겋게 달군 쇳덩어리를 먹여 오장육부를 태워버린다고 한다. 팔열지옥 중 다섯째 대규환지옥(大叫喚地獄)은 규환지옥에 떨어지는 중생과 같은 죄를 지은 이가 떨어지는 지옥이며, 이 지옥에 떨어지는 죄인은 위 규환지옥과 같은 형벌을 받게 되는데 주로 살인(殺人), 도둑질[竊盜], 음행(淫行), 과음(過飲), 악행만족(惡行滿足), 망어만족(妄語滿足)을 범한 이가 오게 되는 지옥으로 죄인의 혀를 길게 잡아 빼어 입으로 다시 집어넣을 수 없도록 한 다음에 그 혓바닥에다가 펄펄 끓는 구리 쇳물을 붓거나 철퇴로 짓이기고 가루를 낸다. 그 고통스럽기가 10배가 된다 한다. 이 지옥 중생의 수명은 8천 세인데, 인간의 8백 세가 '화락천(化樂天)'의 1일 1야(夜)와 같고, '화락천'의 8천 세가 이 지옥의 1일 1야와 같다고 한다. 팔열지옥 중 여섯째 초열지옥(焦熱地獄)은 '살생, 투도(偸盜), 사음(邪淫), 음주, 망어(妄語)'를 범한 이가 떨어지는 지옥이다. 이 지옥에 떨어지는 죄인은 맹렬하게 불타는 쇠성[鐵城], 쇠집[鐵室], 쇠다락[鐵樓] 속에 들어가 가죽과 살이 타는 고통을 받는다고 하고 또한 뜨거운 철판 위에 눕히고 벌겋게 달구어진 철봉으로 치며, 큰 석쇠 위에 올려놓고 뜨거운 불로 지지며 또 큰 쇠꼬챙이로 아래로부터 몸을 꿰어 굽는 등의 형벌을 거듭 받는다고 한다. 팔열지옥 중 일곱째 대초열지옥(大焦熱地獄)은 살생, 도둑질, 음행, 거짓말, 음주, 사견으로 남을 속인 죄를 거듭해 쌓고 착한 사람을 더럽힌 자 등의 죄를 범한 이가 떨어지는 지옥이다. 이 지옥은 가운데에 큰 불구덩이가 있어 불길이 맹렬하게 타오르고 있으며 양쪽에는 뜨거운 용암이 흐르는 커다란 화산이 있다. 옥졸이 죄인을 잡아다 쇠꼬챙이에 꿰어 불구덩이의 사나운 불길 속으로 집어넣으면, 죄인의 몸이 익어 터지고 용암이 흘러들어 온몸이 불타서 재가 되어 없어지는 고통이 극심하나 그 죄가 다 소멸되기까지는 죽고 싶어도 죽지 못한다 하고, 그 지옥을 면하더라도 다시 16 소지옥으로 들어간다고 한다. 이 지옥 중생의 수명은 1만 6천 세, 인간의 1천 6백 세가 '타화천(他化天)'의 1주야가 되고, 타화천의 1만 6천 세가 이 지옥의 1주야가 된다고 한다. 팔열지옥 중 여덟째 아비초열지옥(阿鼻焦熱地獄)은 아비지(阿毘旨, 阿鼻旨, 阿鼻至), 아비(阿鼻) 등으로 음역한다. 남섬부주 아래 2만 유순 깊이에 있는 지옥인데, 괴로움 받는 일이 순간도 쉬지 않고 끊임이 없다 하여 그런 이름이 붙여졌으며 무간지옥(無間地獄), 아비지옥(阿鼻地獄)이라고도 한다. 이 지옥에 떨어지는 죄인에게는 필파라침(必波羅鍼)이라는 악풍(惡風)이 있는데 온몸을 건조시키고 피를 말려 버린다. 또 옥졸이 몸을 붙잡고 가죽을 벗기며, 그 벗겨낸 가죽으로 죄인의 몸을 묶어 불수레에 싣고 훨훨 타는 불구덩이 가운데에 던져 넣어 몸을 태우고, 야차(夜叉)들이 큰 쇠창을 달구어 죄인의 몸을 꿰거나 입, 코, 배 등을 꿰어 공중에 던진다고 한다. 또는 쇠매[鐵鷹]가 죄인의 눈을 파먹게 하는 등의 여러 가지 형벌을 받는다고 하며, '흑승, 등활지옥'이나 마찬가지로 16별처(別處)가 있다고 한다. 이 지옥은 5역죄(五逆罪)의 하나를 범한 자가 떨어지는 지옥이다. 오역죄란 첫째 인과(因果)를 무시하는 자, 둘째 절이나 사찰의 탑을 부수는 자, 셋째 성중(聖衆)을 비방하는 자, 넷째 시주받은 물건을 사적인 용도로 낭비하는 자, 다섯째 아라한(불교의 성자)을 살해하는 자이다. 위키백과에 따른다.

129)『佛說大報父母恩重經』제2편「正宗分」제4장「果報顯應」제3

절「上界快樂」緣 ; 此等人 造經力故 是諸佛等 常來擁護 令使其
人父母 得生天上 受諸快樂 永離地獄苦.

130) 지수화풍(地水火風)으로, 곧 이 세계를 구성하는 근본 물질을
가리킨다.

131)『父母恩難報經』大正 Vol. 16, pp.778下-779上 ; 爾時世尊,
告諸比丘. 父母於子, 有大增益. 乳餔長養, 隨時長育, 四大得成.
右肩負父, 左肩負母, 經歷千年, 正使便利背上, 然無有怨心於父
母, 此子猶不足報父母恩.

132)『佛說孝子徑』大正 Vol. 16, p.780中 ; 子之養親. 甘露百味以恣
其口. 天樂衆音以娛其耳. 名衣上服光耀其身. 兩肩荷負周流四
海. 訖子年命以賽養恩. 可謂孝乎. 諸沙門曰. 惟孝之大莫尙乎玆.
世尊告曰. 未爲孝矣. 若親頑闇不奉三尊 … 睹世無孝唯斯爲孝
耳能令親去惡爲善. 奉持五戒. 執三自歸. 朝奉而暮終者. 恩重於
親乳哺之養無量之惠. 若不能以三尊之至化其親者. 雖爲孝養猶
爲不孝.

133)『佛昇忉利天爲母說法經』大正. Vol. 17, pp.787中-799下.

134)『佛說大愛道般泥洹經』大正 Vol. 2, p.867中 ; 阿難. 有是摩訶
卑耶和題俱曇彌. 於我有阜恩我母壽終蒔. 乳養長大我.

135)『佛說淨飯王般涅槃經』大正 Vol. 14, p.782下 ; … 爾時世尊.
念當來世. 人民凶暴. 不報父母育養之恩. 爲是不孝之者. 爲是當
來衆生之等. 設禮法故. 如來躬身. 自欲擔於父王之棺 ….

136) 자기를 위하여 자기의 수양을 주도하는 것은 자리(自利)이고,
다른 이의 이익을 목적으로 행동하는 것은 이타(利他)이다. 다
만 자리만을 행하는 소승인 성문(聲聞)과 연각(緣覺)의 행과는
달리 대승의 보살은 자리행(自利行)에서 이타행(利他行)으로
나아간다. 이 자리이타(自利利他)를 완전하고 원만하게 수행한
사람을 부처라 한다.

137) 연기(緣起, pratītya-samutpāda)란 모든 존재[有爲法]는 여
러 가지 조건, 곧 인연에 의해서, 잠정적으로 그와 같은 모습으

로 성립되어 있을 뿐이라는 의미이다. 따라서 조건 여하에 따라 여러 가지로 변화하므로[無常], 독립적 존재성을 가질 수 없고 [空·無我], 서로 의존한다. 이와 같은 인연에 의해서 성립되어 있는 존재를 연생(緣生), 연생법(緣生法), 또는 연이생(緣已生), 연이생법(緣已生法)이라고 한다. 다시 말해서 모든 현상은 무수한 원인의 인(因, hetu)과 조건인 연(緣, pratyaya)이 상호 관계하여 성립된다는 것으로 독립·자존적인 것은 없으며 제 조건·원인이 없으면 결과[果, phala]도 없다는 설이다. 나아가 일체 현상의 생기소멸의 법칙을 연기라 한다. 그 간단한 형태는 『중아함경(中阿含經)』 권47에 '이것이 있으면 그것이 있고, 이것이 없으면 그것이 없고, 이것이 생기면 그것이 생긴다. 이것이 멸하면 그것도 멸한다'는 등으로 표현된다.

138) 목건련이라고도 한다. 목건련(目犍連, 산스크리트어: maudgalyaayana, 음사: 목련, 역: 채복근, 채숙씨, 찬송, 마우두가리야야나, 못가라나 등)은 석가의 직속제자 가운데 한 명으로 제자 중에서 신통 제일이라고 한다. 정확하게는 목건련이지만, 생략해 목련이라고 한다. 또 십대제자의 한 명으로서 필두였으므로, Maha(음사: 마하, 역: 대)를 붙여 마하목건련, 대목건련 등으로도 기록된다.

139) 5의(意) 중의 하나이다. 진여(眞如)의 청정일심(清淨一心)이 근본무명(根本無明)에 의해 처음으로 움직이는 한 생각을 가리킨다.

140) 고영섭, 「불교 효학의 이론과 실제」, 『한국불교학』 44집, p.83.

141) 범어로는 Brahmajāla이다. 범본은 120권 60품으로 그중에서 심지계품만 번역. 인도 승려 구마라집의 한역본(漢譯本)이라고 하며, 근래의 연구에서는 5세기경에 중국에서 성립되었다는 이설(異說)도 있다. 상권에는 석가모니불이 제4선천에 계시어 대중에게 보살의 심지(心知)를 말씀하실 적에 지혜의 광명을 놓아 연화장세계를 나타내어 광명궁중에 앉으신 노사나불로 하여

금 40법문품을 말씀하신 것을 적은 책이다.

142) 범어로 saṁsāra의 번역이다. 수레바퀴가 굴러서 끝이 없는 것과 같이, 중생이 번뇌와 업에 의해서 삼계육도의 미혹한 생사세계를 거듭하면서 돌고 돌아 그치지 않는 것이다.

143) 『論語』「子路」; 葉公 語孔子曰吾黨 有直躬者 其父攘羊 而子證之 孔子曰吾 黨之直者 異於是 父爲子隱 子爲父隱 直在其中矣.

144) 『中庸』; 仁者 人也 親親爲大 義者 宜也 尊賢爲大 親親之殺 尊賢之等 禮所生也.

145) 『論語』「學而」; 有子曰其爲人也孝弟 而好犯上者鮮矣 不好犯上 而好作亂者未之有也 君子 務本 本立而道生 孝弟也者 其爲仁之本與.

146) 『中庸』; 仁者人也, 親親爲大.

147) 『論語』「爲政」; 或 謂孔子曰子奚不爲政 子曰書云孝乎 惟孝 友于兄弟 施於有政 是亦 爲政 奚其爲爲政.

148) 『論語』, 爲政」; 孟懿子問孝 子曰無違 樊遲御 子告之曰孟孫問孝於我 我對曰無違 樊 遲曰何謂也 子曰生事之以禮 死葬之以禮 祭之以禮.

149) 『論語』「堯曰」; 不知禮 無以立也.

150) 『論語』「爲政」; 子游問孝 子曰今之孝者 是謂能養 至於犬馬 皆能有養 不敬何以別乎.

151) 『論語』「爲政」; 子夏問孝 子曰 色難 有事 弟子服其勞 有酒食先生饌 曾是 以爲孝乎.

152) 『中庸』; 夫孝者善繼人之志 善述人之事者也.

153) 趙南旭, 「孝의 本質과 그 現實的 課題」, 『儒敎思想硏究』12집, 1995, 韓國儒敎學會, p.219.

154) 효 사상을 담은 불경들이 만들어지던 당대(唐代)에는 현종에 의한 『御注孝經』이 전국에 배포되기도 했다.(천보 3년 ; 744) 이 『孝經』의 찬술에 대해서는 논란이 많지만, 이 책에 널리 확산된 것은 당대 이후라고 할 수 있다. 이 점은 중국의 전제 왕권이

강해지는 것과 무관하지 않은 듯하다. 박일봉, 『孝經』, 육문사, 1992, pp.14-20.(앞으로『孝經』의 우리말 해석은 특별한 경우를 제외하고 박일봉, 『孝經』, 육문사, 1992에 따른다.)

155) 『孝經』; 夫孝天之經, 地之誼也, 民之行也. 天地之經, 而民是則之.

156) 『大乘本生心地觀經』 제2권 「報恩品」 大正 Vol. 3, p.300下.

157) 자기가 닦은 선근 공덕을 다른 중생이나 또는 자기의 불과(佛果)에 돌려 향함. 자기가 지은 선근공덕을 다른 중생에게 회향하여 공덕 이익을 주려는 것이다.

158) 『佛說尸迦羅越六方禮敬』 大正 Vol. 1, p.251中.

159) 범어는 parimuccati이다. 고통(속박)으로부터 벗어나 해방되는 것, 번뇌와 속박을 떠나 정신이 자유로워지는 것을 해탈이라한다.

160) 국가는 역사적·사회적 구성체로서 그 기반으로 경제적 기반뿐만 아니라 사회제도와 통치이데올로기를 필요로 하는데, 특히 사회제도와 통치이데올로기는 밀접한 관련을 갖는다고 할 수있다. 특히 역사적으로 존재해왔던 수많은 국가들이 모든 구성원들의 직간접적인 동의를 얻기 위해서는 기본적으로 사회제도에 편입되어야 하며, 이에 대한 보다 근본적인 동의를 요구한다고 할 때 통치이데올로기의 중요성은 강조해도 지나치지 않을 것이다.

161) 『儒敎大辭典』, 博英社, 서울, 1990, p.604.

162) 金昌鍊, 『孝槪念의 本質과 그 變遷에 關한 硏究』, 韓國精神文化硏究院, 1985, p.48.

163) 法林, 『破邪論』 上 大正 Vol. 8, p.477下.

164) 『孝經』; 因天之時, 就地之利, 謹身節用, 以養父母, 此庶人之孝也. 박석일, 『孝經』, p.92

165) 『孝經』 「士章」; 以孝事君則忠.

166) 『孝經』 「士章」; 君子親孝, 故忠可移干君.

167)「漢代 '孝經'의 보급과 그 이념」, 『한국사상사학』 제10집, p.215.

168) 中村元,「原始佛教의 倫理」, 春秋社, 東京, p.138.

169) 묵자의 겸애설(兼愛說)은 전쟁으로 인한 혼돈된 상황 속에서 나온 공리주의/실용주의적 가치관으로서(풍우란 저, 정인재 역, 『중국철학사』, 형설출판사, 서울, 1991, p.79.) 무자성(無自性)의 동체인식(同體認識)에 기반한 불교의 자비와 동일하게 이해할 수는 없다.

170)『孟子』; 墨氏兼愛 是無父也.

171)『論語』「先進」; 孔子云 未能事人 焉能事鬼 未知生 焉知死.

172)『重刻古文孝經序』; 先王之道 莫大於孝 仲尼之敎 莫先於孝.

173)『三國遺事』5卷 9孝善,「眞定師孝善雙美」; 法師眞定, 羅人也. 白衣時, 隷名卒伍, 而家貧不娶. 部役之餘, 傭作受粟以養孀母. 家中計産唯折脚一鐺而已. 一日有僧到門, 求化營寺鐵物, 母以鐺施之. 旣而定從外歸, 母告之故, 且虞子意何如爾. 定喜現於色曰: "施於佛事, 何幸如之! 雖無鐺又何患?" 乃以丸(瓦)盆爲釜, 熟食而養之. 嘗在行伍間, 聞人說義湘法師在大(太)伯山說法利人, 卽有嚮慕之志, 告於母曰: "畢孝之後, 當投於湘法師, 落髮學道矣." 母曰: "佛法難遇, 人生大速; 乃曰畢孝, 不亦晚乎! 曷若*趁予不死, 以聞道聞. 愼勿因循, 速斯可矣." 定曰: "萱堂晩景, 唯我在側; 棄而出家, 豈敢忍乎?" 母曰: "噫! 爲我防(妨)出家, 令我便墮泥黎也. 雖生養以三牢/七鼎, 豈可爲孝! 予其衣食於人之門, 亦可守其天年; 必欲孝我, 莫作爾言." 定沈思久之. 母卽起, 罄倒囊儲, 有米七升. 卽日畢炊, 且曰: "恐汝因熟食經營而行慢也. 宜在予目下, 喰其一, 裹其六, 速行速行!" 定飮泣固辭曰: "棄母出家, 其亦人子所難忍也! 況其杯漿數日之資, 盡裹而行, 天地其謂我何?" 三辭三勸之, 定重違其志, 進途宵征. 三日達于大(太)伯山, 投湘公, 剃染爲弟子, 名曰眞定. 居三年, 母之訃音至, 定跏趺入定, 七日乃起. 說者曰: "追傷哀毁之至, 殆不能堪, 故以定水滌之爾”; 或曰: “以定觀察母之所生處也”; 或曰: “斯乃如實理薦冥福也”. 旣出定以後, 事告於湘. 湘率門徒歸于小伯山之錐洞, 結草爲廬, 會徒三千, 約九十日, 講華嚴大典. 門人智通隨講, 撮其樞要, 成兩卷, 名錐洞記, 流通於世. 講畢, 其母現於夢曰: “我已生天矣.”

174) 『三國遺事』 5卷 9孝善, 「大城孝二世父母」; 牟梁里[一作浮雲村]之貧女慶祖有兒, 頭大頂平如城, 因名大城. 家窘不能生育, 因役傭於貨殖福安家, 其家俵田數畝, 以備衣食之資. 時有開士漸開, 欲設六輪會於興輪寺, 勸化至福安家. 安施布五十疋, 開呪願曰: “檀越好布施, 天神常護持. 施一得萬倍, 安樂壽命長.” 大城聞之, 跳踉而入, 謂其母曰: “予聽門僧誦倡, 云施一得萬倍. 念我定無宿善, 今玆困匱矣; 今又不施, 來世益艱. 施我傭田於法會, 以圖後報何如?” 母曰: “善” 乃施田於開. 未幾城物故, 是日夜, 國宰金文亮家有天唱云: “牟梁里大城兒, 今托汝家.” 家人震驚, 使檢牟梁里, 城果亡, 其日與唱同時. 有娠生兒, 左手握不發; 七日乃開, 有金簡子彫‘大城’二字, 又以名之, 迎其母於第中兼養之. 旣壯, 好遊獵. 一日登吐含山, 捕一熊, 宿山下材(村). 夢熊變爲鬼, 訟曰: “汝何殺我? 我還啖汝.” 城怖懅請容赦. 鬼曰: “能爲我創佛寺乎?” 城誓之曰: “喏!” 旣覺, 汗流被蓐. 自後禁原野, 爲熊創長壽寺於其捕地. 因而情有所感, 悲願增篤. 乃爲現生二親創佛國寺, 爲前世爺孃創石佛寺, 請神琳/表訓二聖師各住焉. 茂張像設, 且酬鞠養之勞, 以一身孝二世父母, 古亦罕聞. 善施之驗, 可不信乎! 將彫石佛也, 欲鍊一大石爲龕蓋, 石忽三裂, 憤恚而假寐. 夜中天神來降, 畢造而還. 城方枕起, 走跋南嶺, 蓺香木以供天神, 故名其地爲香嶺. 其佛國寺雲梯石塔/彫鏤石木之功, 東都諸刹未有加也.

175) 『三國遺事』 5卷 9孝善, 「向得舍知割股供親」; 景德王代. 能(熊)川州有向得舍知者. 年凶, 其父幾於餒死, 向得割股以給養. 州人具事奏聞, 景德王賞賜租五百碩.

176)『三國遺事』5卷 9孝善,「孫順埋兒」; 牟梁里人, 父鶴山. 父沒, 與妻同但傭(作傭)人家, 得米穀養老孃, 孃名運烏. 順有小兒, 每奪孃食. 順難之, 謂其妻曰: "兒可得, 母難再求; 而奪其食, 母飢何甚! 且埋此兒以圖母腹之盈." 乃負兒歸醉山[山在牟梁西北]北郊, 堀地忽得石鍾甚奇. 夫婦驚怪, 乍懸林木上, 試擊之, 舂容可愛. 妻曰: "得異物, 殆兒之福, 不可埋也." 夫亦以爲然, 乃負兒與鍾而還家, 懸鍾於梁扣之, 聲聞于闕. 興德王聞之, 謂左右曰: "西郊有異鍾聲, 淸遠不類, 速檢之." 王人來檢其家, 具事奏王, 王曰: "昔郭巨瘞子, 天賜金釜; 今孫順埋兒, 地湧石鍾. 前孝後孝, 覆載同鑑." 乃賜屋一區, 歲給粳五十碩, 以尙純孝馬(焉). 順捨舊居爲寺, 號弘孝寺, 安置石鍾. 眞聖王代, 百濟橫賊入其里, 鍾亡寺存. 其得鍾之地, 名完乎坪, 今訛云枝良坪.

177)『三國遺事』5卷 9孝善,「貧女養母」; 孝宗郎遊南山鮑石亭[或云三花述], 門客星馳, 有二客獨後. 郎問其故, 曰: "芬皇寺之東里有女, 年二十左右, 抱盲母相號而哭. 問同里, 曰: '此女家貧, 乞駮而反哺有年矣. 適歲荒, 倚門難以藉手, 贖賃他家, 得穀三十石, 寄置大家服役. 日暮橐米而來家, 炊餉伴宿; 晨則歸役大家, 如是者數日矣. 母曰: "昔日之糠粃, 心和且平; 近日之香秔, 膈肝若刺而心未安, 何哉?" 女言其實, 母痛哭; 女嘆己之但能口腹之養, 而失於色難也, 故相持而泣.' 見此而遲留爾." 郎聞之潛(潸)然, 送穀一百斛, 郎之二親亦送衣袴一襲, 郎之千徒斂租一千石遺之. 事達宸聰, 時眞聖王賜穀五百石, 幷宅一廛; 遣卒徒衛其家, 以儆刦掠, 旌其坊爲孝養之里. 後捨其家爲寺, 名兩尊寺.

참고문헌

1. 원전 및 사전

大正新修大藏經, T. 2887 佛說父母恩重經.

大正新修大藏經, T. 159 大乘本生心地觀經.

大正新修大藏經, T. 365 佛說觀無量壽經.

大正新修大藏經, T. 601 增一阿含經.

大正新修大藏經, T. 1792 佛說盂蘭盆經.

大正新修大藏經, T. 780 佛說孝子經.

龍珠寺 소재 판각 佛說大報父母恩重經.

Saṃyutta Nikāya, Vol.1, *The Pali Text Society*, London, 1973.

Dīgha Nikāya, Vol.3, *The Pali Text Society*, London, 1976.

각묵스님 역, 『디가니까야』 권3, 초기불전연구원, 2006.

전재성 역, 『상윳따 니까야』 권1, 한국빠알리성전협회, 1999.

이재숙, 이광수, 『마누법전』, 한길사, 1999.

中村元, 『佛教語大辭典』, 東京, 東京書籍, 1981.

T. W. Rhys Davids and William Stede, *Pali English Dictionary*,
    The Pali Text Society, London, 1986.

韓相甲譯, 『孟子』, 三省出版社, 1986.

李民樹譯, 『孝經』, 乙西文化社, 1982.

朴明用, 『孝經』, 동양학총서, 1993.

金學主, 『孝經』, 명문당, 2006.

李鍾殷譯, 『論語』, 正音社, 1982.

儒教辭典編纂委員會篇, 『儒教大辭典』, 박영사, 1990.

許愼, 『說文解字』, 中華書局, 1992.

2. 논문 및 단행본

金丁煥, 『儒教의 倫理』, 培英社, 1979.

金昌鍊, 「韓國精神文化研究院, 孝槪念의 本質과 그 變遷에 관한 研究」, 1985.

더크보드 編, 姜在倫 譯, 『中國哲學史』, 一志社, 1985.

道端良李, 『佛教와 儒教倫理』, 京鄕, 平樂寺書店, 1978.

劉承國, 「忠孝思想의 淵源과 그 槪念, 序言」, 金益洙, 孝經大義,

柳承國, 『東洋哲學研究』, 槿易書霽, 1986.

미치히타 료슈, 『유교의 효, 불교의 효』, 불교시대사, 1994.

成均館大學教儒學科 教材編纂委員會, 『儒教原論』, 成均館大出版部.

宋埕培, 『中國社會思想史』, 한길사, 1986.

월운스님 외, 『부처님이 들려주신 효 이야기』, 조계종출판사, 1995.

李根鐵, 「韓民族의 孝思想考察」, 『韓國哲學研究』, 1980.

李箕永, 「佛教와 忠孝思想」(國民倫理研究 第14號), 國民倫理學會, 1982.

李箕永, 『韓國佛教研究』, 韓國佛教研究院, 1982.

李乙浩, 「現代社會에 있어서의 忠孝思想」, 『國民倫理研究』第14號, 國民倫理學會, 1977.

任繼愈, 『中國佛教史』, 中國社會科學出版社, 1981.

장춘석, 「인도불교의 효 양상」, 『불교학연구』, 2000.

鄭鍾復, 『儒教哲學思想槪說』, 형설출판사, 1981.

趙南旭, 「孝의 本質과 그 現實的 課題」, 韓國儒敎學會, 1999.

中村元, 『佛敎倫理』, 東京, 春秋社, 1969.

부록

『부모은중경』 한글 역

제1장 이 경을 저술한 까닭

이와 같이 나는 들었다.

한때 부처님께서 사위국 왕사성의 기수급고독원에서 큰 비구 3만 8천인 및 여러 보살마하살들과 함께 계셨다.

제2장 마른 뼈의 교훈

그때 세존께서 대중들과 함께 남방으로 가실 때 한 무더기의 마른 뼈를 보셨다. 그때 여래께서는 오체를 땅에 던지시어 마른 뼈를 향하여 예배를 하셨다.

이를 보고 아난과 대중이 부처님께 여쭈었다. "세존이시여! 여래께서는 욕계(欲界) 색계(色界) 무색계(無色界)인 삼계(三界)의 큰 스승이시며, 태생(胎生) 난생(卵生) 습생(濕生) 화생(化生)인 사생(四生)의 자비로운 아버지이시며 여러 사람들이 귀의하고 공경하는데, 어찌하여 마른 뼈에 예배를 하십니까?"

부처님께서 아난에게 말씀하였다. "네가 비록 나의 뛰어난 제자로서 출가한 지는 오래되었지만 아는 것은 아직 넓지 못하다. 이 한 무더기의 뼈는 혹시 나의 전생의 오랜 조상이거나 부모님의 뼈일 수도 있기에 내가 지금 예배를 하는 것이다."

부처님께서 다시 아난에게 말씀하였다. "네가 이제 이 한 무더기의 마른 뼈를 둘로 나누어 보아라. 만일 남자의 뼈라면 희고 또 무거울 것이며, 만일 여인의 뼈라면 검고 또 가벼울 것이다."

아난이 부처님께 여쭈었다. "세존이시여! 남자는 이 세상에 살아 있을 때 옷을 입고 띠를 두르고 가죽신을 신고서 사모로 장식하기 때문에 남자의 몸인 줄을 알 수 있습니다. 또한 여인은 이 세상에 살아 있을 때 연지와 곤지를 곱게 찍고 바르고 난초와 사향으로 치장하기 때문에 여인의 몸인 줄을 알 수 있습니다. 하지만 지금처럼 죽은 후의 백골더미를 가지고 저로 하여금 어떻게 알아보라고 하십니까?"

부처님께서 아난에게 말씀하였다. "만일 남자라면 세상에 있을 때 절에 가서 강의를 듣고 경전을 독송하며, 불법승 삼보에 예배하고 부처님의 명호를 늘 생각했기 때문에 그 뼈는 희고 또 무거울 것이다. 그러나 여인이라면 이 세상에 있을 때 음욕에나 뜻을 가지며 아들딸을 낳고 키움에 있어 한 번 아이를 낳을 때마다 서 말 서 되나 되는 엉긴 피를 흘리며 여덟 섬 너 말이나 되는 흰 젖을 먹었기 때문에 뼈가 검고 또 가벼울 것이다."

아난이 이 말씀을 듣고 마음이 칼로 베이는 것처럼 아파하면서 눈물을 흘리고 비통해하며 부처님께 여쭈었다. "세존이시여! 어머니의 은덕을 어떻게 갚아야 되겠습니까?"

제3장 잉태했을 때의 고생

부처님께서 아난에게 말씀하였다. "너는 이제 자세히 듣고 들어라. 내가 이제 너를 위하여 자세히 설명할 것이다. 어머니가 아이를 배게 되면 열 달 동안 그 신고가 말할 수 없다.

어머니가 잉태한 지 첫 달이 되면, 마치 그 기운이 풀

위에 맺힌 이슬방울과 같아서 아침에는 잘 보존하나 저녁에는 보존하지 못한다. 이는 이른 새벽에는 피가 모여들었다가 정오만 되면 흩어져 사라지기 때문이다.

어머니가 잉태한 지 두 달이 되면, 마치 엉긴 우유 방울이 떨어져 부딪힌 것과 같게 된다.

어머니가 잉태한 지 석 달이 되면, 태아가 마치 엉긴 피와 같게 된다.

어머니가 잉태한 지 넉 달이 되면, 점차로 사람의 형색을 갖추게 된다.

어머니가 잉태한 지 다섯 달이 되면, 어머니의 뱃속에서 다섯 가지 모양이 생겨나게 된다. 무엇을 이름하여 다섯 가지 모양이라 하는가? 머리가 그 하나요, 두 팔꿈치를 합하여 셋이 되며, 무릎을 합하여 모두 다섯이 된다.

어머니가 잉태한 지 여섯 달이 되면, 태아가 어머니 뱃속에서 여섯 가지 정(精)이 열리게 된다. 무엇을 이름하여 여섯 가지 정이라 하는가? 눈이 일정(一精)이요, 귀가 이정(二精)이요, 코가 삼정(三精)이요, 입이 사정(四精)이요, 혀가 오정(五精)이요, 뜻이 육정(六精)이다.

어머니가 잉태한 지 일곱 달이 되면, 태아가 어머니 뱃속에서 삼백육십 뼈마디와 팔만 사천의 털구멍이 생기게 된다.

어머니가 잉태한 지 여덟 달이 되면, 그 뜻과 꾀가 생기고 아홉 개의 구멍이 뚜렷하게 된다.

어머니가 잉태한 지 아홉 달이 되면, 태아가 어머니의 뱃속에서 무엇인가를 먹고 마시게 된다. 복숭아, 배, 마늘은 먹지 않고 오곡의 맛만을 느끼게 된다. 어머니의 심장은 아래로 향하고, 숙장은 위로 향한 사이에 하나의 산이 있는데 이 산은 세 가지 이름을 갖는다. 하나는 수미산(須彌山)이라 이름하고, 둘은 업산(業山)이라 이름하고, 셋은 혈산(血山)이라 이름한다. 이 산이 한번 무너지게 되면 변하여 한 덩어리의 엉긴 피가 되어서 태아의 입 속으로 흘러 들어가게 된다.

어머니가 잉태한 지 열 달이 되면, 마침내 아기가 태어나게 된다. 만일 효순한 남아라면 두 손을 모아 합장하고 나오게 되므로 어머니의 몸이 상하지 않게 된다. 그러나 만일 오역의 죄를 범할 자식이라면 어머니의 아기집을 깨뜨리고 손으로는 어머니의 심장이나 간을 움켜쥐며, 다리로는 어머니의 골반을 힘주어 밟고 서서, 어머니로 하여금 마치 일천 개의 칼로 배를 쑤시며 일만 개의 송곳으로 심장을 저미는 것처럼 고통을 주게 된다. 이처럼 고난을 주고 이 몸 받아 생을 얻었음에도 또 오히려 열 가지 은혜를 더 갖는다."

제4장 낳아서 기르신 은혜

첫째, '아이를 배어서 지키고 보호해 주신 은혜(懷耽守護恩)'에 대해 게송으로 이르기를,

여러 겁 거듭하여온 무거운 인연
금생에 다시 태어나 모태에 들었네.
날 지나고 달이 가고서 오장이 생기고
일곱 달이 흘러서 육정이 열렸네.

한 몸뚱이 무겁기가 산악과 한가지요
나아가고 멈추는 몸놀림에 바람과 재앙 조심하며
쌓아두고 쳐다보는 비단옷에는 먼지만 앉고
매일 단장하던 거울에는 티끌만 묻었네.

둘째, '아이를 낳으실 때 고통을 받으신 은혜(臨産受苦恩)'에 대해 게송으로 이르기를,

아이 배어 열 달 지나
어려운 해산달이 다가오면

아침마다 중병 든 사람 같고
날마다 정신 흐려진 사람같이

두렵고 겁난 마음 어이 다하리
근심 짓는 눈물은 흉금을 채우고
슬픈 빛을 띠며 주위에 하는 말
이러다가 죽지나 않을지 겁이 나네.

셋째, '자식을 낳고 근심을 잊어버리신 은혜(生子忘憂
恩)'에 대해 게송으로 이르기를,

자비로운 어머니 그대 낳은 날
오장이 모두 열려 벌어진 듯
몸과 마음이 함께 까무러쳤고
피는 흘러서 양을 잡은 것 같네.

낳은 아이 건강하다는 말 듣고
그 누리는 기쁨 배로 늘었네.
그러나 기쁨이 가라앉자 슬픔이 다시 찾아오고
아픔이 심장까지 사무치네.

넷째, '쓴 것은 삼키시고 단 것은 뱉어 먹이신 은혜(咽苦吐甘恩)'에 대해 게송으로 이르기를,

무겁고도 깊으신 부모님 은혜
그 은혜와 사랑은 잠시도 변하지 않고
단 것은 뱉으시니 드실 것 하나 없네.
쓴 것을 삼키셔도 싫어함이 없으시네.

사랑이 무거워 정을 참기 어렵고
은혜가 깊으니 다시 슬픔만 더해가네.
다만 어린 자식 배부르기만 바라며
자비하신 어머니는 굶주려도 만족하시네.

다섯째, '마른자리 아이 누이시고 젖은 자리 누우신 은혜(廻乾就濕恩)'에 대해 게송으로 이르기를,

어머니 당신은 젖은 자리 누우시고
아이는 안아서 마른자리 누이시네.
두 젖으로는 목마름을 채워주시고
고운 옷소매로는 찬바람 가려주시네.

아이 걱정에 밤잠을 설치시고
아이 재롱에 기쁨을 누리시네.
오직 하나 아이를 편하게 하시고
자비하신 어머니 불편도 마다 않으시네.

여섯째, '젖을 먹여서 길러주신 은혜(乳哺養育恩)'에 대해 게송으로 이르기를,

어머니의 깊은 은혜 땅과도 같고
아버지의 높은 은혜 하늘과 같네.
깊은 마음 땅과 같고, 높은 마음 하늘같아
어머님 마음 그러하고, 아버님 마음 그러하네.

두 눈이 없어도 좋아하는 마음 끝이 없고
손발이 없다 해도 귀여워하시네.
내 몸속에서 키워 낳으신 까닭에
온종일 아끼시며 사랑하시네.

일곱째, '깨끗하지 못한 것을 씻어주신 은혜(洗濁不淨恩)'에 대해 게송으로 이르기를,

아아, 아름답던 옛 얼굴
아리따운 그 모습 소담하신 몸매.
푸른 눈썹은 버들잎 색 같으시고
붉은 두 뺨은 연꽃 빛을 시새운 듯

은혜가 더할수록 그 모습을 잃고
더러움 씻다 보니 이마에 주름만 느네.
아아, 아들딸 생각하는 가녀린 노고
어머니의 얼굴이 저리 변하였네.

여덟째, '자식이 멀리 나가 걱정하신 은혜(遠行憶念恩)'
에 대해 게송으로 이르기를,

죽어서 이별이야 말할 것도 없고
살아서 생이별 또한 고통스러운 것.
자식이 집 떠나 멀리 나가면
어머니의 마음 또한 타향에 가 있네.

낮이나 밤이나 자식 뒤쫓는 마음
흐르는 눈물은 천 갈래 만 갈래
새끼를 사랑하는 어미 원숭이 울음처럼

자식 생각에 애간장이 녹아 나네.

아홉째, '자식을 위하는 마음으로 나쁜 업을 행하신 은혜(爲造惡業恩)'에 대해 게송으로 이르기를

강과 산처럼 무거우신 아버지 어머니 은혜
갚고 갚아도 갚기 어려워라.
자식의 괴로움 대신 받기 원하시고
자식이 고단하면 어머니는 불안하네.

자식이 먼 길 떠난다는 말 들으시면
가는 길 밤 추위 실로 걱정되네.
아들딸 잠깐 고생도
어머니는 오래도록 마음 졸이네.

열째, '끝없는 자식 사랑으로 애태우신 은혜(究竟憐愍恩)'에 대해 게송으로 이르기를,

깊고 무거우신 부모님 은혜
베푸신 사랑 잠시도 끊임이 없네.
일어서나 앉으나 마음을 놓지 않고

멀거나 가깝거나 항상 함께하시네.

어머님 연세 백 세가 되어도
팔십이 된 자식을 항상 걱정하시네.
부모님의 이 사랑 언제 끊어질까.
이 목숨 다할 때까지 미칠 수나 있을까.

제5장 불효

부처님께서 다시 아난에게 말씀하였다. "내가 중생을
보니 비록 사람의 성품을 이어받았으나 마음과 행동이
어리석고 어두워서 부모님의 크신 은혜와 덕을 생각하지
않는다. 그래서 공경하는 마음을 잃고 은혜를 버리고 덕을
배반하며, 어진 마음과 자비로운 마음이 없어 불효(不孝)
와 불의(不義)를 행한다.

어머니가 아이를 가져 열 달 동안은 일어서고 앉는 것이
매우 불편하여 무거운 짐을 진 것과 같고, 음식이 잘 소화되
지 아니하여 마치 오랫동안 병든 사람과 같다. 달이 차서
아이를 낳을 때도 고통이 심하여 잠깐 동안의 잘못으로
죽게 되지 않을까 하는 두려움에 싸이며, 돼지나 양을
잡은 것처럼 피가 흘러 땅을 적신다.

온갖 고통을 이처럼 받으신 뒤, 이 몸을 낳고서 쓴 것은 삼키고 단 것은 뱉어 먹이시며 안아주고 업어서 기르신다. 더러운 것을 빨아도 싫어하지 않으시고 더운 것도 참고, 추운 것도 참아 온갖 고생 마다 않으시고 마른 곳을 골라서 자식을 눕히시고 자신은 젖은 곳도 싫어하지 않고 주무신다.

삼 년 동안 어머니의 젖을 먹고 자라서 마침내 나이가 들면 예와 의를 가르치며, 시집 장가 들여 벼슬자리에 내보내기 위하여 공부도 시키고 직업도 갖게 한다. 이렇게 힘써 애써 가르쳐 은혜가 아직은 다 끊어졌다고는 말할 수 없다. 아들딸이 병이라도 들게 되면 부모님 또한 병이 생기며, 자식의 병이 나으면 자애로운 부모님의 병 또한 나으신다. 이렇게 기르시면서 하루빨리 어른이 되기를 바라신다.

자식이 다 자란 뒤에는 오히려 불효를 행한다. 부모와 함께 이야기를 나눔에도 마음에 맞지 않는다고 눈을 흘기고 눈동자를 굴린다. 큰아버지와 작은아버지도 속이고 능멸하며, 형제간에 서로 치고 박고 다투며 욕질을 하며, 친척들을 헐뜯고 욕을 하여 전혀 예의라고는 찾아볼 수가 없다. 스승의 가르침도 따르지 않고 부모님의 가르침과 지시도 따르지 않고 형제간의 말도 일부러 어긴다. 출입하고 왕래함에 있어서도 어른께 말씀드리기는커녕 말과 행동이 교만하여 매사를 제멋대로 처리한다.

이런 것을 부모들이 타이르고 어른들이 그른 것을 바로 말하여주어야 하거늘 어린아이라고 어여쁘고 가여워하여 웃어른들이 덮어주기만 한다. 점점 커가면서 사나워지고 비뚤어져서 응당 잘못한 일도 반성하지 않고 오히려 성을 내어 달려들게 된다.

또한 좋은 벗을 버리고 나쁜 사람을 벗으로 사귄다. 나쁜 습성이 성품이 되어 되지 않는 계획을 세우며 남의 꼬임에 빠져 타향으로 도망하여 마침내는 부모를 배반하게 된다. 집을 떠나고 고향을 이별하여 혹 장삿길로 나가거나, 혹 싸움터에 나가 지내다가 갑자기 결혼이라도 하게 되면 이로 말미암아 오랫동안 집에 돌아오지 못하게 된다.

혹은 타향에서 잘못하여 남의 꼬임에 빠져 횡액으로 갇히게 되어 억울하게 형벌을 받기도 하여 감옥에 갇히어 목에 칼을 쓰고 손발에 쇠고랑을 차기도 한다.

혹은 우연히 병을 얻어 고난을 당하거나 매우 사나운 운수에 얽혀, 고통과 고난에 배고프고 고달파도 누구 하나 도와주는 사람이 없다. 남의 미움과 천대 속에서 거리에 나앉는 신세가 되어 죽게 되어도, 구해주고 돌보아줄 사람이 없다.

죽게 되어 시체는 부풀어 터지고 문드러져서 햇볕에

쪼이고 바람에 날려 백골만 나뒹굴게 된다. 이렇게 타향 땅에 버려지면 친척들과 함께 만나 즐겁게 지내기는 영영 멀어진다.

이렇게 되면 부모님 마음은 자식을 뒤쫓아 항상 근심하고 걱정으로 살고, 혹은 울다가 눈이 어두워지기도 하며, 혹은 비통하고 애끓는 마음에 기가 막혀 병이 생기기도 하며, 혹은 자식을 생각다 못하여 몸이 쇠약하여 죽기도 하며, 이로 인해 한을 지닌 귀신이 되어서도 자식 생각하는 마음이 끝내 줄어들지 않는다.

혹은 다시 들으니 자식이 효도와 의로움을 숭상하지 않고, 나쁜 무리들과 어울려서 무례하고, 추악하고 거칠고 사나와져서 무익한 일을 익히기 좋아하고, 남과 싸움질하며, 도둑질이나 하며, 술 마시고 노름을 하며, 여러 가지 과실을 저지른다. 이로 인해 형제에게까지 그 누를 끼치며 부모의 마음을 어지럽힌다. 새벽에 나갔다가 저녁 늦게야 돌아와서 부모를 걱정에 잠기게 한다.

부모의 생활이 춥거나 덥거나 조금도 아랑곳하지 않고, 아침저녁이나 초하루 보름에도 부모를 편히 모실 생각은 추호도 하지 않으며, 부모가 나이 들어 쇠약하여 모습이 보기 싫게 되면 오히려 남이 볼까 부끄럽다고 괄시와 구박을 한다.

혹은 또 아버지가 홀로 되거나 어머니가 홀로 되어 빈 방을 혼자서 지키게 되면, 마치 손님이 남의집살이하는 것처럼 여기어 평상과 자리의 먼지와 흙을 털고 닦을 때가 없으며, 부모가 있는 곳에는 문안하거나 들여다보는 일조 차도 끊어지고 만다. 이러하니 방이 추운지 더운지, 부모가 배가 고픈지 목이 마른지 일찍이 알 까닭이 없다. 이리하여 부모는 밤낮으로 슬퍼하고 탄식을 한다.

혹 맛있는 음식을 얻으면 이것으로 부모님께 공양해야 함에도 불구하고, 이를 도리어 부끄럽게 여기고 다른 사람 들이 비웃는다고 하면서도, 혹 좋은 음식을 보면 이것을 가져다가 제 아내와 자식은 주면서도, 추하고 못났다 하지 않고 또는 피로하고 수고하여도 부끄럽다 하지 않는다. 또 아내와 첩에 대한 약속은 무슨 일이든 잘 지키면서도 부모의 말씀과 꾸지람은 전혀 어렵고 두렵게 생각하지 않는다.

혹은 딸자식일 경우 남의 배필이 되어 시집을 가게 되면, 시집가기 전에는 모두 효도하고 순종하더니 혼인을 한 후에는 불효한 마음이 점점 늘어나 부모가 조금만 꾸짖어 도 원망을 하면서 제 남편이 때리고 꾸짖는 것은 이를 참고 달게 여긴다. 성이 다른 남편 쪽 어른에게는 정이 깊고 사랑이 넘치면서 자기 친가 골육은 도리어 소원하게 대한다.

혹 남편을 따라서 타향으로 옮겨가게 되면 부모를 이별하고서도 사모하는 마음이 없으며 소식도 끊어지고 편지도 없게 된다. 그리하여 부모는 간장이 끊어지고 오장육부가 뒤집힌 것 같아, 딸의 얼굴을 보고 싶어 하는 것이 마치 목마른 때 물을 생각하듯 간절하여 잠시도 쉴 새가 없게 된다."

제6장 보은의 어려움

이때 모든 사람들은 부처님께서 말씀하시는 부모님의 은덕을 듣고, 몸을 일으켜 땅에 던지고 스스로 부딪혀 몸의 털구멍마다 모두 피를 흘리며 기절하여 땅에 쓰러졌다가 한참 후에 깨어나서 큰 소리로 부르짖었다.

"괴롭고 고통스럽습니다! 우리들은 이제야 죄인임을 깊이 알게 되었습니다. 그동안은 아무것도 몰라서 어둡기가 마치 밤에 길을 걷는 것 같았습니다. 그런데 이제야 비로소 잘못된 것을 깨닫고 보니 심장과 쓸개가 모두 부수어지는 듯 아팠습니다. 원하옵건대 세존이시여! 불쌍히 여기시어 구제하여 주십시오. 어떻게 해야 부모님의 깊은 은혜를 갚겠습니까?"

이때 여래께서는 여덟 가지의 깊고도 무거운 법음으로 여러 사람들에게 말씀하였다.

"너희들은 마땅히 알아야 할 것이다. 내가 이제 너희들을 위하여 분별하여 설명할 것이다. 가령, 어떤 사람이 있어 왼쪽 어깨에 아버지를 모시고 오른쪽 어깨에 어머니를 모시고, 피부가 닳아서 뼈에 이르고 뼈가 닳아서 골수에 미치도록 수미산을 백천 번 돌더라도 오히려 부모님의 은혜는 갚을 수가 없다.

가령, 어떤 사람이 굶주리는 지경에 이르러 부모를 위하여, 자기의 온 몸뚱이를 도려내어 티끌같이 잘게 갈아서 백천 겁이 지나더라도, 오히려 부모님의 깊은 은혜는 갚을 수 없다.

가령, 어떤 사람이 손에 잘 드는 칼을 가지고 부모님을 위하여, 자기의 눈동자를 도려내어 부처님께 바치기를 백천 겁이 지나더라도, 오히려 부모님의 깊은 은혜를 갚을 수 없다.

가령, 어떤 사람이 부모님을 위하여, 아주 잘 드는 칼로 자기의 심장과 간을 베어 피가 흘러 땅을 적셔도, 아프다는 말을 하지 않고 괴로움을 참으며 백천 겁이 지나더라도, 오히려 부모님의 깊은 은혜는 갚을 수 없다.

가령, 어떤 사람이 부모님을 위하여, 아주 잘 드는 칼로 자기의 몸을 찔러 칼날이 좌우로 드나들기를 백천 겁이 지나더라도, 오히려 부모님의 깊은 은혜는 갚을 수 없다.

가령, 어떤 사람이 부모님을 위하여, 몸을 심지로 삼아 불을 붙여서 여래께 공양하기를 백천 겁이 지나더라도, 오히려 부모의 깊은 은혜는 갚을 수 없다.

가령, 어떤 사람이 부모님을 위하여 뼈를 부수고 골수를 꺼내며, 또는 백천 개의 칼과 창으로 몸을 쑤시기를 백천 겁이 지나더라도, 오히려 부모님의 은혜는 갚을 수 없다.

가령, 어떤 사람이 부모님을 위하여, 뜨거운 무쇠탄환을 삼켜 온몸이 불타도록 하길 백천 겁이 지나더라도, 오히려 부모님의 깊은 은혜는 갚을 수 없다."

이때 모든 사람들은 부처님께서 말씀하시는 부모님의 깊은 은덕을 듣고 눈물을 흘리고 슬피 울면서 부처님께 여쭈었다.

"세존이시여! 저희들이 이제야 큰 죄인임을 알았습니다. 그렇다면 어떻게 해야 부모님의 깊은 은혜를 갚을 수 있겠습니까?" 부처님께서 제자들에게 말씀하였다. "부모님의 은혜를 갚으려거든 부모님을 위하여 이 경을 쓰고, 부모님을 위하여 죄와 허물을 참회하고, 부모님을 위하여 재계를 받아서 지니고, 부모님을 위하여 보시하고, 복을 닦아야 할 것이다. 만일 능히 이와 같이 한다면 효도하고 순종하는 자식이라 할 것이요. 이렇지 못한다면 이는 지옥에 떨어질 사람이라 할 것이다."

제7장 불효와 지옥

부처님께서 아난에게 말씀하였다.

"불효한 자식은 몸이 무너지고 목숨을 마치게 되면 아비무간지옥에 떨어진다. 이 큰 지옥은 길이와 넓이가 팔만 유순이나 되고, 사면에는 무쇠 성으로 되어 있고, 그 주위에는 다시 철망으로 둘러싸여 있다. 그리고 그 땅은 붉은 무쇠로 되어 있는데 거기서는 사나운 불꽃이 타오르며 우레가 치고 번개가 번쩍인다.

여기서 끓는 구리와 무쇠 녹인 물을 죄인의 입에 부어 넣으며, 무쇠로 된 뱀과 구리로 된 개가 항상 연기와 불을 토하는데, 이 불은 죄인을 태우고 지지고 볶아 기름이 지글지글 끓게 되니, 그 고통과 비통함은 견딜 수가 없다. 그 위에 무쇠채찍과 무쇠꼬챙이 무쇠망치와 무쇠창 그리고 칼과 칼날이 비와 구름처럼 공중으로부터 쏟아져 내려 사람을 어지러이 베고 찌른다. 이렇게 죄인들을 괴롭히고 벌을 내리는 것을 여러 겁이 지나도록 고통을 받게 하는 것이 쉴 사이가 없다.

또, 이 사람을 다시 다른 지옥으로 데리고 가서 머리로 화로를 이고 무쇠수레로 사지를 찢으며, 창자와 살과 뼈가 불타고 하루에도 천만 번 죽고 살게 한다. 이렇게 고통을 받는 것은 모두 전생에 다섯 가지 불효의 죄를 저질렀기 때문이다."

제8장 보은의 길

이때 모든 사람들이 부처님께서 부모님의 은덕을 말씀 하시는 것을 듣고 눈물을 흘리면서 슬피 울면서 부처님께 여쭈었다.

"저희들이 이제 어떻게 해야 부모님의 깊은 은혜를 갚을 수 있겠습니까?"

이에 부처님은 제자들에게 말씀하였다.

"부모의 은혜를 갚고자 하거든 부모를 위하여 이 경전을 다시 펴는 일을 한다면 이것이 참으로 부모의 은혜를 갚는 것이 된다. 경전 한 권을 펴내면, 한 부처님을 뵙는 것이오, 백 권을 펴내면 백 부처님을 뵙는 것이오, 천 권을 펴내면 천 부처님을 뵙는 것이오, 만 권을 펴내면 만 부처님을 뵙는 것이다. 이렇게 한다면 이런 사람은 경을 펴낸 공덕으로 모든 부처님들이 오셔서 항상 옹호해 주시는 까닭에

이 사람의 부모로 하여금 천상으로 태어나게 하여 모든 쾌락을 받게 하며 지옥의 괴로움을 영원히 여의게 될 것이다."

제9장 이 경의 명칭

이때 모든 사람 가운데 아수라·가루라·긴나라·마후라가·인·비인(非人)·하늘·용·야차·건달바와 또 모든 작은 나라의 왕과 전륜성왕과 모든 사람들이 부처님의 말씀을 듣고 각각 이렇게 발원했다.

"저희들은 오는 세상이 다하도록 차라리 이 몸이 부수어져 작은 먼지같이 되어서 백천 겁을 지닐지언정 맹세코 여래의 가르침을 어기지 않겠습니다.

또 차라리 백천 겁 동안 혀를 백 유순이 되도록 빼어내어 이것을 다시 쇠 보습으로 갈아서 피가 흘러 내를 이룬다 해도 맹세코 여래의 가르침을 어기지 않겠습니다.

또 차라리 백천 자루의 칼로 이 몸을 좌우로 찔러 통하게 하여도 맹세코 여래의 가르침을 어기지 않겠습니다.

또 차라리 쇠 그물로 이 몸을 두루 감아 얽어서 백천 겁을 지낸다 해도 맹세코 여래의 거룩하신 가르침을 어기지 않겠습니다.

또 차라리 작두와 방아로 이 몸을 썰고 찧고 하여, 백천만 조각을 내어 가죽과 살과 힘줄과 뼈가 모두 가루가 된다 하여 백천 겁을 지나더라도 끝까지 여래의 가르침을 어기지 않겠습니다."

　이 말을 듣고 아난이 부처님께 여쭈었다.

　"세존이시여! 이 경을 무엇이라 이름하여 어떻게 받들어 지녀야 합니까?"

　부처님께서 아난에게 말씀하였다.

　"이 경은 『대부모은중경』이라 할 것이며 이렇게 이름을 지어 너희들은 항상 받들어 지녀야 할 것이다."

　이때 모든 사람들 가운데 하늘·인간·아수라 등이 부처님 말씀을 듣고 모두 크게 기뻐하여 이 말을 믿고 받들어 그대로 행할 것을 맹세하고 절하고 물러갔다.

　보부모은진언(報父母恩眞言)
　나모 삼만다 못다남 옴 아아나 사바하

　왕생정토진언(往生淨土眞言)
　나모 삼만다 못다남 옴 싯데율이 사바하

　대보 부모은중진언(大報父母恩重眞言)

나모 삼만다 못다남 옴 아아나 사바하 (일곱 번)

다생부모왕생정토진언(多生父母往生淨土眞言)

나모 삼만다 못다남 옴 싯데율이 사바하 (입곱 번)

『효경』 한글 역

제1. 종지를 열고 대의를 밝힌 장〔開宗明義章〕

중니(仲尼, 공자의 자)께서 댁에서 한가롭게 머물고 계실 때, 증자가 공자를 모시고 곁에 앉아 있었다. 이때 공자께서 말씀하였다.

"삼(參, 자가 아닌 증자의 이름이다. 공자가 제자를 애칭하는 방식)아! 선왕들께서는 지극한 덕〔至德〕과 긴요한 도〔要道〕를 지니고서 천하 사람들을 가르치셨다. 천하 사람들은 선왕의 지덕과 요도로 인해 화목하게 되어 위 계층의 사람들과 아래 계층의 사람들이 서로 원망하는 마음이 없었다. 너는 그것을 아느냐?"

증자가 앉은 자리를 피하며 여쭈었다.

"제가 명민하지 못합니다. 어찌 그것을 알 수 있겠습니까?"

공자께서 말씀하였다.

"대저 효는 덕의 근본이니 모든 교화가 그로 말미암아 생겨나는 것이다. 다시 자리로 돌아가 앉도록 하라. 내 너에게 효에 대해 말하고자 한다. 너의 몸과 사지 그리고 머리카락과 피부는 모두 부모로부터 물려받은 것이다. 그것을 훼손하거나 상처를 입히지 않는 것, 그것이야말로 효의 시작이다. 나아가 자신을 바로 세우고 도를 행하여 후세에 이름을 떨침으로써 부모의 명예를 드러내는 것, 그것이야말로 효의 마침이다.

대저 효는 처음에는 부모님을 섬기는 데서 시작하며, 중간에는 임금을 섬기는 데로 나아가며, 끝으로는 자신을 바로 세우는 것으로 마친다.

『시경』 대아(大雅) 문왕(文王) 노래에 이런 구절이 있다. '그대의 선조들을 항상 잊지 말아라. 선조들의 덕을 이어 그것이 한층 빛나도록 몸을 닦아라.'"

제2. 천자장(天子章)

공자께서 말씀하였다.

"자기의 부모를 사랑하는 사람은 감히 남을 미워하지 아니하며, 자기의 부모를 공경하는 사람은 감히 남을 업신여기지도 아니한다. 천자가 자기의 부모를 섬기는데 사랑과 공경을 다한 연후에 덕행의 교화가 백성들에게 더해지며 사해에 모범이 되어 드러날 것이니, 이것이 천자의 효이다.

『상서(尙書)』의 여형(呂刑)편에 다음과 같은 말이 있다. '한 사람의 훌륭함이 있으면 그 훌륭함에 만민이 은덕을 입는다.'"

제3. 제후장(諸侯章)

공자께서 말씀하였다.

"윗자리에 거처하면서도 교만하지 아니하고, 높은 곳에 있으면서도 자신과 주변을 위태롭게 하지 아니하고, 절도 있는 마음으로 삶을 제어하고 법도 있는 마음으로 언행을 삼가 조심하며, 재화가 가득차도 넘치게 하지 아니한다. 높은 곳에 있으면서도 위태롭지 아니하니 그러므로 높은 지위를 오래 지킬 수 있는 것이다. 재화가 가득차도 넘치게 하지 아니하니 그러므로 많은 부를 오래 지킬 수 있는 것이다. 많은 부와 높은 지위가 그 몸을 떠나지 않은 연후에야 그 사직을 보존할 수 있고 그 인민들을 화목하게 할 수 있는 것이니, 이것이 제후의 효이다.

『시경(詩經)』 소아(小雅) 「소민(小旻)」 노래에 다음과 같은 구절이 있다. '전전긍긍(戰戰兢兢)하라. 깊은 연못에 임하는 듯이. 살얼음을 밟듯이 조심하며 살아가라.'"

제4. 경대부장(卿大夫章)

공자께서 말씀하였다.

"선왕의 법복(法服)이 아니면 감히 입지 아니하고, 선왕의 법언(法言)이 아니면 감히 말하지 아니하고, 선왕의 덕행(德行)이 아니면 감히 행하지 아니한다. 그러므로 선왕의 법(法)이 아니면 말하지 아니하고, 선왕의 도(道)가 아니면 행하지 아니한다. 입에는 버리거나 택하거나 할 말이 없고, 몸에는 버리거나 택하거나 할 행동이 없다. 그러므로 그의 말이 천하에 가득차도 입에서 초래되는 허물이 없고, 그의 행동이 천하에 넘쳐나도 원망하는 마음에서 초래되는 증오가 없다. 법복·법언·덕행, 이 세 가지가 갖추어진 연후에야 그 작록과 지위를 보존할 수 있고 그 종묘를 지킬 수 있으니, 이것이 경대부의 효이다.

『시경(詩經)』 대아(大雅) 「증민(烝民)」 노래에 다음과 같은 구절이 있다. '이른 아침부터 깊은 밤에 이르기까지 한 사람을 충심으로 섬긴다.'"

제5. 사장(士章)

공자께서 말씀하였다.

"아버지를 섬기는 마음에 바탕하여 어머니를 섬기는 것은 그 사랑하는 마음이 같기 때문이며, 아버지를 섬기는 마음에 바탕하여 임금을 섬기는 것은 그 공경하는 마음이 같기 때문이다. 그러므로 어머니를 섬길 때는 아버지를 섬기는 마음 중에서 사랑을 취하고, 임금을 섬길 때는 아버지를 섬기는 마음 중에서 공경을 취하니, 그 사랑과 공경을 겸하는 것은 아버지이다. 그러므로 효로써 임금을 섬기면 진실[忠]할 수밖에 없고, 공손[弟]으로써 어른을 섬기면 순응[順]할 수밖에 없다. 진실하고 순응하는 마음을 잃지 않고 윗사람을 섬긴 연후에야 그 작록을 보존할 수 있고 그 제사를 지킬 수 있으니, 이것이 사의 효이다.

『시경(詩經)』 소아(小雅) 「소완(小宛)」 노래에 다음과 같은 시구가 있다. '아침 일찍 일어나고 밤늦게 자며, 너를 낳아주신 부모를 욕되게 하지 마라.'"

제6. 서인장(庶人章)

공자께서 말씀하였다.
"하늘의 시간에 말미암고 땅의 이로움에 나아가서 자신의 언행을 삼가 조심[謹身]하고 재화 쓰기를 절도[節用] 있게 하면서 부모를 공양하니, 이것이 서인의 효이다."

제7. 효를 전체적으로 평가한 장[孝平章]

공자께서 다음과 같이 마무리하시면서 말씀하였다.
"그러므로 위로는 천자로부터 아래로는 서인에 이르기까지 효는 처음부터 끝까지 지속하지 아니하면 우환이 미치지 아니하는 자는 결코 지금까지 있어본 적이 없다."

제8. 천·지·인 삼재와 효의 관계를 밝힌 장[三才章]

증자가 외쳤다.
"대단합니다. 효의 위대함이란!"
이에 공자께서 말씀하였다.
"대저 효는 하늘의 벼리요 땅의 마땅함이며 사람이 행해야 할 행동이다. 효는 하늘과 땅의 벼리이니 사람이 그것을 본받지 않을 수 없는 것이다. 성인은 하늘의 밝음을 본받고 땅의 이로움으로 말미암아 천하 사람들을 가르친다. 그렇기 때문에 성인의 교육은 엄숙하지 않아도 스스로 이루어지고, 성인의 정치는 근엄하지 않아도 저절로 잘 다스려진다. 선왕은 효를 가르치면 백성을 잘 교화할 수 있다고 보았던 것이다. 그러므로 나라의 지도자가 넓은 사랑으로써 솔선수범하면 백성들은 자기의 부모를 버리지 않을 것이며, 나라의 지도자가 덕의 마땅함으로써 진두지휘하면 백성들은 도덕적 행동을 일으킬 것이다. 나라의 지도자가 공경과 겸양으로써 솔선수범하면 백성들은 서로 다투지 않을 것이며, 나라의 지도자가 예법과 음악으로써 지도하여 인도하면 백성들은 화목할 것이며, 나라의 지도자가 좋은 것을 좋다고 하며 싫은 것을 싫다고 하는 정직한 마음으로써 보여주면 백성들은 스스로 금해야 할 것을 알게 될 것이다.

『시경(詩經)』 소아(小雅) 「절남산(節南山)」 노래에 다음과 같은 구절이 있다. '빛나고 또 빛나는 태사 윤씨여! 백성들이 모두 그대 한 사람을 바라보고 있도다.'"

제9. 효로써 다스림을 밝힌 장〔孝治章〕

공자께서 말씀하였다.

"옛날 현명한 왕[天子]은 효로써 천하를 다스릴 때, 작은 나라의 신하를 감히 홀대하는 법이 없었는데, 하물며 공작[公]·후작[侯]·백작[伯]·자작[子]·남작[男]과 같은 자기가 직접 관장하는 제후들을 홀대할 수 있었겠는가? 그러므로 현명한 왕은 만국의 환심을 얻을 수 있었고, 이로써 자기 선왕의 제사를 받들어 섬길 수가 있었던 것이다.

일가를 다스리는 경대부는 가신이나 하녀들의 마음을 감히 잃은 적이 없었는데, 하물며 자신의 아내와 자식의 마음을 감히 잃어버릴 수 있었겠는가? 그러므로 일가를 다스리는 경대부는 사람들의 환심을 얻을 수 있었고, 이로써 자기의 부모를 잘 섬길 수가 있었던 것이다.

대저 이와 같기 때문에 부모가 살아 있을 때는 자식들이 부모를 편안하게 모시고, 부모가 죽어 귀신이 되었을 때는 자식들이 제사로써 흠향하게 된다. 이로써 천하가 화평하게 되며, 재해가 발생하지 않게 되며, 재앙과 환란이 일어나지 않게 된다. 그러므로 현명한 왕이 효로써 천하를 다스리는 것이 이와 같았다.

『시경(詩經)』대아(大雅)「억(抑)」노래에 다음과 같은 구절이 있다. '천자에게 높고 큰 덕행이 있으면 사방의 나라들이 그를 본받아 따른다.'"

제10. 성인의 다스림을 밝힌 장〔聖治章〕

증자가 여쭈었다.
"감히 묻겠습니다. 성인의 덕성 중에서 효보다 더 위대한 것으로 첨가할 덕목이 없겠습니까?"
공자께서 이에 답하여 말씀하였다.
"하늘과 땅의 본성을 부여받은 만물 중에서 사람이 가장 고귀한 존재이다. 고귀한 사람의 행위 중에서 효보다 더 위대한 것은 없다. 효 중에서도 아버지를 준엄하게 모시는 것보다 더 위대한 것은 없으며, 아버지를 준엄하게 모시는 것 중에서도 아버지를 하늘과 동등하게 제사지내는 것보다 더 위대한 것은 없다.

이러한 모든 위대한 행위를 실천한 이는 주공 바로 그 사람이다. 옛날에 주공은 주나라의 시조이자 땅의 신인 후직(后稷)을 하늘과 동등한 지위로서 교외에서 제사를 지냈으며, 자신의 아버지이자 주나라의 건국자인 문왕을 상제와 동등한 지위로서 명당에서 제사를 받들었다. 주공의 이러한 행위 때문에 사해 안에 있는 제후들이 각각 그 직분에 따라와서는 제사를 도왔다.

대저 성인의 덕이 또 어찌 이러한 효에 더 더할 것이 있겠는가? 그러므로 부모가 자식을 낳아 그 자식을 기르고, 그 자식이 장성하여 부모를 공양하는 것을 일컬어 부모를 존엄하게 모시는 것이라 한다. 성인은 존엄으로 말미암아 공경을 가르치고 친함으로 말미암아 사랑을 가르친다. 성인의 교육은 엄숙하게 하지도 않는데 저절로 완성되고, 성인의 정치는 근엄하게 하지도 않는데 스스로 잘 다스려진다. 그 말미암은 바가 인간의 근본이기 때문이다."

제11. 부모가 낳아준 공적의 위대함을 밝힌 장〔父母生績章〕

공자께서 말씀하였다.

"아버지와 아들의 도는 천성이며, 그것은 임금과 신하의 관계의 마땅함이다. 부모께서 날 낳으신 공적보다 더 위대한 것은 없다. 그리고 부모께서는 임금의 엄격함과 친 부모의 사랑으로 날 길러주시니 부모님 은혜의 두터움보다 더 중한 것은 없다."

제12. 효에는 우열이 있음을 밝힌 장〔孝優劣章〕

공자께서 말씀하였다.

"자기의 부모를 사랑하지 않으면서 타인의 부모를 사랑하는 것, 그것을 일러 덕을 어김[悖德]이라 한다. 자기의 부모를 공경하지 않으면서 타인의 부모를 공경하는 것, 그것을 일컬어 예를 어김[悖禮]이라 한다. 이러한 패덕과 패례라는 어긋난 도리로써 백성들을 가르치면 백성들은 어둡게 되고, 그들은 본받을 준칙을 잃어버리게 된다. 이렇게 되면 백성들은 선에 깃들지 못하게 되어 모두 흉한 덕에 머물게 된다. 비록 뜻을 얻더라도 군자는 좇지 아니한다. 군자는 곧 도리에 어긋나는 그러한 삶을 살지 아니하며, 말할 때는 오직 말할 만한 것만을 생각해 말하고, 행동할 때는 오직 즐거워할 만한 것만을 생각해 행동한다. 군자의 덕과 마땅함은 백성들이 존경할 만하며, 그가 도모하는 일들은 본받을 만하며, 그의 모습과 행동거지는 우러러볼 만하며, 그의 삶의 나아감과 물러남은 척도로 삼을 만하니, 이러한 자세로 백성들에게 임하니 백성들은 그를 경외하고 사랑하며, 그를 본받고 따르게 된다. 그러므로 덕성스러운 가르침은 이룰 수 있고, 그 정치와 법령을 행할 수가 있는 것이다.

『시경(詩經)』 조풍(曹風) 「시구(鳲鳩)」 노래에 다음과 같은 구절이 있다. '아 의젓한 군자여! 그 반듯한 위의가 법도에 어긋남이 없도다.'"

제13. 효행을 기록한 장[紀孝行章]

공자께서 말씀하였다.

"효자가 부모를 섬기는 것은, 첫째 부모님이 평소 집에 머물고 계실 때에는 자식은 그 공경하는 마음을 지극히 하고, 둘째 부모님이 봉양을 받으실 때에는 자식은 즐거운 마음을 지극히 하고, 셋째 부모님이 편찮으실 때에는 자식은 근심하는 마음을 지극히 하고, 넷째 부모님이 돌아가셨을 때에는 자식은 슬퍼하는 마음을 지극히 하고, 다섯째 부모님의 제사를 지낼 때에는 자식은 근엄한 마음을 지극히 한다. 이 다섯 가지의 섬기는 행위가 온전하게 갖추어진 연후에야 부모님을 잘 섬겼다고 할 수 있는 것이다. 그리고 부모님을 이렇게 잘 섬기는 자는 윗자리에 머물 때에는 아랫사람에게 교만하지 아니하고, 아랫자리에 있을 때는 윗사람에게 난동을 부리지 아니하고, 군중 속에 있을 때는 그들과 다투지 아니한다. 윗자리에 머물면서 아랫사람에게 교만하면 그 지위를 잃게 되고, 아랫자리에 있으면서 윗사람에게 난동을 부리면 형벌을 받게 되고, 군중 속에 있으면서 그들과 다투면 칼에 찔리고 마는 것이다. 이 세 가지를 제거하지 않으면, 비록 부모님께 매일 소·양·돼지를 잡아 봉양해도, 여전히 불효를 행하는 것이다."

제14. 다섯 가지 형벌을 밝힌 장〔五刑章〕

공자께서 말씀하였다.

"옛날부터 형벌에는 크게 다섯 가지 종류[묵(墨), 이마에 먹으로 문신하여 죄명을 써넣는다. 비(劓), 코를 벤다. 비(剕), 다리 뒤꿈치를 베어버린다. 궁(宮), 남자는 불알을 바르고 여자는 궁에 유폐시킨다. 대벽(大辟), 사형]가 있었는데 세분하면 3천이나 된다[묵벽(墨辟)의 속이 1천, 비벽(劓辟)의 속이 1천, 비벽(剕辟)의 속이 5백, 궁벽(宮辟)의 속이 3백, 대벽(大辟)의 속이 2백, 도합 3천]. 그런데 이 많은 형벌 중에서도 불효보다 더 큰 죄는 없다. 임금에게 강요하는 자는 윗사람을 무시하는 것이며, 성인을 비방하는 자는 성인이 만든 법을 무시하는 것이며, 효를 비방하는 자는 부모를 무시하는 것이다. 이것이 대란(大亂)의 도이다."

제15. 중요한 도 넓힘을 밝힌 장〔廣要道章〕

공자께서 말씀하였다.

"인민들이 서로 친하고 서로 사랑하도록 가르치는 데 있어서는, 윗사람이 자기의 부모에게 효를 잘 행하는 것보다 더 좋은 교육은 없다. 인민들이 서로 예를 지키고 순응하도록 가르치는 데 있어서는, 윗사람이 자기 형제들에게 우애(弟)를 잘 실천하는 것보다 더 좋은 교육은 없다. 인민들의 풍속을 옮겨 바꾸게 하는 데 있어서도, 음악보다 더 좋은 것은 없다. 윗사람을 편안하게 하고 아래 백성들을 잘 다스리는 데 있어서는, 예보다 더 좋은 것은 없다. 예라는 것은 한 마디로 말하면 공경일 뿐이다.

그러므로 윗자리에 있는 사람이 자기 부모를 공경하면 자식들은 기뻐하면서 따르며, 윗자리에 있는 사람이 자기의 형을 공경하면 아우들이 기뻐하면서 따르며, 자기의 군주를 공경하면 신하들이 기뻐하면서 따른다. 부모나 형 또는 군주 한 사람을 공경하면 천 명, 만 명의 사람들이 기뻐하면서 따를 것이다. 공경해야 할 대상은 적지만 기뻐 따르는 자가 많을 것이니, 이것을 일컬어 긴요한 도[要道] 라 하는 것이다."

제16. 지극한 덕 넓힘을 밝힌 장〔廣至德章〕

공자께서 말씀하였다.

"군자가 효로써 가르치는 것은 집집마다 찾아가고 날마다 만나서 직접 교화하는 것이 아니다. 군자 자신이 효도로써 가르치고자 한 것은 천하의 모든 부모된 사람들을 공경하기 위함이다. 군자 자신이 아우의 도리로써 가르치고자 한 것은 천하의 모든 형된 사람들을 공경하기 위함이다. 군자 자신이 신하의 도리로써 가르치고자 한 것은 천하의 모든 군주된 사람들을 공경하기 위함이다.

『시경(詩經)』 대아(大雅)「형작(洞酌」 노래에 다음과 같은 구절이 있다. '마음이 편안하고 즐길 줄 아는 군자이시여! 당신이야말로 백성의 부모이시구려.' 그 지극한 덕의 소유자가 아니라면 과연 누가 천하 만민을 이토록 큰 덕으로써 가르칠 수 있으리오."

제17. 효의 감응을 밝힌 장〔應感章〕

공자께서 말씀하였다.

"옛날 현명한 왕이 자신의 아버지를 섬기는 것이 효성스러웠다. 그러므로 하느님[天神]을 섬기는 것이 밝았다. 현명한 왕이 자신의 어머니를 섬기는 것이 효성스러웠다. 그러므로 따님[地神]을 섬기는 것이 세밀했다. 나이 많은 사람들과 나이 어린 사람들이 서로 화순하였기 때문에 상하가 잘 다스려졌다. 하느님이 밝아지고 따님이 세밀하게 살피시니 귀신이 드러나게 될 것이다.

그러므로 비록 천자라고 하더라도 반드시 더 존귀한 자가 있기 마련이다. 아버지가 계신다고 말한 것은 반드시 선조가 있다는 것을 의미하는 것이다. 형이 있다고 말한 것은 반드시 어른이 있다는 것을 의미한다. 천자가 종묘에서 지극히 공경하는 마음으로 제사를 지내는 것은 부모의 은혜를 잊지 않기 때문이다. 몸을 닦고 자신의 언행을 삼가 조심하는 것은 조상들을 욕되게 할까 두려워하기 때문이다. 천자가 종묘에서 지극히 공경하는 마음으로 제사를 지내는 것은 귀신들이 뚜렷하게 존재하기 때문이다. 부모에 대한 효도와 형제에 대한 우애의 지극함은 신명에 통하고 사해에까지 빛이 나서 미치지 않는 곳이 없다.

『시경(詩經)』 대아(大雅) 「문왕유성(文王有聲)」 노래에 이런 구절이 있다. '동으로부터 서로부터, 남으로부터 북으로부터 유덕한 천자를 사모하여 심복하지 아니하는 제후가 없다.'"

제18. 이름을 널리 떨침을 밝힌 장〔廣揚名章〕

공자께서 말씀하였다.

"대부나 선비와 같은 덕이 있는 군자가 부모를 섬기는 것이 효성스러웠다. 그러므로 효도(孝道)의 진실한 측면 [忠]은 임금을 섬기는 데로 옮겨질 수 있는 것이다. 덕이 있는 군자가 형을 섬기는 것이 공경스러웠다. 그러므로 제도(弟道)의 순응하는 측면[順]은 어른을 섬기는 데로 옮겨질 수 있는 것이다. 덕이 있는 군자가 집에 머물러서는 질서 있게 집안사람을 관리하였다. 그러므로 관리의 질서 있는 측면[治]은 관리를 섬기는 데로 옮겨질 수 있는 것이다. 따라서 덕행이 집안 안에서 잘 이루어지게 되면 그 이름이 후세에 바르게 서게 될 것이다."

제19. 국가 통치의 근본은 가정에 있음을 밝힌 장〔閨門章〕

공자께서 말씀하였다.

"한 가정 내에 이미 모든 예법이 갖추어져 있도다! 부모를 존엄하게 대하는 자세로 임금을 존엄하게 대하며, 형을 존엄하게 대하는 자세로 어른을 존엄하게 대하며, 아내와 자식을 자애롭게 대하는 자세로 인민들을 자애롭게 대하며, 하인이나 노비를 자비롭게 대하는 자세로 백성들과 노역하는 인부들을 다루어야 한다."

제20. 효의 본질을 논의한 장〔諫諍章〕

증자가 여쭈어 말하였다.

"대저 자애(慈愛)와 공경(恭敬) 그리고 안친(安親, 부모를 편안하게 해 드리는 것)과 양명(揚名, 부모의 명예를 선양하는 것) 등에 관해서는, 제가 선생님의 명을 잘 들어 이해하고 있습니다만, 감히 다시 다음과 같은 것을 여쭙고 싶습니다. 자식이 부모의 명령을 순종하기만 하는 것을 효라고 할 수 있겠습니까?"

공자께서 말씀하였다.

"삼아! 그 무슨 말이냐, 그 무슨 말이냐. 네가 무슨 말을 하는지 모르고 있는 것 같구나. 옛날, 천자의 잘못을 간쟁해 주는 신하가 일곱만 있었더라면, 비록 천자가 무도한 사람이라 할지라도, 천하를 잃지 않았을 것이다. 제후의 잘못을 간쟁해 주는 신하가 다섯만 있었더라면, 비록 제후가 무도한 사람이라 할지라도, 나라를 잃지 않았을 것이다. 대부의 잘못을 간쟁해 주는 신하가 셋만 있었더라면, 비록 대부가 무도한 사람이라 할지라도, 집안을 잃지 않았을 것이다. 선비의 잘못을 간쟁해 주는 벗이 하나만이라도 있었더라면, 선비 자신의 아름다운 이름을 잃지 않았을 것이다. 아버지의 잘못을 간쟁해 주는 자식 하나만 있었더라면, 아버지 자신이 불의에 빠지는 일은 없었을 것이다. 그러므로 불의를 당하면 자식은 아버지에게 간쟁하지 않을 수 없는 것이며, 신하는 임금에게 간쟁하지 않을 수 없는 것이다. 그러므로 일체의 불의한 상황에 당면하면 반드시 간쟁해야 한다. 아버지의 명령을 따르기만 하는 것이 또 어찌 효라 할 수 있겠는가?"

제21. 임금 섬김을 밝힌 장〔事君章〕

공자께서 말씀하였다.

"덕이 있는 군자가 윗사람을 섬길 때에는, 나아가서는 진실한 마음을 다할 것을 생각하고 물러나서는 허물을 보완할 것을 생각한다. 윗사람의 아름다운 측면은 순응하여 따르려고 노력해야 하며, 윗사람의 추한 측면은 광정하여 구제하려고 노력해야 한다. 그러므로 상하가 서로 화합

하여 친해질 수가 있는 것이다.

『시경(詩經)』 소아(小雅) 「습상(隰桑)」 노래에 다음과 같은 구절이 있다. '애절한 사랑이 가슴에 넘치네. 어찌 이 가슴 전하지 않을 수 있으랴마는 가슴속 깊이 묻어두니 언제까지 언제까지나 잊을 수 있으리오.'"

제22. 부모의 상례를 밝힌 장〔喪親章〕

공자께서 말씀하였다.

"효성이 지극한 아들이 부모의 상을 당하면 구슬피 대성(大聲, 큰 소리)으로 곡하며 세성(細聲, 작은 소리)으로 꼬리를 흘리는 그런 곡을 하지 않으며, 조문객에 대해 예를 차릴 때에도 용모에 신경을 쓰지 않으며, 말을 할 때에도 멋있게 꾸미지 않으며, 아름다운 옷을 입어도 마음이 불안하며, 즐거운 음악을 들어도 기쁘지 아니하며, 맛있는 음식을 먹어도 맛을 느끼지 못한다. 이 여섯 가지 정황은 효자로서 돌아가신 부모를 생각하는 애척(哀戚)의 정이다.

3일이 지나서 비로소 미음을 들기 시작하는 것은 사람으로 하여금 부모의 죽음으로 인하여 그 삶을 상하게 하지 않게 하려 함이라. 어버이를 잃은 슬픔으로 인하여 몸을 훼상하여 끝내 생명을 잃고 마는 일이 없도록 만든 것이

지나간 성인들의 바른 제도이다.

복상 기간도 3년을 넘지 않도록 한 것은 백성들에게 사물의 이치가 반드시 끝이 있다는 것을 보여주기 위함이다. 먼저 내관과 외곽을 마련하고 염의(斂衣, 시신을 싸는 흰 천)와 금피(衾被, 시신을 염한 후에 다시 싸는 요와 이불)로 시신을 잘 싸서 관에 집어넣고 영전에 보궤를 진열하고 이별의 정을 달래며 애척한 마음을 금치 못한다. 큰 소리로 곡하고 눈물을 흘리며 애통하는 손으로 가슴을 치고 발을 동동 구르며 구슬피 장지를 행해 운구한다. 양지바르고 뽀송뽀송한 묘혈과 묘지를 점치어 고르고 관을 안치한다.

3년 복상 후에는 신주를 종묘에 모시고 귀신의 예로써 제향(祭享)한다. 봄·여름·가을·겨울로 제사지내며 계절에 맞는 공물을 올리며 부모의 따사로운 은혜를 계속 떠올린다. 이와 같이 부모님께서 살아계실 때는 애경(愛敬)으로 섬기고 돌아가셨을 때에는 애척(哀戚)으로 섬기니 이것이 인간이 태어나서 할 수 있는 근본을 다하는 것이 아니고 무엇이리오. 삶과 죽음의 마땅함이 이에 다 구비되니, 효자의 사업이 비로소 끝나는 것이요, 완성되는 것이다."

『부모은중경』영인본

불설대보부모은중경
佛說大報父母恩重經

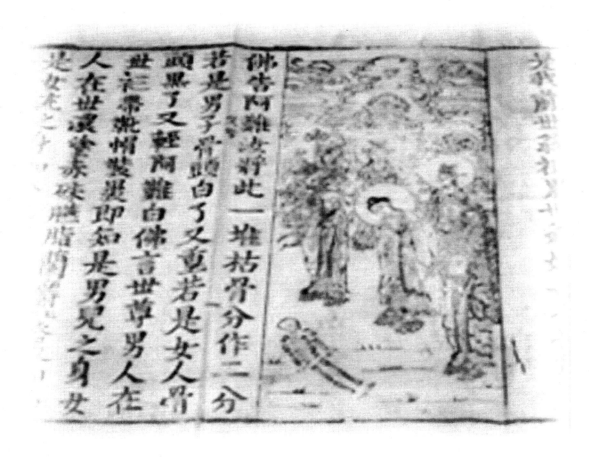

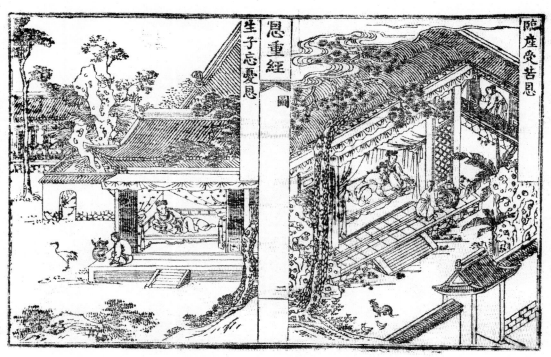

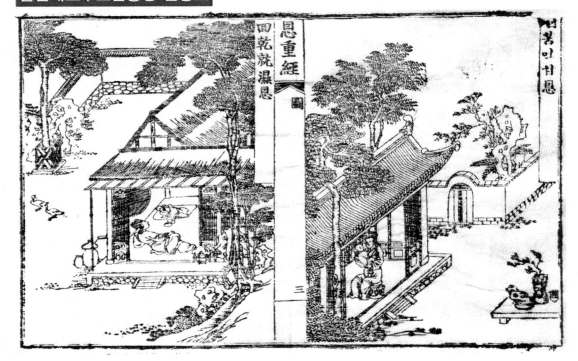

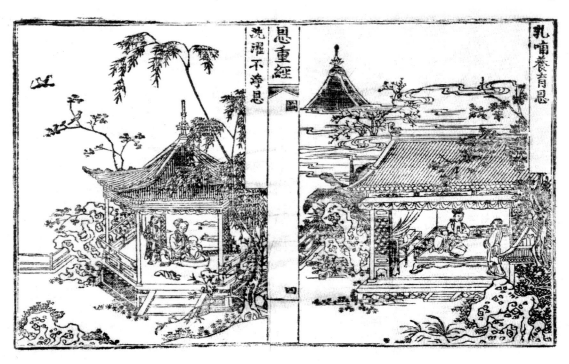

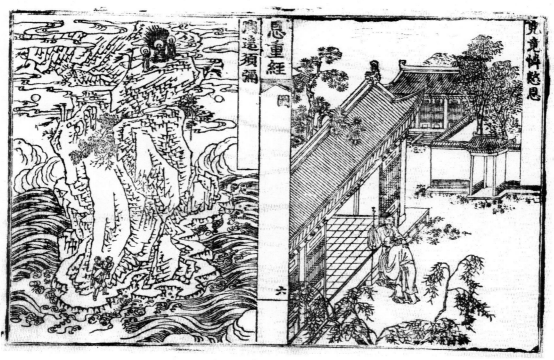

-6-

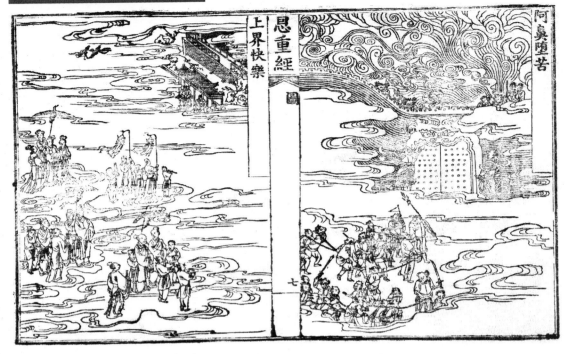

佛說大報父母恩重經

初序分

如是我聞一時佛在舍衛國王舍城祇樹
給孤獨園與大比丘三萬八千人菩薩摩
訶薩衆俱

恩重經
一 佛

此云覺也舍衛中天笠國名也王舍城
難也佛涅槃後一切經阿難結撰故佛
如是我聞如是之法我從佛開也我阿
國都也祇樹祇陀太子所施之樹也給
孤獨園給孤長者兩買之園也比丘舍
三義謂乞士破惡怖魔也菩薩摩訶薩
此云覺有情也大比丘常随衆也菩薩
摩訶薩来集衆也

二正宗分四

一報恩因縁三、一如来頂禮

爾時世尊将領大衆往詣南行見一堆枯

骨爾時如来五體投地禮拜枯骨阿難大
衆白佛言世尊如来是三界大師四生慈
父衆人歸敬云何禮拜枯骨

世尊佛第十號如来佛第一號天上人
間共兩尊故曰世尊徑真如中来故曰
如来也三界慾界色界無色界也四生
胎生夘生濕生化生也

二佛認宿世

恩重經
二

佛告阿難汝雖是吾上是弟子出家深遠
知事未廣此一堆枯骨或是我前世前祖
累世爺孃吾今拜禮

阿難即十大弟子多聞第一入大權菩
薩之位故曰上足也

三二分問答

佛告阿難汝将此一堆枯骨分作二分若
是男子骨頭白了又重若是女人骨頭黑

恩重經

了又輕阿難白佛言世尊男人在世衫帶
靴帽裝裹即知是男兒之身女人在世濃
塗赤硃臙脂蘭麝裝裹即知是女流之身
如今死後白骨一般教弟子如何認得
佛告阿難若是男人在世之時入於伽藍
聽講誦經禮拜三寶念佛名字兩以骨頭
白了又重女人在世恣情媱欲生男養女
一迴生簡孩兒流出三斗三勝凝血飲孃

八斛四斗白乳兩以骨頭黑了又輕阿難
聞語痛割於心垂淚悲泣白佛言世尊母
恩德者云何報答
伽藍有二義一神名也一寺也此從寺
義三寶佛法僧也三勝之勝與升通
二歷陳恩愛二 一彌月劬勞
佛告阿難汝今諦聽諦聽吾今為汝分別
解說阿孃懷子十月之中極是辛苦

三

恩重經

阿孃一簡月懷胎恰如草頭上珠保朝不
保暮早晨聚將来午時消散去
阿孃兩簡月懷胎恰如撲落凝蘇
凝蘇凝酥也林滋小雪賦曰凝蘇點點
阿孃三簡月懷胎恰如凝血
阿孃四簡月懷胎稍作人形
阿孃五簡月懷胎在孃腹中生五胞何者
名為五胞頭為一胞兩肘為三胞兩膝為
五胞

阿孃六簡月懷胎孩兒在孃腹中六精開
何者名為六精眼為一精耳為二精鼻為
三精口是四精舌是五精意為六精
六精即六根而六根有身無口六精有
口無身者胞中無觸故不言身覺味有
古故不言口
阿孃七簡月懷胎孩兒在孃腹中生三百

四

六十骨節八萬四千毛孔

阿孃八箇月懷胎生其意智長其九竅

阿孃九箇月懷胎孩兒在孃腹中喫食不

飡桃梨蒜菓五穀飲味阿孃生藏向下熟

藏向上有一座山此山有三般名字一號

須彌山二號業山三號血山此山一度崩

来化為一條麞血流入孩兒口中

言兒將滿月可以喫食而不飡菓穀惟

恩重經　五

飲母血也生藏心肝脾肺等也熟藏腸

胃膀胱也須彌言其象也業言其因也

血言其體也須彌詳見下文

阿孃十箇月懷胎方乃降生若是孝順之

男擎拳合掌而生不損阿孃若是五逆之

子擘破阿孃胞胎手攀阿孃心肝脚踏阿

孃胯骨教孃如千刀攪腹恰似萬刃攢心

如斯痛苦生得此身猶有十恩

俱舍經云胎中凢有五位一七名羯羅

藍此云凝滑二七名遏蒲曇此云皰狀

如瘡皰三七名閉尸此云輭肉四七名

健南此云堅肉五七名鉢羅奢佉此云

形位與此不同者彼以七日為界此以

十朔論胎也擎拳合掌不損阿孃如生

民之不坼不副先生如達也胯骨髖上

骨也

恩重經　六

二十偈讚頌

第一懷躭守護恩頌曰

累劫因緣重今来託母胎月逾生五藏七

七六精開體重如山岳動止愁風災羅衣

都不掛粧鏡慵塵埃

拇嚴經云流愛為種納想為胎父母已

三業相纏故遂入胎中成五陰身也

第二臨產受苦恩頌曰

懷經十箇月產難欲將臨朝朝如重病日
日似惛沉惶怖難成記愁淚滿胷襟含悲
告親族惟懼死來侵
第三生子忘憂恩頌曰
慈母生君日五臟摠開張身心俱悶絕流
血似屠羊生已聞兒健歡喜倍加常喜定
悲還至痛苦徹心腸
第四咽苦吐甘恩頌曰

恩重經　七

父母恩深重恩憐無失時吐甘無所食咽
苦不顰眉愛重情難忍恩深復倍悲但令
孩子飽慈母不辭飢
第五回乾就濕恩頌曰
母自身俱濕將兒以就乾兩乳充飢渴羅
袖掩風寒恩憐恒廢寢寵美盡能歡但令
孩子穩慈母不求安
第六乳哺養育恩頌曰

慈母象於地嚴父配於天覆載恩將等父
孃意亦然不憎無眼目不嫌手足攣誕腹
親生子終日惜無憐
第七洗濯不淨恩頌曰
憶昔美容質姿媚甚豐濃眉分翠柳色兩
臉奪蓮紅恩深摧玉貌洗濯損盤龍只為
憐男女慈母改顏容
此因洗淨兒容而遂及母容之為兒而

恩重經　八

改也盤龍鏡也
第八遠行憶念恩頌曰
死別誠難忍生離實亦傷子出關山外母
意在他鄉日夜心相逐流淚數千行如猿
泣愛子憶念斷肝腸
第九為造惡業恩頌曰
父母江山重恩深報實難子苦願代受兒
勞母不安聞道遠行去行遊夜臥寒男女

暫辛苦長使母心酸
第十究竟憐愍恩頌曰
父母恩深重恩憐無歇時起坐心相逐遠
近意相隨母年一百歲常憂八十兒欲知
恩愛斷命盡始分離

三廣說業難二　一揹敧諸德
佛告阿難我觀眾生雖紹人品心行愚蒙
不思爺娘有大恩德不生恭敬棄恩背恩

恩重經　九

無有仁慈不孝不義阿娘懷子十月之中
起坐不安如擎重擔飲食不下如長病人
月滿生時受諸苦痛須臾好惡恐至無常
如殺猪羊血流遍地受如是苦生得此身
咽苦吐甘抱持養育洗濯不淨不憚劬勞
忍熱忍寒不憚辛苦乾處兒臥濕處母眠
三年之中飲母白血嬰孩童子乃至盛年
獎教禮義婚嫁官學備求資業擔荷艱辛

勤苦之終不言恩絕男女有病父母病生
子若病愈慈母方差如斯養育願早成人
及其長成反為不孝尊親共語應對憎悷
拗眼戾睛欺凌伯叔打罵兄弟毀辱親情
無有禮義不遵師範父母教令元不依從
兄弟共言故相拗戾出入往來不啟尊人
言行高跨擅意為事父母訓罰伯叔語非
童幼憐愍尊人遮護漸漸長成狠戾不調

恩重經　十

不伏虧違反生嗔恨棄諸親友朋附惡人
習已性成遂為狂計被人誘引逃竄他鄉
違背爺孃離家別貫或因經紀或為征行
荏苒日循便為婚娶由斯留礙久不還家
或在他鄉不能謹慎被人謀點橫事鉤牽
枉被刑責牢獄枷鎖或遭病患厄難縈纏
困苦飢羸無人看侍被他嫌賤委棄街衢
因此命終無人救療膨脹爛壞日曝風吹

白骨飄零寄他鄉土便與親族歡會長乖

父母心隨永懷憂念或因啼血眼闇目盲

或為悲哀氣咽成病或緣憶子衰變死亡

作鬼抱魂不曾割捨或復聞子不崇孝義

朋逐異端無賴麤頑好習無益鬪打竊盜

觸犯鄉閭飲酒樗蒱姧非過失帶累兄弟

惱亂爺孃晨去暮還尊親憂念不知父母

動止寒溫晦朝朝晡永乖扶侍父母年邁

恩重經 十一

形貌衰羸羞恥見人嗔呵欺抑或復父孫

母寡獨守空堂猶若客人寄住他舍床席

塵土拂拭無時朝問起居從斯斷絕寒溫

飢渴曾不聞知晝夜恒常自嗟自歎應賞

饌物供養尊親每詐羞慚異人恠持

時食供給妻兒醜拙疲勞無避羞妻

約束每事依從尊者嗔喝全無畏懼或復

是女通配他人未嫁之時咸皆孝順婚嫁

12

已託不孝遂增父母微嗔即生怨恨夫婿

打罵忍受甘心異姓他宗情漤眷重自家

骨肉却已為踈或隨夫婿外郡他鄉離別

爺孃無心戀慕斷絕消息音信不通令使

爺孃懸膓掛肚常已倒懸每思見面如渴

思漿無有休息父母恩德無量無邊不孝

之愆辛陳難報

無常生死也慞悸狼戾也經紀行商也

恩重經 十二

爾時大眾聞佛所說父母恩德舉身投地

渾推自撲身毛孔中悉皆流血悶絕躄地

良久乃蘇高聲唱言苦哉苦哉痛哉痛哉

我等今者深是罪人從來未覺冥若夜遊

今悟知非心膽俱碎惟願世尊哀愍救拔

云何報得父母深恩

二授喻八種

爾時如來即以八種深重梵音告諸大衆

汝等當知吾今為汝分別解說

梵音佛音也印度有伽陵鳥其聲和雅

佛音如之八種即下文解說

假使有人左肩擔父右肩擔母研皮至骨

骨穿至髓遶須彌山經百千匝猶不能報

父母深恩

須彌山刊定記云一云蘇迷遂亦云須彌

盧此云妙高山四寶所成高八萬由旬

恩重經 十三

俱舍經云大地金輪上有九大山妙高

處中餘八周匝海水盈滿於外海中大

洲有四各對妙高南贍部洲東勝身洲

西牛貨洲北俱盧洲即一須彌一日月

所繞世界也繞山必稱須彌言其遠也

假使有人飢遭饉劫為於爺孃盡其己身

齎割碎壞猶如微塵經百千劫猶不能報

父母深恩

假使有人手執利刀為於爺孃剜其眼睛

獻於如來經百千劫猶不能報父母深恩

假使有人為於爺孃亦以利刀割其心肝

血流遍地不辭痛苦經百千劫猶不能報

父母深恩

假使有人為於爺孃百千刀輪於自身中

左右出入經百千劫猶不能報父母深恩

假使有人為於爺孃體掛身燈供養如來

恩重經 十四

經百千劫猶不能報父母深恩

體掛身燈燃指燒頂之額西土供佛之

俗

假使有人為於爺孃打骨出髓百千鋒鋩

一時刺身經百千劫猶不能報父母深恩

假使有人為於爺孃吞熱鐵丸經百千劫

遍身燋爛猶不能報父母深恩

四果報顯應三 一啓發懺悔

爾時大衆聞佛所說父母恩德垂淚悲泣
白佛言世尊我等今者深是罪人云何報
得父母深恩佛告弟子欲得報恩為於
母善寫此經為於父母讀誦此經為於父
母懺悔罪愆為於父母供養三寶為於父
母受持齋戒為於父母布施修福若能如
是則名為孝順之子不作此行是地獄人
俱舍經云大地窧下有金水風三輪八

恩重經

十五

寒八熱地獄在三輪之上泥犁經云火
獄有八寒獄有十楞嚴經云衆生作業
從其十回六景有八無間獄十八地獄
三十六地獄一百八地獄之分諸皆受
苦詳下

二阿鼻墮苦

佛告阿難不孝之人身壞命終墮阿鼻無
間地獄此大地獄縱廣八萬由旬四面鐵

16

城周迴羅網其地赤鐵盛火洞然猛烈炎
爐雷奔電爍洋銅鐵汁流灌罪人鐵蛇銅
狗恒吐烟炎燠燒煑脂膏燋燃苦痛哀
戈難堪難忍鐵鈇鐵串鐵鎚鐵戟劒刃刀
輪如雨如雲空中而下或斬或刺苦罰罪
人歷劫受殃無時間歇又令更入地獄中
頭戴火盆鐵車分裂腸肚燋爛縱橫
一日之中千生萬死受如是苦皆因前身

恩重經

十六

五逆不孝故獲斯罪

阿鼻此云無間楞嚴註八情三想生有
間獄九情一想生無間獄則地獄之最
重者曰阿鼻也阿鼻無間之獄者弁舉
梵語及譯文也由旬此云四十里地獄
多種而此獨稱火者百八獄之中火獄
為重故也

三上界快樂

爾時大衆聞佛所說父母恩德垂淚悲泣

告於如來我等今者云何報得父母深恩

佛告弟子欲得報恩為於父母重興經典

是真報得父母恩也能造一卷得見一佛

能造十卷得見十佛能造百卷得見百佛

能造千卷得見千佛能造萬卷得見萬佛

緣此等人造經力故是諸佛等常來擁護

令使其人父母得生天上受諸快樂永離

恩重經 十七

地獄苦

天人仙修羅鬼畜生為六趣情想均等

生於人間情少想多為仙為修羅情多

想少墮鬼情想俱空墮畜生純想生天

天者欲罘六天曰四天王天曰忉利天

曰須焰摩天曰兜率陀天曰樂變化天

曰他化自在天色罘十八天曰梵衆天

曰梵輔天曰大梵天曰少光天曰無量

光天曰光音天曰少淨天曰無量淨天

曰徧淨天曰福生天曰福愛天曰廣果

天曰無想天曰無煩天曰無熱天曰善

見天曰善現天曰色究竟天無色罘四

天曰空處曰識處曰無所有處曰非想

非非想處凡二十八天四天王天下有

日月星宿天常憍天持鬘天堅首天並

帝釋天宮為三十三天也諸天皆有天

恩重經 十八

子天人隨其福德往生有高下顯識經

云衆生捨壽福業資者得天妙視見天

宮殿時天父天母同至一坐天母手中

自然華出天母見花顧謂天父慶子之

歡時將不久識資善業速托華內甘露

欲風吹華七日寶瓔嚴身光耀炫煥天

童朗潔現天母手生天之後欲界天壽

至一萬六千歲以人間一千六百歲為

一曰色界天壽至五十劫無色界天壽
至八萬四千劫有大小大劫天之一
終始也小劫一大劫分二十四增劫減
劫也凡此天人衣服飲食宮室聲樂無
事營為隨念而至極其壽命無量快樂

三流通分三

一八部誓願

爾時大衆阿修羅迦樓羅緊那羅摩睺羅

恩重經　十九

伽人非人等天龍夜叉乾闥婆及諸小王
轉輪聖王是諸大衆聞佛所說各發願言
我等盡未來際寧碎此身猶如微塵經百
千劫誓不違於如來聖教寧以百千劫援
出其舌長百由旬鐵犁耕之血流成河誓
不違於如來聖教寧以百千刀輪於自身
中左右出入誓不違於如來聖教寧以鐵
綱周匝纏身經百千劫誓不違於如來聖

20

教寧以利錐斬碎其身百千萬斷皮肉筋
骨悉皆零落經百千劫終不違於如來聖

教

阿修羅此云非天謂其多瞋有天福而
無天行非人非毘神通無畏常與梵王
及帝釋爭權迦樓羅此云金翅鳥即大
鵬力能以翅鼓海拾啗龍子緊那羅此
云疑神謂頂有一角形似人面見者起

恩重經　二十

為是人非人摩睺羅迦此云大腹行即
蟒之類龍即西方天王夜叉即北方天
王乾闥婆此云尋香謂樂兒不事生業
但尋諸家飲食香氣即往設樂求食自
阿修羅至乾闥婆共稱尾法八部

二佛示經名

爾時阿難白佛言世尊此經當何名之云
何奉持

佛告阿難此經名為大報父母恩經已是
名字汝當奉持

三人天奉持

爾時大眾天人阿修羅等聞佛所說皆大
歡喜信受奉行作禮而退

報父母恩真言

曩謨三滿多沒馱喃唵誐誐曩娑嚩訶

往生真言

真言秘咒也正脉云秘咒非但只是梵
語乃是一切聖賢秘密之語盖梵語此
方不曉而天竺所共解者也至於秘咒
非但天竺常人不知即下位聖賢亦不
達上位之咒故諸經神咒例皆不翻智
者大師云有四意一云鬼神王名二云
如軍中密號三云密默遮惡餘無識者

曩謨三滿多沒馱喃唵秋帝律尼娑嚩訶

四云諸佛密語唯聖乃知

歲柔兆執徐仲夏開
印藏于花山龍珠寺

歲, 柔兆(丙)執徐(辰)仲夏(1796년 한 여름)開印. 藏于花山龍珠寺.

『효경언해』 영인본

孝_{ː효}經_경諺_{ː언}解_{ː히}

影印 孝經諺解

原書　縱三五・四糎　横二四・五糎

每半葉匡郭　縱二五・五糎　横一八・一糎

内賜記

萬曆十八年九月　日

内賜司憲府掌令張雲翼孝經大義諺解合部一件

命除謝

恩

左副承旨臣李〔署押〕

〔内賜記〕

孝經大義序

徐貫識語

孝經諺解

孝經大義跋

惟曾氏得其宗曾氏之書有二曰大學
甲乎細紙傅章句頗亦相似學以大學為本行以
孝經盖二書自天子至庶人一也堯典一篇大學孝
經之相比於尾明德以至親睦九族極而百姓
之昭明萬邦之於變大學之序也孝之為道盖已
其於親睦九族之中矣何也一本故也自是舜以
克孝而徵五典禹以致孝而叙彝倫伊尹述成湯
之德一則曰立愛惟親二則曰奉先思孝人紀之
修訖大乎是文武周公帥是而行備見於記禮所
載上而宗廟之享下而子孫之保其為孝蔑有加
焉功化之盛至使四海之內人人親其親長其長
一鱗一毛一芽甲之微無不得所嗚呼二帝三王之
政之其臺是以孝為本則斯道也固天性之自然
教可謂大矣孝經一書即其遺法也世入春秋皇
綱紐解孔子傷之三復昔者明王孝治之言思之
深望之切矣誠使天子公卿躬行其上凡禮樂刑
記之空言而僅見於門人記錄之書也書存而道
人心之固有一轉移間王道顧不易易乎惜也徒
可舉雖不能行之一時猶可詔之來世今此經之

孝經大義序

可考者不過漢藝文志而已而其篇次則顏注古
文二十二章孔壁所藏本也今文一十八章河間
王所得顏芝本而劉向之所參校者也要之出於
諸儒傳會皆非曾氏門人所記舊文矣唐玄宗開
元敕讓意非不美而司馬貞淺學陋識并以閨門
一章去之卒啟玄宗無禮無度之禍而其所製序
文至以禮為外飾仁義為後來之漸有不
知所謂因心之孝豈果何所因而又萌乎
學之不講德之不脩一至於此桓文公特起南
夏平生精力用工易四書為多至此書則僅成刊
誤一編註釋大義猶有所未及噫人乎不可須
忘孝則此經為天子至庶人一日不可無之書章
句已明而文義猶闕顧非一大欠事乎蓋嘗有志
義一書取而閱之則其家君深山先生董君季亨
纂集諸家傳註以明一經而未果友胡庭
芳挈其高弟董真卿訪余雲谷山中手携孝經大
之所輯也其書為初學設故其詞皆明白而切實
熟玩之則義趣精深又有非淺見謏聞所能窺者
族昆明仲敬為列之書塾以廣其傳此豈惟學者
修身齊家之要而有國有天下者亦豈能外是而

孝經大義序

他有化民成俗之道哉噫滕五十里國耳其君一
用之至於四方偃風動一時行事猶班班有三
代之風學問之功用固如此晉武魏文亦天資之
美者惜諸臣無識不能有以啓發而充大之悠悠
蓋壞此經之廢蓋千五百餘年人心喪極天罔
嘗無有能講而行之者誠有以二帝三王之心
爲心則必以二帝三王之敎敎矣仁人心也學
所以求仁而孝則行仁之本也語曰如有王者必
世而後仁愚何幸身親見之歲在乙巳陽復之月
前進士成夾熊禾序皆大德之九年也

孝經大義

三

右孝經一書迺孔子曾子授受之要旨也經
秦火後頗多錯簡至宋大儒朱文公先生始
取古文爲之考訂刊其繆誤次其簡編而後
經傳各有統紀董季亨氏又從而註釋之而
其旨益明讀者誠能因其言而求諸心因心
之同然而推之家國天下則天下之道盡在
是矣惜乎是書校行者少而窮鄉下邑之士
不得盡觀也予近按泉偶於進士蔡介甫孝
得是書舊本遂命工鋟梓以傳將使四方
以家傳人誦各與其親愛之心而篤夫仁孝
之道庶或少補於風敎之萬一云爾
成化二十二年歲次丙午秋九月甲子
賜進士通奉大夫福建等處承宣布政使司右
布政使淳安徐貫謹識

孝經大義

一

[제1면]

孝효經경諺언解해

어버이잘셤김을 孝효ㅣ라하고 셩인이밍ᄀ
ᄅ신글월을 經경이라하ᄂᆞ니라

仲듕尼니ㅣ 閒한居거하시어늘 曾증子ᄌᆞㅣ 侍시坐
좌ㅣ러시니 子ᄌᆞㅣ 曰왈 參ᄉᆞᆷ아 先션王왕이 有유至
지德덕要요道도하야 以이順슌天텬下하ㅣ 民민
用용和화睦목하야 上샹下하ㅣ 無무怨원하니 더
汝셔ㅣ 知디之지乎호아

仲듕尼니ㅣ 孔공子ᄌᆞㅣ시니ㅣㄴ字ᄌᆞㅣ니라

曾증子ᄌᆞㅣ 孔공子ᄌᆞㅣ 대ㅅ子ᄌᆞㅣ니 일홈이 參ᄉᆞᆷ이
라 第뎨一일ㅣ ᄆᆡᄋᆞ와안자시거ᄂᆞᆯ

孝經諺解

曾증子ᄌᆞㅣ 孔공子ᄌᆞ승을존ᄎᆡᆼ하ᄂᆞᆫ말이니
라 先션王왕이ᄂᆞ녜ᄉᆞ이라닐ᄋᆞᆷ이라

지극한德덕과 요졀한道도ㅣ로두샤뻐天텬下하
하로順슌하시니

셩이뻐和화동하며친하야우히며아래怨원
리업더니네아ᄂᆞ다

曾증子ᄌᆞㅣ 避피席셕曰왈 參ᄉᆞᆷ이 不블敏민하니
何하足죡以이知디之지리잇

달티몯하니엇디足죡히뻐알리잇고

曾증子ᄌᆞㅣ ᄆᆞᆺ글피하야ᄭᅮᆯᄋᆞ샤되 參ᄉᆞᆷ이민

[제2면]

子ᄌᆞㅣ 曰왈 夫부孝효ᄂᆞᆫ 德덕之지本본也야ㅣ니

敎교之지所소由유生싱이라

子ᄌᆞㅣ ᄀᆞᆯᄋᆞ샤되 孝효ᄂᆞᆫ 德덕의근본이니

ᄅ침의말미암아나ᄂᆞᆫ배라

復복坐좌하라 吾오ㅣ 語어汝셔호리라

身신體톄髮발膚부ᄂᆞᆫ 受슈之지父부母모ㅣ니 不블敢감毁훼
傷샹이 孝효之지始시也야ㅣ오 立닙身신行행道도하야
揚양名명於어後후世셰하야 以이顯현父부
母모ㅣ 孝효之지終죵也야ㅣ라 夫부孝효ᄂᆞᆫ 始시於
於어事ᄉᆞ親친이오 中듕於어事ᄉᆞ君군이오 終죵於
어立닙身신이니

孝經諺解

復복하야안ᄌᆞ라내두려닐오리라몸과
테四숫體톄와닐옵과며러손과머리터럭과술ㅎ父부母
모씌돈거시니敢감히헐우며비리디아
님이孝효의쳐엄이오몸을셰워道도를行행
하야일홈을後후世셰예베퍼뻐父부母모를
나타내게홈이孝효의ᄆᆞᄎᆞᆷ이라孝효ᄂᆞᆫ어버
이셤김에비릇고님금셤김애가온대오몸셰
옴애ᄆᆞᆺᄂᆞ니라

愛애親친者쟈ᄂᆞᆫ 不블敢감惡오於어人신고敬

孝經諺解

親친者쟈는 不블敢감慢만於어人신하나니 愛ᄋᆡ
敬경을 盡진於어事ᄉᆞ親친而이 德덕敎교
加가於어百백姓셩하야 刑형于우四ᄉᆞ海ᄒᆡ하나니
내 蓋개天텬子ᄌᆞ之지孝효라

어버이를 ᄉᆞ랑하는 이는 敢감히 사름의게 아
쳐하 기를아니하고 어버이를공경하는 이는 敢감히 사름의게업슈어하며 기를아니하나니
ᄉᆞ랑하며 공경홈을 어버이 셤기는 ᄃᆡ
어딘ᄀᆞ른침이 百백姓셩의게더어 四ᄉᆞ海ᄒᆡ
하며 다 옴이라 녜법이 되나니 天텬子ᄌᆞ之지孝효라

의孝—라

在ᄌᆡ上샹不블驕교하면 高고而이不블危위하고 制졔
節졀謹근度도하면 滿만而이不블溢일하나니
高고而이不블危위는 所소以이長댱守슈貴귀오
滿만而이不블溢일은 所소以이長댱守슈富부ㅣ
니 富부貴귀不블離리其기身신然연後후에ᅀ아 能능保보其기社ᄉᆞ稷직而이和화其기民민人신하나니
ᅀᆞ능히 其기社ᄉᆞ稷직을 保보하며 諸져侯후之지孝효라
우희이셔고만티아니하면 노파도위틱디아니하고 모디법도록삼

孝經諺解

道도며 非비先션王왕之지德덕行ᄒᆡᆼ이언 不블敢감行ᄒᆡᆼ하나니
是시故고로 非비法법不블言언하고 非비道도不블行ᄒᆡᆼ하야 口구無무擇ᄐᆡᆨ言언하며 身신無무擇ᄐᆡᆨ行ᄒᆡᆼ하야 言언滿만天텬下하하야도 無무口구過과하며 行ᄒᆡᆼ滿만天텬下하하야도 無무怨원惡오하나니
三삼者쟈ㅣ 備비矣의然연後후에ᅀᆞ 能능守슈其기宗종廟묘하나니 蓋개卿경大대
夫부之지孝효也야ㅣ라

非비先션王왕之지法법服복이어든 不블敢감服복하며
非비先션王왕之지法법言언이어든 不블敢감

先션王왕의법다온오시아니어든 敢감히입 디몯하며 先션王왕의법다온말솜이아니어

든 敢감히 니르디 몯ᄒᆞ며 先션王왕의 어딘 行ᄒᆡᆼ
실이 아니어든 敢감히 行ᄒᆡᆼ티 몯ᄒᆞᄂᆞ니 이런
故고로 法법이 아니어든 니르디 아니ᄒᆞ며 道도
ㅣ 아니어든 行ᄒᆡᆼ티 아니ᄒᆞ야 입에 ᄀᆞᆯᄒᆡᆯ 말ᄉᆞᆷ
이 업ᄉᆞ며 몸애 ᄀᆞᆯᄒᆡᆯ 行ᄒᆡᆼ실이 업스며 行ᄒᆡᆼ실
이 天턴下하에 ᄀᆞ독ᄒᆞ야도 입허믈 업스며 아쳐ᄒᆞ
리 업ᄂᆞ니 세가지 ᄀᆞ지고 존然션後후에 能히 卿경태우
의 孝효ㅣ라

그 宗종廟묘를 딕ᄒᆡ느니 卿경태우

孝효經경諺언解ᄒᆡ

五

資ᄌᆞ於어事ᄉᆞ父부ᄒᆞ야 以이事ᄉᆞ母모호ᄃᆡ 而ᅀᅵ愛
ᅙᅵ同동ᄒᆞ며 資ᄌᆞ於어事ᄉᆞ父부ᄒᆞ야 以이事ᄉᆞ君군
ᅙᅵ同동ᄒᆞ니 故고로 母모ᄂᆞᆫ 取ᄎᆔ其기愛ᄋᆡ而ᅀᅵ
君군은 取ᄎᆔ其기敬경ᄒᆞ니 兼겸之지者쟈ᄂᆞᆫ 父부
ㅣ也야ㅣ라 故고로 以이孝효事ᄉᆞ君군則즉忠튱
ᄒᆞ고 以이敬경事ᄉᆞ長댱則즉順슌ᄒᆞᄂᆞ니 忠튱順슌
을 不불失실ᄒᆞ야 以이事ᄉᆞ其기上샹然션後후에 能
히 保보其기爵쟉祿록ᄒᆞ야 而ᅀᅵ守슈其기祭졔祀ᄉᆞ
ᄂᆞ니 蓋개士ᄉᆞ之지孝효也야ㅣ라

아비 셤기예 資ᄌᆞ로ᄒᆞ야 뻐 어미를 셤교ᄃᆡᄉᆞ

랑홈이 ᄒᆞᆫ가지며 아비 셤기예 資ᄌᆞ로ᄒᆞ야 뻐
님금을 셤교ᄃᆡ 공경홈이 ᄒᆞᆫ가지니 故고로 어
미ᄂᆞᆫ 그 ᄉᆞ랑홈을 取ᄎᆔᄒᆞ고 님금은 그 공경
홈을 取ᄎᆔᄒᆞᄂᆞ니 兼겸ᄒᆞ니ᄂᆞᆫ 아비라 故고로 孝효
로 뻐 님금을 셤기면 공슌이오 공경으로 뻐
얼운을 셤기면 공슌ᄒᆞᄂᆞ니 통셩과 공슌을 일
티 아니ᄒᆞ야 뻐 그 우흘 셤긴 然션後후에 能
히 그 벼ᄉᆞᆯ과 록을 안보ᄒᆞ야 그 祭졔祀ᄉᆞ를
딕ᄒᆡ느니 士ᄉᆞ의 孝효ㅣ라

孝효經경諺언解ᄒᆡ

用용天턴之지道도ᄒᆞ며 因인地디之지利리ᄒᆞ야 謹
身신節졀用용ᄒᆞ야 以이養양父부母모ᄒᆞᄂᆞ니 此ᄎᆞ
ᄂᆞᆫ 庶셔人신之지孝효也야ㅣ라

하ᄂᆞᆯ道도ᄅᆞᆯ 봄오애 내고 ᄯᅡ히 잇ᄂᆞᆫ 利리
를 因인ᄒᆞ야 몸을 삼가며 뻐 곰 쓰기를 졀ᄒᆞ야 뻐
뻐 父부母모를 치ᄂᆞ니 이 庶셔人신의 孝효ㅣ라

故고로 自ᄌᆞ天턴子ᄌᆞ로브터 아래로 庶셔人신에
니르리 孝효ㅣ 無무終죵始시호ᄃᆡ 而ᅀᅵ患환不불及
ᄒᆞᄂᆞ니 者쟈ᄂᆞᆫ 未미之지有유也야ㅣ니라

니르히 孝효ㅣ 모츰이며 처엄이업고 환란이

밋디아닐이잇디아니ᄒᆞ니라

右우는 經경 一일 章장이라 그ᄂᆞᆫ經경훈章장이

子ᄌᆞㅣ 曰왈 君군子ᄌᆞ의 敎교ᄂᆞᆫ 以이 孝효也야

敬경天텬下하之지爲위人신父부者쟈ㅣ敎교
위人신父부者쟈ㅣ敎교以이敬경天텬下하之지爲위
라

以이孝효ᄂᆞᆫ所소以이敬경天텬下하之지爲위人신兄형者쟈ㅣ敎교

非비家가至지而시日일見견之지也야ㅣ라敎교

人신君군者쟈ㅣ니 詩시云운 愷개悌뎨君군子ᄌᆞ
여民민之지父부母모ㅣ니非비至지德덕이면

以이臣신은所소以이敬경天텬下하之지爲위
書셔經경曰왈

其기敦돈能능順순民민이如여此太其기大대

者쟈乎호오리

子ᄌᆞㅣ골오샤ᄃᆡ君군子ᄌᆞ의孝효로ᄡᅥᄀᆞᄅ

침이집마다니르러날마다보ᄂᆞᆫ거시아니라

孝효로ᄡᅥᄀᆞᄅ침은天텬下하애사ᄅᆞᆷ의아

비되엿ᄂᆞ니를공경ᄒᆞᆫᄇᆡ오悌뎨를잘셤김

라이로ᄡᅥᄀᆞᄅ침은天텬下하에사ᄅᆞᆷ의兄형

되엿ᄂᆞ니를공경ᄒᆞᆫᄇᆡ오臣신 도리라 의로
ᄡᅥᄀᆞᄅ침은天텬下하에사ᄅᆞᆷ의님금되엿

ᄂᆞ니를공경ᄒᆞᆫᄇᆡ라 詩시이마시체예닐오

ᄃᆡ온君군子ᄌᆞㅣ여ᄇᆡ셩의父부母모ㅣ라

ᄒᆞ니지극ᄒᆞᆫ德덕이아니면그뉘能능히ᄇᆡ셩

을順순흠이이러ᄐᆞ시그크리오

右우는傳뎐之지首슈章장이니釋셕至지德덕

以이順순흠ᄂᆞᆫ天텬下하ㅣ니

右우는傳뎐신글열인의자으의 剡쟝章장이니

지극ᄒᆞᆫ德덕으로ᄡᅥ天텬下하를順순흠

孝효經경諺解

子ᄌᆞㅣ曰왈敎교民민親친愛ᄋᆡ온莫막善션於어

孝효오敎교民민禮례順순은莫막善션於어

悌뎨오移이風풍易역俗속은莫막善션於어樂

악이오安안上샹治티民민은莫막善션於어禮례

子ᄌᆞㅣ골오샤ᄃᆡ빅셩을親친ᄒᆞ며ᄉᆞ랑흠을

ᄀᆞᄅ침은孝효에셔됴ᄒᆞ니업고빅셩을례절

과공순흠을ᄀᆞᄅ침은悌뎨에셔됴ᄒᆞ니업고

風풍을옴기며俗속을밧고기ᄂᆞᆫ처우회도완거시라

風풍이오아시俗속이각버음악에셔됴ᄒᆞᆫ이업
고우ᄒᆞᆯ편안케ᄒᆞ며ᄇᆡᆨ셩을다스림은례도에
셔됴ᄒᆞᆫ이업스니라

禮례者쟈ᄂᆞᆫ敬경而이已이矣의니故고로敬경
其기父부則즉子ᄌᆞ悅열ᄒᆞ고敬경其기兄형則
弟뎨悅열ᄒᆞ고敬경其기君군則즉臣신悅열ᄒᆞ
敬경一일人ᅀᅵᆫ而이千쳔萬만人ᅀᅵᆫ이悅열ᄒᆞ
소니敬경者쟈ᄂᆞᆫ寡과ᄒᆞ고而이悅열者쟈ᄂᆞᆫ衆즁ᄒᆞ
니此ᄎᆞ之지謂위要요道도ㅣ니

體례란거ᄉᆞᆫ공경ᄒᆞᆯᄯᆞᄅᆞ미니故고로그아비

孝효經경新신纂찬

ᄅᆞᆯ공경ᄒᆞ면즈식이깃거ᄒᆞ고그兄형을공경
ᄒᆞ면아ᄋᆞ이깃거ᄒᆞ고그님금을공경
ᄒᆞ면그니ᄒᆞ니ᄉᆞ룸을공경ᄒᆞ홈애千쳔萬만사
룸이깃거ᄒᆞᄂᆞᆫ디라공경ᄒᆞᄂᆞᆫ배젹오ᄃᆡ깃거
ᄒᆞ이만ᄒᆞ니이로닐온요졀ᄒᆞᆫ道도ㅣ니라

右우ᄂᆞᆫ傳뎐之지二이章쟝이니釋셕要요道도
라ᄒᆞ니

曾증子ᄌᆞㅣ曰왈甚심哉ᄌᆡ라孝효之지大대也야
도록사기니라

右우ᄂᆞᆫ傳뎐의둘잿章쟝이니졀ᄒᆞᆫ道도

야어ᄒᆡ子ᄌᆞㅣ曰왈夫부孝효ᄂᆞᆫ天텬之지經경이며
地디之지義의며民민之지行ᄒᆡᆼ이니天텬
經경을ᄒᆞ야法법ᄒᆞ고地디를因인ᄒᆞ야
天텬之지明명ᄒᆞ며因인地디之지義의之지
天텬下하ᄒᆞ라이是시以이로其기敎교ㅣ不블
肅슉而이成셩ᄒᆞ며其기政졍이不블嚴엄而이治티ᄂᆞ

曾증子ᄌᆞㅣ곰ᄋᆞ샤ᄃᆡ甚심ᄒᆞ다孝효의큼이
여子ᄌᆞㅣ곰ᄋᆞ샤ᄃᆡ孝효ᄂᆞᆫ하ᄂᆞᆯ희經경이며

孝효經경釋셕

ᄯᅡ희義의의오던호거시니義의를인ᄒᆞ
ᄂᆞᆫ니ᄒᆞ놀과ᄯᅡ희經경을ᄇᆡᆨ셩이이예法법ᄇᆞ
야ᄡᅥ天텬下하ᄒᆞ라ᄒᆞ니
이니ᄒᆞ놀과ᄯᅡ희經경을ᄇᆡᆨ셩이이예法법ᄇᆞ
ᄂᆞ니ᄒᆞ놀희볼금을법바ᄃᆞ며ᄯᅡ희義의
ᄀᆞᄅᆞ침이식ᄉᆞ이아니ᄒᆞ야도일며그졍신嚴
엄티아니ᄒᆞ야도다ᄉᆞᆯᄂᆞ니라

右우ᄂᆞᆫ傳뎐之지三삼章쟝이니釋셕以이

子ᄌᆞㅣ曰왈昔셕者쟈애明명王왕之지以이孝효
ᄒᆞᆯ를順슌홈을사기니라

右우ᄂᆞᆫ傳뎐의셋잿章쟝이니ᄡᅥ天텬下하
ᄅᆞᆯ順슌ᄒᆞ야도다ᄉᆞᆫ니라

子ᄌᆞㅣ곰ᄋᆞ샤ᄃᆡ녜明명王왕

治티天텬下하也야ㅣ애 不불敢감遺유 小쇼國국之지臣신을ㅣ어든 而이況황於어公공侯후伯ᄇᆡᆨ
子ᄌᆞ男남乎호여 故고로得득萬만國국之지懽환心심야 以이事ᄉᆞ其기先션王왕며시니

子ᄌᆞㅣ 곧오샤ᄃᆡ 녜ᄇ볼ㄱ신 님금이 孝효로ᄡᅥ
天텬下하ᄅᆞᆯ 다ᄉᆞ리시니 敢감히 져근 나랏 신
하도 기ᄐᆡ아니ᄒᆞ시니ᄒᆞᆷ을며 敢감히 公공과 伯ᄇᆡᆨ
과 伯ᄇᆡᆨ과 子ᄌᆞ과 男남후와ᄉᆞ버지ᄂᆞᆫ제에ᄯᅥᆫ여
故고로 일만 나라희 깃거ᄒᆞᄂᆞᆫ ᄆᆞᄋᆞᆷ을 어더ᄡᅥ
그 先션王왕을 셤기시며

國국 孝효治티諺언解ᄒᆡ   十십一일

治티國국者쟈ㅣ 不블敢감侮모於어鰥환寡과
니ᄒᆞ시 而이況황於어士ᄉᆞ民민乎호여 故고로得득
百ᄇᆡᆨ姓셩之지懽환心심야 以이事ᄉᆞ其기先
션君군며시

나라ᄒᆞᆯ 다ᄉᆞ리ᄂᆞᆫ이 敢감히 홀아비며 홀어미
예도 업슈이너기디 아니ᄒᆞ시ᄂᆞ니 ᄒᆞ믈며 士ᄉᆞ
와 ᄇᆡᆨ셩에ᄯᅥᆫ여 故고로 百ᄇᆡᆨ姓셩의 깃거ᄒᆞᄂᆞᆫ
ᄆᆞᄋᆞᆷ을 어더ᄡᅥ 그 몬졋 님금을 셤기시며

治티家가者쟈ㅣ 不블敢감失실於어臣신妾쳡
니ᄒᆞ 而이況황於어妻쳐子ᄌᆞ乎호여 故고로得득

人신之지懽환心심야 以이事ᄉᆞ其기親친이라ᄒᆞ니

로ᄡᅥ 셤기ᄂᆞ니라

夫부然션故고 生ᄉᆞᆼ則즉親친安안之지고
祭졔則즉鬼귀ㅣ享향之지라 是시以이天텬
下하ㅣ 和화平평야 災ᄌᆡ害해不블生ᄉᆞᆼ며
亂란이 不블作작ᄂᆞ니 故고로 明명王왕之지
以이 孝효治티天텬下하ㅣ 如셔此ᄎᆞ니 詩시云운

南남 孝효經경諺언解ᄒᆡ   十십二이

온 有유覺각德덕行ᄒᆡᆼ을 四ᄉᆞ國국順슌之지
라니

그런 故고로 사라시면 어버이 편안히 너기시
고 祭졔ᄒᆞ면 귀신이 흠향ᄒᆞ시ᄂᆞ디라 이러모
로 天텬下하ㅣ 和화平평ᄒᆞ야 ᄌᆡ변이며 해로
온 이리 나디 아니ᄒᆞ며 화란이며 어즈러운
이리 나디 아니ᄒᆞᄂᆞ니 故고로 明명王왕의
孝효로ᄡᅥ 天텬下하 다ᄉᆞ리심이러ᄯᅳᆺ ᄒᆞ
니라 詩시예 닐오ᄃᆡ 큰 德덕行ᄒᆡᆼ을 네 나라히
順슌ᄒᆞ다ᄒᆞ니라

右우는傳뎐之지四ᄉᆞ章쟝이니釋셕民민用용
和화睦목上샹下하無무怨원이니

右우는傳뎐의넷잿章쟝이니빅셩이뻐
和화睦목ᄒᆞ야우ᄒᆞ며아래怨원이업ᄂᆞ니라

曾증子ᄌᆞㅣ골ᄋᆞ샤ᄃᆡ敢감히묻ᄌᆞᆸ노이다聖
셩人신의德덕이그뻐孝효애셔더으니업스
니잇가

子ᄌᆞㅣ曰왈敢감히問문ᄒᆞᆫ딕聖셩人신之지德덕
이其기無무以이加가於어孝효乎호ㅣ잇

孝經諺解　　十三

子ᄌᆞㅣ曰왈天텬地디之지性셩에人신이爲위
貴귀ᄒᆞ니人신之지行ᄒᆡᆼ은莫막大대於어孝효ᄒᆞ고

子ᄌᆞㅣ골ᄋᆞ샤ᄃᆡ天텬地디之지性셩이萬만物믈의
디ᄉᆡᆨᄐᆞᆫ거시라ᄉᆞ람이貴귀ᄒᆞ니사ᄅᆞᆷ의ᄒᆡᆼ실

天텬地디之지性셩에人신이爲위貴귀ᄒᆞ니사ᄅᆞᆷ이
은孝효에셔큰이업고

孝효ㅣ莫막大대於어嚴엄父부ᄒᆞ고
嚴엄父부ㅣ莫막大대於어配ᄇᆡ天텬ᄒᆞ니則즉周쥬公공이其

莫막大대於어配ᄇᆡ天텬ᄒᆞ니則즉周쥬
公공이其기人신也야ㅣ니라시

孝효ㄴ아비를尊존엄홈에셔큰이업고아비를
기人신也야ㅣ니라

존엄홈은하ᄂᆞᆯ의ᄢᅡᆨ홈에셔큰이업ᄉᆞ니곧周

昔셕者쟈애周쥬公공이郊교祀ᄉᆞ后후稷직
以이配ᄇᆡ天텬ᄒᆞ고宗종祀ᄉᆞ文문王왕於어明
堂당ᄒᆞ샤以이配ᄇᆡ上샹帝뎨ᄒᆞ시니以이로

周쥬公공내ᄉᆞ라녜ᄂᆞᆫ이그사ᄅᆞᆷ이시니라

四ᄉᆞ海ᄒᆡ之지內ᄂᆡ니各각以이其기職직으로
來ᄅᆡ

助조祭졔ᄒᆞᄂᆞ니夫부聖셩人신之지德덕이又우

四ᄉᆞ海ᄒᆡ之지內ᄂᆡ예各각각그職직으로來ᄅᆡ
ᄒᆞ야祭졔를돕ᄂᆞ니是시ᄅᆞ로

何하以이加가於어孝효乎호ㅣ리오

네周쥬公공이郊교ᄒᆞ논일홈ᄋᆞ로제ᄒᆞ야ᄒᆞᆯ제后후稷직
호ᄢᅡᆨ홈호시고

文문王왕을明명堂당
文문王왕武무王왕아을明명堂당에제ᄒᆞ야셔뻐上샹帝뎨
디ᄒᆞ라

直직宗종은ᄒᆞᆫ일홈제ᄒᆞ야셔ᄒᆞᄂᆞᆯᄢᅡᆨ호시고
라

故고로親친生ᄉᆡᆼ之지膝슬下하ᄒᆞ야以이養양父

엇디뻐孝효애셔더으리오
父부母모ㅣ日일嚴엄ᄒᆞᄂᆞ니聖셩人신이

솔로와졔를도ᄋᆞ니聖셩人신의德덕이ᄯᅩ
母모ᄒᆞ야日일嚴엄ᄒᆞᄂᆞ니聖셩人신이

ᄒᆞ시ᄂᆞ니라以이因인親친以이教교愛ᄋᆡᄒᆞ시ᄂᆞ니라
因인嚴엄以이教교敬경ᄒᆞ며

故고로親친生ᄉᆡᆼᄒᆞᄂᆞᆫ膝슬下하에서뻐父부母모를
養양ᄒᆞᆷ애日일로嚴엄ᄒᆞ니聖셩人신이嚴엄을因인ᄒᆞ야뻐

以이教교不블肅슉而이成셩ᄒᆞ며其기政졍
敬경을教교ᄒᆞ며親친을因인ᄒᆞ야뻐愛ᄋᆡ를教교ᄒᆞ시ᄂᆞ

이不블嚴엄而이治티ᄂᆞᆫ其기所소因인
聖셩人신之지教교ㅣ

인者쟈ㅣ本본也야ㅣ라
者쟈ㅣ本본也야ㅣ라

故고로親친호요미無무틈아래셔나셔버父부
母모를치되로嚴엄호느니
右우는傳뎐之지五오章쟝이니釋석孝효
德덕之지本본이라

本본이라

德덕의本본이라홈을사기니라

孝經諺解 十五

右우는傳뎐에다옷쟷章쟝이니孝효

子즈ㅣ曰왈父부子즈之지道도는天텬性셩이며
君군臣신之지義의라 父부母모ㅣ生싱之지호니
니續쇽莫막大대焉언이오 君군親친臨림之지호
니厚후莫막重듕焉언이라 不블愛이其기親친
이而시愛이他타人신者쟈를謂위之지悖패德덕
이오 不블敬경其기親친而시敬경他타人신德덕
者쟈而시不블敬경其기親친禮례니
子즈ㅣ골ㅇ샤딕父부子즈의道도는하놀性
셩이며님금과신하의義의라 父부母모ㅣ

-16-

흐시니니움이이만큰이업고님금이며어버
이로디느른시니니厚후홈이이만重듕호니업
도다그어버이롤ㅇ랑티아니호고다른사룸
슝랑호는이롤닐오디金즈德덕이라호고
그어버이롤공경아니호고다른사룸공경호
느이롤닐오디金즈禮례라호느니라
右우는傳뎐之지六륙章쟝이니釋석敎교之
지所소由유生싱라호니

右우는傳뎐에여옷쟷章쟝이니敎교름
의말믜암아나는바룰사기니라

孝經諺解 十六

子즈ㅣ曰왈孝효子즈之지事소親친居거則즉
致티其기敬경호고 養양則즉致티其기樂락호고
病병則즉致티其기憂우호고 喪상則즉致티其기
哀이호고 祭제則즉致티其기嚴엄이니 五오者쟈ㅣ
備비矣의然연後후에能능事소親친이니라
子즈ㅣ골ㅇ샤딕孝효子즈의어버이셤김애
겨실제는그공경을닐위고봉양홈애는그즐
김을닐위고병에는그근심을닐위고상ㅅ애
는그슬허홈을닐위고祭제예는그엄홈을
닐위디니다옷거시기진후에사能능히어버

이롤섬김이니라

事ᄉ親친者쟈ᄂᆞᆫ居거上샹不블驕교ᄒᆞ며爲위

ᄒᆞ下하不블亂란ᄒᆞ며在ᄌᆡ醜ᄎᆔ不블爭징ᄒᆞᄂᆞ니居거上샹

ᄒᆞ야而ᅀᅵ驕교ᄒᆞ면則즉亡망ᄒᆞ고爲위下하

者쟈ㅣ라不블除뎨ᄒᆞ면雖슈日일用용三삼牲ᄉᆡᆼ之지

養양이라도猶유爲위不블孝효也야ㅣ니라

즉刑형ᄒᆞ고在ᄌᆡ醜ᄎᆔ而ᅀᅵ爭징則즉兵병ᄒᆞᄂᆞ니三삼牲ᄉᆡᆼ之

어버이셤기ᄂᆞᆫ이우희이셔교만티아니ᄒᆞ

며아래되야어즈러이아니ᄒᆞ며동뉴에이셔

ᄃᆞ토디아니ᄒᆞᄂᆞ니우희이셔교만ᄒᆞ면패망

紀孝行章 긔효ᄒᆡᆼ장

ᄒᆞ고아래되야어즈러이ᄒᆞ면죄닙고동뉴

에이셔ᄃᆞ토면병잠개예해ᄒᆞ이ᄂᆞ니세가지

롤더디아니ᄒᆞ면비록날마다세가짓牲ᄉᆡᆼ

태양라도ᄋᆞ로공양ᄒᆞ옴을ᄡᅳ디라두오히려不블

孝효ㅣ되ᄂᆞ니라

右우ᄂᆞᆫ傳뎐之지七칠章쟝이니釋셕始시於어

어事ᄉ親친及급不블敢감毁훼傷샹ᄒᆞ니라

右우ᄂᆞᆫ傳뎐엣닐굽잿章쟝이니어버이

셤김애비르合과밋감히헐우며ᄒᆞ여부

리디아님을사기니라

子ᄌᆞㅣ曰왈五오刑형之지屬쇽이三삼千쳔이

어而ᅀᅵ罪죄ㅣ莫막大대於어不블孝효ᄒᆞ니

子ᄌᆞㅣ골ᄋᆞ샤ᄃᆡ다ᄉᆞᆺ가지刑형벌의류三삼千쳔

쳔이로ᄃᆡ罪죄ㅣ不블孝효에셔큰이업스니

廣要道章 광요도장

要요君군者쟈ᄂᆞᆫ無무上샹이오非비聖셩人신者

라

님금을요구ᄒᆞᄂᆞᆫ이우흘업시너김이오聖셩

此ᄎᆞㅣ大대亂란之지道도ㅣ也야ㅣ니

人신을요다ᄒᆞᄂᆞᆫ이ᄂᆞᆫ法법을업시너김이

ᄂᆞᆫ無무法법이오非비孝효者쟈ᄂᆞᆫ無무親친이

셩人신을요다ᄒᆞᄂᆞᆫ이ᄂᆞᆫ法법을업시너김이

廣至德章

오孝효를외다ᄒᆞᄂᆞᆫ이ᄂᆞᆫ어버이를업시너김

이니이키어즈러올道도ㅣ니라

右우ᄂᆞᆫ傳뎐엣여ᄃᆞᆲ잿章쟝이라

右우ᄂᆞᆫ傳뎐之지八팔章쟝이라

子ᄌᆞㅣ曰왈君군子ᄌᆞㅣ事ᄉ上샹進진思ᄉ

盡진忠튱ᄒᆞ며退퇴思ᄉ補보過과야將쟝順슌其

기美미ᄒᆞ고匡광救구其기惡악이라故고로上샹下하

ㅣ能능相샹親친ᄒᆞᄂᆞ니詩시曰왈心심乎호愛

의矣의어닛遐하不블謂위矣의마리오中듕心심藏

장之지니라오ᄒᆞ何하日왈忠튱之지니라오ᄒᆞ

子ㅣ골 ○샤ㄷㅣ君군을 子ㅈㅣ님금을셤교ㄷㅣ

나아가ᄂᆞᆫ통셩다홈을ᄉᆡᆼ각ᄒᆞ며믈러와ᄂᆞᆫ

믈김ᄉᆞ옴을ᄉᆡᆼ각ᄒᆞ야그아롬다온일란졍ᄒ

와슌홍ᄒᆞ고그ᄉᆞᄉᆞ나온일란졍ᄒᆞ야救구ᄒ

ᄂᆞ니라故고로우과ᄭᅡᅡ나온일란졍ᄒᆞ야親친ᄒᆞᅡ

ᄂᆞ니詩시예닐오ᄃᆞᅵ무옴애ᄉᆞ랑ᄒᆞ거ᄂᆞ니엇디

니ᄅᆞ디아니리오마ᄂᆞᆫ中듕心심애간ᄉᆞᄒᆞ야

새ᄂᆞ니어ᄂᆞᆫ날니지리오ᄒᆞ니라

右ᄋᆞᄂᆞᆫ傳뎐之지九구章쟝이이釋셕中듕於

어事ᄉᆞ君군ᄒᆞ니라

右ᄋᆞᄂᆞᆫ孝효經경第뎨解ᄒᆡ

김애가온댄ᄒᆞᆯ줄을ᄉᆞ기니라

子ㅈㅣ曰왈昔셕者쟈애明명王왕이事ᄉᆞ父

孝효故고로事ᄉᆞ天텬에明명ᄒᆞ시며事ᄉᆞ母

孝효故고로事ᄉᆞ地디예察찰ᄒᆞ시ㄴᆞ長댱幼ᅲ

順슌故고로上샹下하ㅣ治티ᄒᆞᄂᆞ天텬地디ㅣ明명

察찰ᄒᆞ면神신明명이彰쟝矣의니라故고雖슈

天텬子ㅣㄴᆞ라必필有유尊존也야ㅣ니言언有유

父부也야ㅣ며必필有유先션也야ㅣ니言언有유兄

형也야ㅣ라宗종廟묘致티敬경은不블忘ᄆᆞᆼ親친

也야오修슈身신愼신行ᄒᆡᆼ은恐공辱욕先션也

야ㅣ니宗종廟묘致티敬경ᄒᆞ면鬼귀神신이著뎌矣의

ᄒᆞ며光광于우四ᄉᆞ海ᄒᆡᄒᆞ야通통於어神신明명

의간ᄒᆞ孝효悌뎨之지至지ᄒᆞᆯ ᄃ ᄃᆡ라

ᄒᆞᄂᆞ니라詩시云운自ᄌᆞ西셔自ᄌᆞ東동自ᄌᆞ南남自

北븍ᄒᆞᅡ無무思ᄉᆞ不블服복이라ᄒ니라

子ㅣ골 ○샤ㄷㅣ네ᄇᆞᆯ그신님금이아비셤김

이孝효故고로ᄒᆞᄃᆞᆯ셤김이죠셔ᄒᆞ시며어미

섬김이孝효故고로ᄯᅡ셤김이ᄌ조셔ᄒᆞ시며

얼운이며졈은이順슌故고로우ᄒᆞ아래

다ᄉᆞ니ᄒᆞ놀과ᄯᅡ해ᄇᆞᆯ고ᄭᅡ퍼ᄒᆞ면神신明명

ᄒᆞᆯ거시니지신의ᄇᆞᆯ곰을이나타나ᄂᆞ니라故고비

록天텬子ㅣᄅᆞᅡ두반ᄃᆞ시尊존ᄒᆞ리이시니

아비겨샴을닐ᄋᆞ며반ᄃᆞ시몬져ᄒᆞ리이시니

형이이심을닐ᄋᆞ니라宗종廟묘애공경을

닐위욤은어버이를닛디아니홈이오몸을닷

ᄭᅵ며힝실을삼가믄조샹을욕호까저혜니宗

종廟묘애공경을닐위면鬼귀神신이나타나

ᄂᆞ니라孝효ㅣ悌뎨예의지극홈이神신明명

애ᄉᆞ모太ᄐ며四ᄉᆞ海ᄒᆡ예빗나ᄉᆞ뭇디아닐배

업노니 詩시예닐오디 西셔로브테며 東동으로브테며 南남으로브테며 北북으로브터싱각호야쭛디아닐이업다호니라

右우노傳뎐之지十십章쟝이니 釋셕天텬子즈之지孝효라

子즈ㅣ曰왈君군子즈之지事소親친이孝효故고로忠튱可가移이於어君군이오事소兄형이悌뎨故

故고로順슌可가移이於어長댱이오居거家가이理의孝효를사기니라

理리故고로治티可가移이於어官관이니是시以이로行힝成셩於어內뇌而시名명立립於어

後후世세矣의라

孝효經경諺언解해

子즈ㅣ골ㅇ샤디君군子즈의어버이셤김이孝효혼故고로통성을可가히님금씌옴기고兄형셤김이悌뎨혼故고로공슌홈을可가히얼운의게옴기고집의셔사로미다소故고로다소림을可가히구위예옴기느니故로힝실이안해이러의홈이後후世세예셔느니라

右우노傳뎐之지十십一일章쟝이니 釋셕立립身신揚양名명及급士소之지孝효라

子즈ㅣ曰왈閨규門문之지內뇌예具구禮례矣의니라

嚴엄父부嚴엄兄형이오妻쳐子즈臣신妾쳡은猶유百빅姓셩徒도役역也야ㅣ니

右우노傳뎐之지十십二이章쟝이라

子즈ㅣ골ㅇ샤디閨규門문안흘문안흐니집안해례되고잡는더엄흔아비와엄흔兄형이오

안해와조식과가신과첩은百빅姓셩과徒도役역룸설홈이라

右우노傳뎐에열둘잿章쟝이라

曾증子즈ㅣ曰왈君군夫부慈조愛의恭공敬경安안親친揚양名명은參숨이開문命명矣의과어니敢감問문從종父부之지令령이可가謂위孝효乎호ㅣ잇

曾증子즈ㅣ골ㅇ샤디만일父부ㅣ사랑호기와공경호기와어버이를편안호시게홈과일홈을베

프기눈 象샹이니롯 심올 올 듯즈왓즙거니와 敢감히 묻즙노이다 아빗긔 걸마다 조촘이 可가

히 孝효ㅣ라 니르리잇가

子ㅈㅣ 曰왈 是시 何하言언與여오

언與여오 昔셕者쟈애 天텬子ㅈㅣ 有유

天텬下하고 諸져侯후ㅣ 有유

臣七칠人신이면 雖슈無무道도ㅣ라도 不블失실其기

오 人신이면 雖슈無무道도ㅣ라도 不블失실其기國국하고

雖슈無무道도ㅣ라도 不블失실其기家가하고 士ㅅ

有유爭징臣신三삼人신이

諸져侯후ㅣ 有유爭징臣신五오

孝經諺解 二十三

一有유爭징友우ㅣ면 則즉 身신不블離리於어令령

名명하고 父부ㅣ 有유爭징子ㅈㅣ면 則즉 身신不블陷함

於어不블義의하느니 故고로 當당不블義의則즉

子ㅈ不블可가以이 不블爭징於어父부ㅣ며

臣신不블可가以이 不블爭징於어君군이라 故고로

當당不블義의則즉 爭징之지니 從죵父부之지

令령이오 又우焉언得득爲위孝효乎호오

子ㅈㅣ 곳으샤디 이 엇딘말오 이 엇딘말오 녜

天텬子ㅈㅣ 간호는신하닐굽사름을 두면 비

록 道도ㅣ 업슬디라도 그 天텬下하를 일티 아

24

니호시고 諸져侯후ㅣ 간호는신하다 숫사름

을 두면 비록 道도ㅣ 업슬디라도 그 나라홀 일

티 아니호시고 태위간호는신하세사름을 두

면 비록 道도ㅣ 업슬디라도 그 집을 일티 아니

호고 士ㅅ눈 간호는 아들을 두면

에 뻐 나디 아니호고 아비 간호는 아들을 두면

몸이 올티 아니호디 쌔디디 아니호느니 故고

로 올티 아니호면 아들이 어딘 일홈이어 딘일홈

아비게 간호디 아니티 몯호거시며 故고로 뻐

님금씌 간호디 아니티 몯호거시라 故고로 올

뻐 님금씌 간티 아니티 몯호거시라 故고로

孝經諺解 二十四

티 아니호디 다 드르면 간호느니 아빗긔 걸마

다 조촘이 또 엇디 시러곰 孝효ㅣ 되리오

右우눈 傳면 之지 十십三삼章장이라

子ㅈㅣ 曰왈 孝효子ㅈ之지喪상親친이라

右우눈 傳면 에 열셋잿章장이라

哭곡不블偯의하며 言언不블文문하며 服복

美미不블安안하며 禮례無무容용하며 聞문樂악不블樂락하며 食식

旨지不블甘감하느니 此冬ㅣ 哀익戚쳑之지情정

이라이

子ㅈㅣ 곳으샤디 孝효子ㅈ의 어버이롤 거상

효애우롬을기리허디아니ᄒᆞ며례도를지에ᄒᆞ
디아니ᄒᆞ며말ᄉᆞᆷ을빗내아니ᄒᆞ며표훈것닙옴애
편안이아니ᄒᆞ기ᄆᆞ며음악을들옴애즐기디아
니며맛난거슬먹옴애ᄃᆞᆯ게기디아니ᄒᆞᄂᆞ
니기슬프고셜위ᄒᆞᄂᆞᆫ뜻뿐이라

傷<small>샹</small>生<small>ᄉᆡᆼ</small>ᄒᆞ며毀<small>훼</small>不<small>블</small>滅<small>멸</small>性<small>셩</small>이니此<small>ᄎᆞ</small>ㅣ聖<small>셩</small>

三<small>삼</small>日<small>일</small>而<small>ᅀᅵ</small>食<small>식</small>은 敎<small>교</small>民<small>민</small>無<small>무</small>以<small>이</small>死<small>ᄉᆞ</small>

人<small>신</small>之<small>지</small>政<small>졍</small>이라

사홀만의먹음은빅셩을ᄀᆞᄅᆞ쳐주근이로
뻐산이롤상케아니ᄒᆞ며毁<small>훼</small>

<small>미</small>ᄒᆞ야도목숨을업게아니ᄒᆞᆷ이니이聖<small>셩</small>人<small>신</small>

의졍ᄉᆞᆯ라

<small>孝經訓解</small> 二十九<small>ㅣ</small>

喪<small>상</small>不<small>블</small>過<small>과</small>三<small>삼</small>年<small>년</small>은 示<small>시</small>民<small>민</small>有<small>유</small>終<small>죵</small>

이니爲<small>위</small>之<small>지</small>棺<small>관</small>槨<small>곽</small>衣<small>의</small>衾<small>금</small>而<small>ᅀᅵ</small>擧<small>거</small>之<small>지</small>

ᄒᆞ며陳<small>딘</small>其<small>기</small>簠<small>보</small>簋<small>궤</small>而<small>ᅀᅵ</small>哀<small>ᄋᆡ</small>戚<small>쳑</small>之<small>지</small>

ᄒᆞ며踊<small>용</small>哭<small>곡</small>泣<small>읍</small>而<small>ᅀᅵ</small>送<small>송</small>之<small>지</small>

ᄒᆞ며卜<small>복</small>

其<small>기</small>宅<small>ᄐᆡᆨ</small>兆<small>됴</small>而<small>ᅀᅵ</small>安<small>안</small>厝<small>조</small>之<small>지</small>ᄒᆞ며爲<small>위</small>之<small>지</small>

宗<small>죵</small>廟<small>묘</small>ᄒᆞ야以<small>이</small>鬼<small>귀</small>享<small>향</small>之<small>지</small>ᄒᆞ며春<small>츈</small>秋<small>츄</small>祭<small>졔</small>

祀<small>ᄉᆞ</small>ᄒᆞ야以<small>이</small>時<small>시</small>思<small>ᄉᆞ</small>之<small>지</small>ᄒᆞ니

거상을三<small>삼</small>年<small>년</small>의넘구디아니ᄒᆞ옴은빅셩의

게ᄆᆞᆾ옴이이숌을뵘이니棺<small>관</small>과槨<small>곽</small>과衣<small>의</small>와
니블을ᄒᆞ야들며그簠<small>보</small>와簋<small>궤</small>ᄅᆞᆯ버
버리고슬셜위ᄒᆞ며가슴두드리며발구르
며우러슬허보내오ᄆᆞ며그분묘터ᄒᆞ졈복ᄒᆞ
야곰소오며宗<small>죵</small>廟<small>묘</small>ᄅᆞᆯᄒᆞ야귀신으로뻐
받ᄌᆞ오며봄과ᄀᆞ올히祭<small>졔</small>祀<small>ᄉᆞ</small>ᄒᆞ야시졀로
뻐ᄉᆡᆼ각게ᄒᆞᄂᆞ니라

生<small>ᄉᆡᆼ</small>事<small>ᄉᆞ</small>愛<small>ᄋᆡ</small>敬<small>경</small>ᄒᆞ고死<small>ᄉᆞ</small>事<small>ᄉᆞ</small>哀<small>ᄋᆡ</small>戚<small>쳑</small>之<small>지</small>

義<small>의</small>ㅣ備<small>비</small>矣<small>의</small>니 孝<small>효</small>子<small>ᄌᆞ</small>之<small>지</small>事<small>ᄉᆞ</small>親<small>친</small>이

싱民<small>민</small>之<small>지</small>本<small>본</small>이盡<small>진</small>矣<small>의</small>며死<small>ᄉᆞ</small>生<small>ᄉᆡᆼ</small>之<small>지</small>

<small>孝經訓解</small> 三十<small>ᄉᆞ</small>

終<small>죵</small>矣<small>의</small>니라

사라겨신제셤교되ᄉᆞ랑ᄒᆞ며공경홈으로ᄒᆞ
고죽으시거든셤교되슬허ᄒᆞ며셜위홈으로
ᄒᆞ옴애빅셩의本<small>본</small>이극진ᄒᆞ며사라실
젯도리고죽ᄂᆞ니孝<small>효</small>子<small>ᄌᆞ</small>의어버이셤김이몬
ᄂᆞ니라

右<small>우</small>ᄂᆞᆫ傳<small>뎐</small>之<small>지</small>十<small>십</small>四<small>ᄉᆞ</small>章<small>쟝</small>이라

右<small>우</small>ᄂᆞᆫ傳<small>뎐</small>에열넷잿章<small>쟝</small>이라

孝<small>효</small>經<small>경</small>諺<small>언</small>解<small>ᄒᆡ</small> 終<small>죵</small>

孝經大義跋

聖人作六經以詔天下後世其於道德性命
之說備矣然而於孝特加詳焉至別為一經
者何耶蓋百行非孝不立萬善非孝不行所
謂天之經也地之義也民之彝也自天子以
至庶人誠不可一日而不講也隋志曰孔子
既叙六經題目不同指意差別恐斯道離散
故作孝經以總會之明其枝流雖分本萌於
孝其說是已於此蓋心焉則六經之道舉在
是矣秦火既熄遺經間出壁書與今文雜行

雖經群儒論辨論綴而輒渾廢至宋朱子
始為刊誤又次其經傳以復孔氏之舊繼以
鄱陽董氏為之註釋極其歸趣然後一經之
條貫煥然其有功於聖門甚大而經之顯晦
實有非偶然者矣惟我
主上殿下以聰明睿智之聖握君師之丕責化民
成俗未嘗不以彝倫為急一日
御經筵與儒臣論治道因歎孝經火廢於世
又問其註疏之有無左右以是編聞即蒙
宣索覽之嘉賞將鋟梓以廣其傳猶

應窮閻愚下之民未喻其義也下弘文館悲解
以諺語使人易曉且
令臣略叙其後臣竊惟堯舜之道惇而已其親
九族平百姓協萬邦以至鳥獸魚鱉咸若皆
孝之推也三代聖王率由斯道治化之隆後
世莫及及其衰也孔子只以空言與第子相
授受即其經中所載言及古昔必稱先王蓋
其傷之也深矣自是厥後微言絕大道壞人
心貿貿已千有五百餘年矣歷代以來雖不
無英君誼辟其所以把持世道主張化權者

不過曰功利而已術數而已孰肯以是為念
哉則善治之不復而禍亂之相尋也無恠今
聖上猗歟深思推究化源乃於聖人之經尊信
表章既以是躬行建極於上又以是尊迪牖
民於下其於復堯舜三代之治也何有抑臣
又有感焉聖遠言湮經殘教弛古道之行雖
不可一日而冀然降衷秉彝之天亘萬古而
猶在聖經所書即人心所具之理反而求之
寧有不得者哉嗚呼誰無父母誰非人子就
倡而不和孰感而不應故曰上有好者下必

有甚焉者□知是書之行也必有油然而起
躍然而趨沛然而不可禦比屋可封之美端
可馴致矣其謂之至德要道者非耶宜
殿下之惓惓於是也萬曆十七年六月下澣資憲
大夫知中樞府事兼弘文館大提學藝文館
大提學知成均館事同知　經筵春秋館事
臣柳成龍奉
敎謹跋

孝경經경諺연解희終죠

『삼국유사』「효선」편 영인본

孝善第九

真定師孝善雙美

法師真定羅人也白衣時隸名卒伍而家貧不娶部後
之餘傭作受粟以養孀母家中計產唯折脚一鐺而已
一日有僧到門求化營寺鐵物母以鐺施之既而定從
外故母告之故且曇子意荷如尔定喜現於色曰施於
佛事何幸如之雖無鐺又何患乃以瓦盆為釜熟食而
養之甞在行伍間聞人說義湘法師在大伯山說法利
人即有嚮慕之志告於母曰畢孝之後當投於湘法師
落髮學道矣母曰佛法難遇人生大迮乃曰畢孝不亦

三國遺事

二一四

晚年昌若越予不死以聞道間慎勿因循遲斯可岩然
曰登堂以晚景唯我在側幸而出家豈敢忍乎母曰噫為
我防出家令我便隨泥犂我雖生養以三守七鼎豈可
為孝予其衣食於久之門亦可守其天年必欲孝我莫
作爾言定沈思久之母即起整倒囊儲有米幷即曰
畢炊且曰恐汝因熟食經營而行慢也宜在予目下餐
謂我何三餐三勤之定重遺其志進途宵征三日達于
大伯山投湘公剃染為弟子名曰眞定居三年母出家其亦
人子所難忍也况其杯漿數日之資盡裹而行天地其
其一囊六速行速行定飲法固諱曰帝母出家其亦

音至定蹞蹶入定七日乃起 說者曰追傷哀歎之至
殆不能堪故以定水滌之爾或曰以定觀察母之所生
處也或曰斯乃如實理爲冥福也既出定以後事告於
湘湘率門徒歸于小伯山之雄洞結菴爲廬徒三千
約九十日講華嚴大典門人智通隨講撮其樞要成兩
卷名雄洞記流通於世講畢其母現於夢曰我已生天
矣

大城孝二世父母
      神文代

年梁里一作浮之貧女廬祖有兒頭大頂平如城因名
大城家窮不能生育因役備於貧殖福安家其家俄田

數歖以備衣食之資時有開士漸欲設六輪會於興
輪寺勸化至福安家安施布五十正開呪願曰檀越好
布施天神常護持施一得萬倍安樂壽命長大城聞之
跳踉而入謂其母曰予聽門僧誦倡曰施一得萬倍念
我定無宿善今玆困匱矣今不施來世益艱施我備田
於法會以圖後報何如母曰善是日夜國宰金文亮家有天唱金簡子彫大城二字
於是國宰金文亮家驚使撿年梁里大城兒
誒汝家安人震驚驚
        果得大城兒
汪兒左手握不發七日乃開有金簡子彫大城二字
之兒名之之刀其母於弟中無養之既壯好遊獵一日登

吐含山捕一熊宿山下村夢熊變爲鬼訟曰汝何殺我
我還唉汝城怖懺容赦鬼曰然爲我創佛寺乎城誓
之曰喏既覺汗流被蓐自後禁原野爲熊創長壽寺於
其捕地因而情有所感悲願乃爲現生二親創佛寺於
國寺爲前世爺孃設且酬鞠養之勞以一身孝二世父母爲古亦
罕聞善施之驗可不信乎將彫石佛也欲鍊一大石爲
龕蓋石忽三裂憤恚而假寐夜中天神來降畢造而還
城方枕起走趺南嶺藝香木以供天神故名其地爲香
嶺其佛國寺雲揚石塔彫鏤石木之功東都諸剎

未有加也古鄉傳所載如上而寺中有記云景德王代
大相大城以天寶十年辛卯始創佛國寺歷惠恭世以
大歷九年甲寅十二月二日大城卒國家乃畢成之初
請瑜伽大德降魔住此寺繼之至于今與百傳不同未
詳孰是　讚曰牟梁春後施三畝香嶺秋來穫萬金
室百年貪富貴槐庭一夢去來今

向得舍知割股供親　景德王代

熊川州有向得舍知者年凶其父幾於餒死向得割股
以給養州人具事奏聞景德王賞賜租五百碩

孫順埋兒　興德王代

孫順者古今作　牟梁里人父鶴山父沒與妻同傭人
之謂其妻曰得兒可得母難再求而奪其食母飢何甚
埋此兒以盈母腹之盈乃負兒歸醉山山在牟梁西北郊堀
地忽得石鍾甚奇夫婦驚怪俄懸林木上試擊之舂容可
愛妻曰得異物殆兒之福不可埋也夫亦以為然乃將
兒與鍾而還家懸鍾於梁扣之聲聞于闕興德王聞之
謂左右曰西郊有異鍾聲清遠不類連檢之王人來檢
其家具事奏王曰昔郭巨瘞子天賜金釜今孫順埋
兒地湧石鍾前孝後孝覆載同鑑乃賜屋一區歲給粳

五十碩以尚純孝焉順捨舊居為寺名弘孝安置石
鍾真聖王代百濟橫賊入其里鍾亡寺存其得鍾之地
名完乎坪今訛云技良坪

貧女養母

孝宗郎遊南山鮑石亭迨三門客皇驅馳有二客獨後
郎問其故曰茶皇寺之東里有女年二十左右抱盲母
相嚎而哭問同里曰此家貧乞啜而反哺有年矣適歲
荒倚門難以籍手贖他家得穀三十斛寄置大家服
役日暮橐來而家炊餉宿則反役大家如是者
數日矣母曰昔日之糠粃心和且平近日之香秔膈肝

刺而心未安何哉女言其實母于痛哭女嘆己之但能
口腹之養而失於色難也故抱持而泣此郎聞之潸然
送穀一百斛郎之二親亦送衣袴一襲郎之
千徒歛租一千石遺之事達宸聰時真聖王賜穀五
百石幷宅一廛遣卒標植其家以儆劫掠旌其坊為孝
養之里後捨其家為寺名兩尊寺

작가 약력

도웅(度雄) 스님
대한불교 천태종 구인사에서 출가하였다. 부산대학교 인문대학 철학과에서 석·박
사를 졸업하였다. 석사논문으로는 「불교 효사상의 전개-유교의 효사상과 관련하여」
(2007)가 있고, 박사논문으로는 「麗末鮮初 儒教와 佛教의 相互對應에 관한 연구-鎭
護國家說과 異端의 論難을 중심으로」(2017)가 있다.

:: 산지니·해피북미디어가 펴낸 큰글씨책 ::

문학

해상화열전(전6권) 한방경 지음 | 김영옥 옮김

유산(전2권) 박정선 장편소설

신불산(전2권) 안재성 지음

나의 아버지 박판수(전2권) 안재성 지음

나는 장성택입니다(전2권) 정광모 소설집

우리들, 킴(전2권) 황은덕 소설집

거기서, 도란도란(전2권) 이상섭 팩션집
*2018 이주홍문학상 선정도서

폭식광대 권리 소설집

생각하는 사람들(전2권) 정영선 장편소설

삼겹살(전2권) 정형남 장편소설

1980(전2권) 노재열 장편소설

물의 시간(전2권) 정영선 장편소설

나는 나(전2권) 가네코 후미코 옥중수기

토스쿠(전2권) 정광모 장편소설
*2016 세종도서 문학나눔 선정도서

가을의 유머 박정선 장편소설

붉은 등, 닫힌 문, 출구 없음(전2권)
김비 장편소설

편지 정태규 창작집
*2015 세종도서 문학나눔 선정도서

진경산수 정형남 소설집

노루똥 정형남 소설집

유마도(전2권) 강남주 장편소설
*2018 대한출판문화협회 청소년도서

레드 아일랜드(전2권) 김유철 장편소설

화염의 탑(전2권)
후루카와 가오루 지음 | 조정민 옮김

감꽃 떨어질 때(전2권) 정형남 장편소설
*2014 세종도서 문학나눔 선정도서

칼춤(전2권) 김춘복 장편소설

목화—소설 문익점(전2권) 표성흠 장편소설
*2014 세종도서 문학나눔 선정도서

번개와 천둥(전2권) 이규정 장편소설
*2015 부산문화재단 우수도서

밤의 눈(전2권) 조갑상 장편소설
*제28회 만해문학상 수상작

사할린(전5권) 이규정 현장취재 장편소설

테하차피의 달 조갑상 소설집
*2011 이주홍문학상 수상도서

무위능력 김종목 시조집
*2016 부산문화재단 올해의 문학 선정도서

금정산을 보냈다 최영철 시집
*2015 원북원부산 선정도서

인문

파리의 독립운동가 서영해 정상천 지음

삼국유사, 바다를 만나다 정천구 지음

대한민국 명찰답사 33 한정갑 지음

효 사상과 불교 도웅스님 지음

지역에서 행복하게 출판하기 강수걸 외 지음

재미있는 사찰이야기 한정갑 지음

귀농, 참 좋다 장병윤 지음

당당한 안녕—죽음을 배우다 이기숙 지음

모녀5세대 이기숙 지음

한 권으로 읽는 중국문화
공봉진·이강인·조윤경 지음
*2010 문화체육관광부 우수학술도서

차의 책 The Book of Tea
오카쿠라 텐신 지음 | 정천구 옮김

불교(佛教)와 마음 황정원 지음

논어, 그 일상의 정치(전5권) 정천구 지음

중용, 어울림의 길(전3권) 정천구 지음

맹자, 시대를 찌르다(전5권) 정천구 지음

한비자, 난세의 통치학(전5권) 정천구 지음

대학, 정치를 배우다(전4권) 정천구 지음